W0064494

Tanja Brandes, Markus Decker
Ostfrauen
verändern die Republik

Tanja Brandes
Markus Decker

Ostfrauen
verändern die Republik

Ch. Links Verlag

Auch als **e book** erhältlich

Die Deutsche Nationalbibliothek verzeichnet diese Publikation
in der Deutschen Nationalbibliografie; detaillierte bibliografische
Daten sind im Internet über www.dnb.de abrufbar.

1. Auflage, März 2019
© Christoph Links Verlag GmbH
Schönhauser Allee 36, 10435 Berlin, Tel.: (030) 44 02 32-0
www.christoph-links-verlag.de; mail@christoph-links-verlag.de
Umschlaggestaltung: Eugen Bohnstedt, Ch. Links Verlag,
unter Verwendung eines Fotos
von Ute Mahler/OSTKREUZ, 2003
Lektorat: Jana Fröbel, Ch. Links Verlag
Satz: Nadja Caspar, Ch. Links Verlag
Druck und Bindung: Druckerei F. Pustet
Gedruckt auf säurefreiem, alterungsbeständigem Papier

ISBN 978-3-96289-034-6

Inhalt

Wie die Kunst nach Schweina kam

Bea Berthold und Aline Burghardt sind in Dresden aufgewachsen. Jetzt bringen sie im Wartburgkreis eine Jugendkunstschule zum Blühen.

Sanfte Machtpolitikerin aus Thüringen

Die Grünen-Fraktionsvorsitzende Katrin Göring-Eckardt macht seit mehr als 20 Jahren Bundespolitik. Sie setzte sich gegen Westmänner durch – und gegen Westfrauen.

So sehr Ost wie West

Die Schauspielerin Sandra Hüller, international bekannt geworden durch den Film »Toni Erdmann«, war im In- und Ausland unterwegs, lebt aber jetzt sehr bewusst in Leipzig.

Eine Frau muss nicht bescheiden sein

Linksparteichefin Katja Kipping aus Dresden bewarb sich früh – und erfolgreich – um hohe Ämter. Manchen missfiel das, vor allem in der eigenen Partei.

»Das kann ich selbst«

Nach dem Zusammenbruch der DDR stand Viola Klein beruflich und privat vor dem Nichts. Heute leitet sie ihre eigene Software-Firma. Klein hat früh gelernt, nie an sich zu zweifeln.

Über den Wolken

Als Kind stand Cornelia Leher auf dem Balkon eines Plattenbaus in Plauen und träumte von fernen Ländern. Nach der Wende eroberte sie den Himmel: als erste Pilotin bei Air Berlin.

Vorwort

Die Idee zu diesem Buch entstand im Frühjahr 2017. Da nämlich sah es so aus, dass es unter den Spitzenkandidaten für die Bundestagswahl vier Frauen geben könnte – und dass all diese Frauen Ostfrauen sein würden: Katrin Göring-Eckardt, Angela Merkel, Frauke Petry und Sahra Wagenknecht. Zwar verzichtete Petry kurz darauf aus innerparteilichen Gründen auf eine Kandidatur und verließ die AfD nach der Wahl schließlich ganz. Dennoch blieb der überraschende Befund, dass es vier Ostfrauen bis an die Spitze geschafft hatten – während es Frauen in der Politik wie auch sonst oft schwer haben, nach ganz oben zu gelangen. Der Eindruck wiederholte sich am Abend des 24. September 2017, als zwei weitere Ostfrauen auf den Bildschirmen auftauchten: Linksparteichefin Katja Kipping und die stellvertretende SPD-Vorsitzende Manuela Schwesig.

Anna Kaminsky, Geschäftsführerin der Bundesstiftung zur Aufarbeitung der SED-Diktatur, sagte dazu: »Natürlich ist diese Konstellation letztlich Zufall. Aber dieser Zufall ist auch das Ergebnis des beruflichen Selbstvertrauens, das viele ostdeutsche Frauen in den 1970er- und 1980er-Jahren entwickelt haben und mit dem sie in die deutsche Einheit gestartet sind.«[1] Zwar waren ihnen Spitzenpositionen meist verwehrt; und das Politbüro des Zentralkomitees der SED war ein Männerklub. Auch hatten die allermeisten Frauen in der DDR neben dem Job die Hausarbeit zu erledigen; volle Gleichberechtigung blieb eine Vision. Sie waren aber in wesentlich höherem Maße als westdeutsche Frauen berufstätig, während die klassische Hausfrauenehe in der alten Bundesrepublik vor 1989 noch die Regel war. Und manches deutet darauf hin, dass dies Spuren hinterlassen hat. Denn Ostfrauen sind noch immer häufiger berufstätig als Westfrauen. Sie kehren nach der Geburt eines Kindes früher auf Vollzeitstellen zurück, landen häufiger in Führungspositionen und verdienen relativ gesehen mehr als Westfrauen. Ohnehin bekommen Ostfrauen häufiger Kinder und gebären früher. Ostmänner hingegen kümmern sich intensiver um ihren Nachwuchs und gehen öfter in Elternzeit. Schließlich lassen sie sich auch seltener von ihren Frauen Kleidung kaufen. Das alles wiederum, so scheint es, hat unter anderem den Aufstieg von Göring-Eckardt, Kipping, Merkel, Petry, Schwesig und Wagenknecht ermöglicht.

Ja, die Ostfrauen haben dem vereinigten Deutschland ihren Stempel aufgedrückt. Und wenn es nicht die Ostfrauen selbst waren, so waren es doch die Errungenschaften, die die DDR hinterlassen hat.

Es gibt keinen Grund, diese Errungenschaften zu idealisieren, zumal sie Erbe eines autoritären Regimes sind und nicht durchweg ehrenhaften Motiven entsprangen. Mancher ostdeutsche emanzipatorische Vorsprung hat sich relativiert – etwa weil Westfrauen bei der Erwerbsquote zugelegt und Ostfrauen nachgelassen haben. Überdies gibt es eine Scheu, das Erreichte zu loben – weil »einfach viele Leute denken, das sei ungefähr so, als ob man Nazi-Deutschland wegen der Autobahnen lobe«,[2] wie es der ostdeutsche Dramaturg Thomas Oberender, eine führende Politikerin zitierend, formulierte.

Wir wollen weder die DDR idealisieren noch ihr in diesem Punkt letztlich positives Erbe verschweigen. Wir wollen beschreiben, was war und was ist, und es von verschiedenen Seiten beleuchten. Ein Urteil sollen sich die Leserinnen und Leser bilden.

Im ersten Teil des Buches werfen wir einen Blick zurück in die Zeit vor 1989 – auf die Chancen, die Ostfrauen im Erwerbsleben bekamen, ebenso wie auf den Zwang, daran teilzunehmen, und auf die Doppel- und Dreifachbelastung, die ihnen mit Beruf, Hausarbeit und Kinderbetreuung aufgebürdet wurde. Dabei wird auch deutlich, dass Frauen in der DDR immer dann nichts zu melden hatten, wenn es um Macht ging. All das leitet über zu den eben skizzierten Konsequenzen für die Zeit nach 1989 und die Gegenwart. Im zweiten Teil porträtieren wir Ostfrauen – starke Ostfrauen, die auf die eine oder andere Weise Karriere gemacht oder sich behauptet haben. Es ging um eine größtmögliche Vielfalt der Personen sowie von Berufen und Milieus, aus denen diese Personen kommen. Ein gewisser Schwerpunkt liegt auf der Politik. Angela Merkel, gleichsam die Mutter aller Ostfrauen, wird eine besondere Rolle zukommen. Zum Schluss geht es um die durchaus heikle Frage: Wenn Ostfrauen die Gewinner der Einheit sind – sind Ostmänner dann die Verlierer? Nach dem Aufstieg von AfD und Pegida wollte es manchem so scheinen.

Fest steht, und selbst Kritiker bestreiten dies heute nicht mehr: Das frauenpolitisch-emanzipatorische Feld war nach der Vereinigung eines der wenigen, in dem der Osten den Westen geprägt hat. Dass Frauen arbeiten gehen, ist heute gesamtdeutsch so selbstverständlich wie eine frühzeitige Kinderbetreuung und hat zum ansonsten zuweilen schütteren ostdeutschen Selbstbewusstsein beigetragen. Nicht zuletzt dieser Umstand war ein Grund, das vorliegende Buch zu schreiben.

Die Ostfrauen greifen nach der Macht
Einleitung

Manuela Schwesig ist Ostfrau genug, um zu wissen, was in dem Ostfrauen-Thema steckt. Und so ließ die damalige Bundesfrauenministerin, geboren in Frankfurt (Oder), anlässlich des 25. Jahrestages der Deutschen Einheit im Jahr 2015 eine Studie anfertigen mit dem Untertitel:»Gleichstellung und Geschlechtergerechtigkeit in Ostdeutschland und Westdeutschland«.[3] Im Auftrag der Sozialdemokratin wurden 3011 Frauen und Männer ab 18 Jahre repräsentativ befragt. In der Studie heißt es:»61 Prozent der Bevölkerung in ganz Deutschland sind der Meinung, dass die Kinderbetreuung und Frauenerwerbstätigkeit in der DDR positive Impulse für die Vereinbarkeit von Familie und Beruf in ganz Deutschland waren.«[4] Es bleibe zwar offen, wie groß diese Impulse gewesen seien und wann sie eingesetzt hätten; ohnehin lasse sich eine tatsächliche Kausalität »nur schwer prüfen«,[5] schreiben die Autorinnen und Autoren. Dennoch sei »die grundsätzliche Anerkennung dieses Ost-West-Transfers (...) eine empirische Tatsache«.[6] Das sei im Übrigen auch deshalb bemerkenswert, weil vieles »DDRhafte« ein Vierteljahrhundert lang stigmatisiert oder diskreditiert worden sei. Was in dem mehr als 100-seitigen Papier nicht steht: Auf die Idee des Kriminologen Christian Pfeiffer von 1999, einen Zusammenhang zwischen Kinderkrippen in der DDR und ostdeutscher Nach-Wende-Ausländerfeindlichkeit herzustellen, würde heute niemand mehr kommen.

Die Sichtweise der Schwesig-Studie hat sich seit 2015 immer weiter durchgesetzt, denn sie basiert auf Fakten. So befindet der Soziologe Raj Kollmorgen von der Hochschule Zittau-Görlitz:»Generell bleibt richtig, dass die partielle Emanzipation in der DDR zu einer Selbstverständlichkeit der Lebensführung geworden ist, die auch an die Kinder weitergegeben wurde und daher auch deren Lebenseinstellungen prägt.« Zudem gebe es einen »Schub an Emanzipation und Gleichstellungspolitik nach 1990 – insbesondere ab Ende der 1990er Jahre – in der gesamten Bundesrepublik«. Ohne die Ostfrauen, glaubt Kollmorgen, gäbe es »viele Rechtsnormen und informelle Selbstverständlichkeiten« heute noch nicht. Die Arbeitsrechtlerin und Sozialdemokratin Heide Pfarr, von 1991 bis 1993 Frauenministerin in Hessen, sagt: »In der DDR waren Frauen nicht wirklich gleichberechtigt, aber sie waren ökonomisch nicht abhängig von Männern – das hatte eine enorm positive Wirkung.«[7] Marianne Birthler, die einstige Bundesbeauftragte für die Stasi-Unterlagen, analysiert mit Blick auf die Zeit nach 1989: »Nach meinem Eindruck sind Frauen besser mit den Umstellungen zurechtgekommen.« Sie sieht die Ursache darin, »dass Frauen nach wie vor anders sozialisiert sind als Männer und deshalb flexibler mit bestimmten Lebensbedingungen umgehen können. Das Selbstbewusstsein von Männern hängt ja nach wie vor sehr stark an ihrem Beruf oder daran, der Ernährer der Familie zu sein. Deshalb sind sie da schneller zu beschädigen.« Für Frauen sei es unangenehm, wenn sie kein Geld haben oder arbeitslos werden. »Aber es berührt vielleicht weniger ihr Selbstwertgefühl, als es bei Männern der Fall ist.«

Wohin man auch hört, überall erklingt das Hohelied der ostdeutschen Frauen. Die in der DDR wie später in der Bundesrepublik erfolgreiche Schriftstellerin Monika Maron gibt zu Protokoll: »Die Frauen waren, wenn auch eher praktisch als ideologisch, emanzipierter als viele westdeutsche.«[8] Und der *Zeit*-Journalist Martin Machowecz – ein Jahr vor dem Mauerfall im sächsischen Meißen zur Welt gekommen – schreibt: »Zwischen Rostock und Annaberg-Buchholz gibt es Tausende selbstbewusste und mächtige Frauen, die sich im Zweifel einfach durchsetzen gegen ihre Männer. Das ist toll, die ostdeutsche Frau ist stolz und selbstsicher.«[9] Anja Reich notierte in der *Berliner Zeitung* gar: »Im

Geschlechtervergleich wurden Männer in der DDR wie Hobby-sportler trainiert und Frauen wie Hochleistungssportler. Immer bereit für die nächste Herausforderung, den nächsten Kampf.«[10] Mehr Würdigung geht kaum.

Halbe Emanzipation in der DDR

In der Deutschen Demokratischen Republik – dies ist Konsens – waren erhebliche Fortschritte im Arbeitsleben und bei der Kinderbetreuung gepaart mit weitgehender Stagnation bei der privaten Gleichstellung und patriarchalischen Strukturen überall da, wo es um Macht ging. Niemand hat das bislang so detailliert aufgefächert wie Anna Kaminsky in ihrem wegweisenden Buch *Frauen in der DDR*. »In der Tat hatten Frauen in der DDR dieselben Rechte wie die Männer«, schreibt sie. »Frauen in der DDR verdienten ihr eigenes Geld und waren wirtschaftlich unabhängig. Sie konnten selbst entscheiden, ob und wo sie arbeiteten.«[11] Alles andere blieb schwierig. Die Daten sprechen für sich. 1989 gingen rund 92 Prozent der Ostfrauen einer Arbeit nach, nicht selten in einem »Männerberuf«; das war auch international spitze. Unter den Westfrauen lag die Quote bei gerade mal 51 Prozent.

»Frauen, die zu Hause blieben, um die Kinder zu betreuen, galten als seltsam, asozial fast, genauso wie kinderlose Frauen«,[12] erinnert sich Anja Reich. Allein das staatliche Betreuungsangebot betrug für Kinder unter drei Jahren 60 Prozent und für die älteren Kinder 100 Prozent; kirchliche Angebote kamen hinzu. Allerdings existierte dieser relative Komfort nicht ohne Grund. Die Frauen wurden besonders in den ersten Jahren der DDR als Arbeitskräfte gebraucht, um die Kriegsschäden zu beseitigen. Auch bedeutete Gleichberechtigung aus der Sicht der Sozialistischen Einheitspartei Deutschlands (SED) nahezu einzig und allein: Integration der Frauen in den Arbeitsmarkt. Ab 1968 herrschte laut Verfassung Arbeitspflicht. Ein Wandel der Geschlechterrollen, eine geschlechtsneutrale Sprache oder gar Macht waren mit Gleichberechtigung nicht gemeint. Um Frauen rekrutieren zu können, mussten jedenfalls massenhaft Betreuungsmöglichkeiten für Kinder geschaffen werden. Das wiederum bedeutete in einem autoritären System auch Uniformierung und Indoktrination von klein auf.

Zugleich blieb die Hausarbeit wie im Westen an den Frauen hängen – wobei es zwei bedeutende Unterschiede zur Bundesrepublik gab. Erstens mussten die Ostfrauen mindestens eine Stunde am Tag für Einkäufe aufwenden, weil sie entweder vor Geschäften Schlange standen, in denen es etwas gab, oder von Geschäft zu Geschäft liefen, in denen es, wie sich herausstellte, nichts gab oder zumindest nicht das Richtige. Zweitens fiel die »Motorisierung« der Haushalte im Osten weitaus bescheidener aus als im Westen. Spülmaschinen etwa existierten so gut wie nicht. Das hatte erhebliche Konsequenzen. 1969, zeigt Kaminsky, hätten Frauen im Schnitt 74,65 Stunden pro Woche für Erholung, Schlaf und Freizeit zur Verfügung gehabt, Männer hingegen 109,25 Stunden[13] – und damit sage und schreibe 35 Stunden mehr. Die Folge war, dass Ostfrauen immer öfter nur *ein* Kind wollten, um nicht noch mehr in den Schraubstock von Berufstätigkeit, Hausarbeit und Kinderbetreuung zu geraten.

Und schließlich teilten die Männer die einflussreichen Posten unter sich auf. Bis 1989 hat es nicht eine einzige Frau ins höchste Gremium der SED, das Politbüro, geschafft. Unter den 156 Mitgliedern des zweithöchsten Gremiums, des Zentralkomitees, gab es in den 1980er-Jahren gerade mal 19 Frauen. Nur zwei Frauen gelang es während der gesamten DDR-Zeit, Ministerin zu werden: Hilde Benjamin (Justizministerin von 1953 bis 1967) und Margot Honecker (Ministerin für Volksbildung von 1963 bis 1989 und Ehefrau des Partei- und Staatschefs Erich Honecker). Beide waren gefürchtet. In der Volkskammer lag der Frauenanteil 1989 mit 32,2 Prozent ungefähr auf dem Niveau des heutigen Bundestages. Sogar den Vorsitz der Kommission zur »Vorbereitung und Durchführung des Internationalen Jahrs der Frau in der DDR« übernahm 1975 – ein Mann.

Daneben gab es weitere signifikante Ost-West-Unterschiede. Frauen in der DDR heirateten 1989 durchschnittlich mit 23,2 Jahren – zweieinhalb Jahre früher als die Frauen in der Bundesrepublik. Manchmal sind früh gebärende Ostfrauen wie die Grünen-Fraktionsvorsitzende Katrin Göring-Eckardt heute bereits Großmütter in einem Alter, in dem andere Frauen Mütter werden. Auch lag die ostdeutsche Scheidungsrate bis zu zehn Prozent über der westdeutschen – wobei es in den 1980er-Jahren in zwei Dritteln der Fälle die Frauen waren, die im Osten die Scheidung einreichten. Unterdessen war die Abtreibungsquote enorm hoch. So kamen im Jahr 1989 auf etwa 198 000 Geburten fast 74 000 Schwangerschaftsabbrüche. Der Wittenberger Gynäkologe und spätere Ministerpräsident von Sachsen-Anhalt Wolfgang Böhmer (CDU) erlebte in seiner Praxis so viele Abtreibungswillige, dass die vorgesehene Beratung aus Zeitgründen vielfach ausblieb – ausbleiben musste. Der Schlachtruf der westdeutschen Feministinnen »Mein Bauch gehört mir« war in der DDR Realität.

Nicht in jedem Detail, aber in der Summe besaßen die Ostfrauen mehr Autonomie als die Westfrauen. Das ändert jedoch nichts daran, dass das Leitbild der Emanzipation in der DDR letztlich ein männliches war – weshalb die Publizistin Ines Geipel »den Mythos der emanzipierten Ostfrau höchst fragwürdig« findet, da eine Karriere für sich genommen noch nichts besage. Maßgeblich sei die eigene innere Freiheit, sagt sie. Marianne Birthler resümiert ähnlich: »Eine Freundin, die zu DDR-Zeiten Ärztin war, sagt, ihr Wartezimmer sei voll gewesen von überlasteten Frauen. Wenn es gut ging, half der Mann ein bisschen. Aber helfen heißt ja, dass er sich nicht verantwortlich fühlte, sondern eben half. Das alles hat bei vielen Frauen zu einer großen Überforderung geführt. Deshalb ärgere ich mich, wie romantisch dieses Klischee von der emanzipierten Frau in der DDR beschrieben wird, zumal es sehr einseitig war. Gleichberechtigung hieß in der DDR, möglichst wie ein Mann zu leben. Das spiegelte sich auch in der Sprache. Sogar beim Frauenarzt hieß es: Der Nächste bitte!« Mithin war auch der monatliche »Haushaltstag« den berufstätigen Frauen vorbehalten – ab 1977 mit Ausnahme der wenigen »alleinstehenden« Väter. Dafür erledigten die Männer am Frauentag Frauenarbeit – also einmal im Jahr. Das spricht ebenfalls für sich. So wundert es nicht, dass ein Kinderlied so ging: »Meine Mutti ist Abteilungsleiter, alle Tage steht sie ihren Mann …« Was sich ins patriarchalische Rollenbild der SED-Oberen nicht fügen wollte, schlug sich unter anderem in der Literatur nieder – in Christa Wolfs *Der geteilte Himmel* von 1963, in Brigitte Reimanns *Franziska Linkerhand* von 1974 oder in Maxie Wanders berühmtem Buch *Guten Morgen, du Schöne* von 1977. Es waren Rufe nach Befreiung in einem Land, in dem die Menschen doch angeblich befreit waren; und es war so etwas wie ein literarischer Feminismus, während in der DDR ansonsten kein Feminismus erkennbar war. Maxie Wander wurde übrigens in Wien geboren. Sie starb in Kleinmachnow bei Berlin.

Keineswegs zufällig beklagte Erich Honecker 1971: »Ohne die wachsende Mitarbeit der Männer in der Familie etwa geringschätzen zu wollen – die Hauptlast liegt immer noch bei der Frau.« Denn diese Last war einer der Hauptgründe für Eheprobleme und die enorm hohe Scheidungsrate. Immerhin hielten es in den 1980er-Jahren 74 Prozent der DDR-Männer für richtig, sich an der Kindererziehung zu beteiligen[14] – was wiederum nicht heißt, dass sie es wirklich taten.

Mutige Dissidentinnen

Das relativ große Selbstbewusstsein wie zugleich der Frust vieler DDR-Frauen haben dazu beigetragen, dass sie in der Bürgerrechtsbewegung »eine herausragende und wahrnehmbare Rolle«[15] spielten, wie Anna Kaminsky ausführt. Unter den 30 Gründungsmitgliedern des Neuen Forums waren 1989 zehn Frauen, unter den 20 Rednern bei der Großkundgebung auf dem Alexanderplatz am 4. November 1989 immerhin vier, darunter Marianne Birthler und Christa Wolf. Nicht wenige fielen vorher und nachher durch bemerkenswerten Mut auf: allen voran Bärbel Bohley und Freya

Klier. Birthler erinnert sich, dass der Frauenanteil nicht zuletzt in kirchlichen Gruppen »relativ hoch« gewesen sei. In den Herbsttagen 1989 tauchte außerdem eine Frau auf, die später noch von sich reden machte – Angela Merkel. Und: Es konstituierte sich neben dem seit 1947 bestehenden Demokratischen Frauenbund Deutschlands (DFD), dem nur 17 Prozent der DDR-Frauen angehörten, am 3. Dezember 1989 eine neue Lobby-Gruppe: der Unabhängige Frauenverband (UFV), der seinerseits Ina Merkel und Walfriede Schmitt an den Runden Tisch entsandte. Der Verband war, wie die Sozialwissenschaftlerin Anne Hampele analysiert, Konsequenz des Umstandes, dass Frauen mit Beginn der 1980er-Jahre anfingen, »ihre Ansprüche einzuklagen«[16] – wobei die evangelische Kirche hier ebenfalls führend war. Es ging um Aktionen gegen die Militarisierung der Schulen ebenso wie darum, Freiräume für Schwule und Lesben zu schaffen. Auch machten Alleinerziehende ihre Rechte geltend. Offenkundig war: Frauen brachten Ideal und Wirklichkeit der DDR nicht mehr unter einen Hut.

Doch abgesehen davon, dass es der UFV bis zum August 1990 auf lediglich 3030 beitragszahlende Mitglieder brachte, bestand das Hauptproblem darin, dass, wie es Monika Zimmermann in der *Frankfurter Allgemeinen Zeitung* formulierte, »vor der Befreiung der Frau wohl immer die Befreiung des Menschen allgemein stehen muss«.[17] Marianne Birthler sagt: »Wir standen in den 1980er-Jahren vor so großen Herausforderungen und hatten auch so mächtige Gegner, dass offensiv geführte interne Kontroversen geradezu gefährlich gewesen wären.« Als in jener Zeit von Quotierung die Rede war, wurde der kuriose Einwand laut: »Dann brauchen wir auch eine Quotierung für Brillenträger.«[18] Zwar standen alsbald – wie sich zeigte: zu Recht – die Befürchtung einer Verschlechterung der sozialen Lage von Frauen im Raum sowie die Sorge, von der Macht erneut ferngehalten zu werden. Das UFV-Mitglied Tatjana Böhm wurde Ministerin ohne Geschäftsbereich in der letzten SED-geführten Regierung unter Hans Modrow. Von einer deutschen Vereinigung wollten viele Verbandsmitglieder nichts wissen. Der UFV scheiterte bei der ersten freien Volks-kammerwahl am 18. März 1990 bei dem Versuch, ein Mandat zu erringen. Das wiederum verringerte die Möglichkeiten der Frauen weiter, sich Gehör zu verschaffen. Manchen war der UFV ohnehin zu feministisch, anderen prinzipiell zu links. Andererseits berichtet Marianne Birthler aus jener Zeit: »Wir haben zum Teil hände-ringend nach Frauen gesucht, die bereit waren, für politische Ämter oder Mandate zu kandidieren. Viele Frauen haben dann oft von sich aus entschieden: Das mache ich mit meinem Leben nicht. Ich brauche noch Raum. Ihr Leben war ihnen für die kräftezeh-rende Berufspolitik zu schade.« So oder so geriet der Unabhän-gige Frauenverband schneller und nachhaltiger in Vergessenheit als andere Gruppen, die während der Friedlichen Revolution auf sich aufmerksam machten.

Zu Unrecht, wie man rückblickend konstatieren kann, ja muss. Wohl ließ der erste und letzte demokratisch gewählte DDR-Minis-terpräsident Lothar de Maizière (CDU) ein Familien- und Frauen-ministerium einrichten. Das Amt übernahm die Christdemokratin Christa Schmidt. Dies änderte aber nichts daran, dass die Frauen zunächst zu den Verliererinnen der Wende zählten: Das Recht auf Arbeit ließ sich ebenso wenig halten wie das Recht auf einen Krip-pen- oder Kindergartenplatz. Auch sollte der straffreie Schwan-gerschaftsabbruch nur noch übergangsweise möglich bleiben; es drohte eine Verschärfung. Den meisten Ostfrauen Wichtiges und Gewohntes fiel im Einigungsvertrag und bei dem anschließenden Beitritt der DDR zur Bundesrepublik unter den Tisch. Die Gleich-stellungsbeauftragte der DDR-Regierung, Marina Beyer, wurde am 3. Oktober 1990 entlassen. Sehr aussagekräftig sind statistische Daten aus jener Zeit. So halbierte sich der Anteil der erwerbstä-tigen Frauen von 92,4 Prozent im Jahr 1989 auf 44,3 Prozent im Jahr 1990. Sie verloren unter anderem deshalb eher als die Män-ner ihren Job, weil sie seltener in Leitungspositionen und die neuen Chefs öfter Westmänner waren.

Die Scheidungsrate sank in Ostdeutschland von 38,2 Prozent

auf 31,3 Prozent – ein Indiz dafür, dass sich die Frauen sozial-öko-nomisch ohne Mann nicht mehr sicher fühlten. Die Geburtenrate brach von 1,52 im Jahr 1990 auf historisch einmalige 0,77 Kinder je Frau im Jahr 1994 ein. Betriebliche Kindereinrichtungen ver-schwanden mit den Betrieben, und das massenhaft. Parallel schrumpfte der Anteil der weiblichen Volkskammerabgeordne-ten von 32,2 auf 20 Prozent. Die Aufzählung ließe sich fortsetzen. Auch wenn die komplette Ostgesellschaft über Jahre hinweg eine Abwicklungs-, Abwanderungs- und Schrumpfgesellschaft war: Die Frauen traf es besonders hart. Am härtesten traf sie der scha-renweise Verlust ihrer Arbeitsplätze. Kurzum, für die Ostfrauen ging es nicht mehr darum, auf der Basis des Bestehenden zu neuen Ufern aufzubrechen, sondern das Erreichte zu sichern. Das gelang entweder gar nicht oder schlecht.

In der eingangs zitierten Gleichstellungsstudie steht: »In den Umwälzungen nach der Wiedervereinigung wurde eine Reihe von Strukturen, die die Gleichstellung befördert hatten, in Ostdeutsch-land abgebaut oder nicht fortgeführt, sodass die ersten Jahre der deutschen Einheit in Ostdeutschland objektiv einen Rückschritt in der Gleichstellung von Frauen und Männern bedeuteten.«[19] Weiter heißt es: »Später wurde in Ostdeutschland in den weiteren Pha-sen der deutschen Einheit das verlorene Terrain der Gleichstel-lung wiedergewonnen und sogar übertroffen.«[20] Und in der Tat: Das ist keine Regierungspropaganda, selbst wenn es das vielleicht *auch* ist. Es ist die Wirklichkeit. Das Ausmaß, in dem sich Ost-deutschland frauenpolitisch langfristig behauptet und Gesamt-deutschland seinen Stempel aufgedrückt hat, ist – wenn man alle verfügbaren Daten betrachtet – erstaunlich, zuweilen verblüffend. Aus vielen kleinen Puzzleteilen ergibt sich ein großes Muster.

Neue Zeiten, bessere Zeiten

Die Stärke der Frauen zeigte sich zunächst daran, dass sie die in den 1990er-Jahren in Ostdeutschland um sich greifende Perspek-tivlosigkeit nicht akzeptieren wollten – und gingen. Die Arbeitslosigkeit stieg damals – man vergisst das heute oft – teilweise auf einen Anteil von 25 Prozent und mehr. Rechnet man die Arbeits-beschaffungsmaßnahmen hinzu, war die Hälfte der Bevölkerung ohne reguläre Beschäftigung. Frauen waren anfangs überproportional betroffen und suchten das Weite. So wanderten ab 1991 aus Ostdeutschland 17 Jahre lang mehr Frauen ab als Männer.[21] Den größten Abstand verzeichnete das Statistische Bundesamt im Jahr 1992. 2008 stellte sich ein Gleichstand ein und seitdem eine Trendumkehr auf deutlich niedrigerem Niveau. Im Durchschnitt verließen in den ersten 20 Jahren nach dem Mauerfall jedes Jahr 45 000 Männer den Osten und 51 500 Frauen.[22] Deren Schulab-schlüsse waren oft besser. Und: Ihre Flexibilität entspricht dem internationalen Standard. Die Frauen – vor allem aus struktur-schwachen Regionen – zogen den Chancen hinterher. Damit war erst Schluss, als sich Ende der Nullerjahre auch im Osten wieder Chancen boten. Der Soziologe Raj Kollmorgen konstatiert: »Die ostdeutschen Frauen waren schlicht berufsmobiler, risikobereiter und aufstiegsorientierter als die Männer.«

Zweiter Indikator für die Stärke der Ostfrauen ist, dass sie häufiger berufstätig waren und sind als ihre westdeutschen Schwestern – und das obwohl im Osten bis heute viel weniger Jobs zur Verfügung stehen als in der alten Bundesrepublik. Zwar ließ neben anderen ausgerechnet eine gewisse Angela Merkel in ihrer Eigenschaft als Frauenministerin Anfang der 1990er-Jahre wissen, dass die Erwerbsneigung der Frauen in den neuen Län-dern vermutlich zurückgehen werde, »weil es (früher) die Mög-lichkeit, Hausfrau zu sein, eigentlich nicht gab«.[23] Gemeint war: in der DDR nicht gab. So wie Merkel dachten viele, in erster Linie Westdeutsche. Doch sie verschätzten sich. Tatsächlich konnten sich nur vier bis fünf Prozent der Ostfrauen einen völligen Rück-zug aus dem Erwerbsleben vorstellen.[24] Auch hier sprechen die Zahlen für sich. Zwar ist der Osten von 90-prozentigen Frauen-erwerbsquoten wie zu DDR-Zeiten weit entfernt. Gleichwohl ist die Quote trotz der Abwanderung von 44,3 Prozent im Jahr 1990 auf 57,9 Prozent im Jahr 2014 angewachsen. Das zumindest ergibt sich aus einer Untersuchung der Bertelsmann-Stiftung aus dem Jahr 2015.[25] Und wenngleich 25 Jahre nach dem Mauerfall auch immer mehr Westfrauen arbeiten gingen, wuchs der Ostvorsprung von 5,1 Prozentpunkten im Jahr 2006 auf sieben Prozentpunkte im Jahr 2014. Es scheint, als zeitige das Ostleitbild gesamtdeutsch eine positive Wirkung.

Dieser Eindruck setzt sich in Betrieben und Behörden fort. So sind Ostfrauen häufiger in Führungspositionen als Westfrauen. Im Jahr 2015 lag der Anteil von Frauen auf privatwirtschaftlichen Leitungsposten bei 44 Prozent im Osten und 27 Prozent im Westen.[26] Im öffentlichen Dienst Ostdeutschlands betrug dieser Anteil bereits im Jahr 2007 rund 45 Prozent und damit fast die Hälfte.[27] Schließlich ist die Entgeltdifferenz zwischen Frauen und Männern im Osten geringer als im Westen. 2014 betrug der sogenannte Gender Pay Gap im Westen 22 Prozent, in Ostdeutschland hingegen nur neun Prozent.[28] Teilweise verdienen Ostfrauen sogar mehr als Ostmänner, in Cottbus 17,3 Prozent mehr, in Frankfurt (Oder) 16,6 Prozent mehr, in Dessau-Roßlau immerhin noch 14,4 Prozent mehr – allerdings auf der Basis eher niedriger Gehälter.[29] Das gibt es im Westen nirgends. Im Gegenteil: In Dingolfing-Landau (Bayern) liegen die Männer sogar mit 38,4 Prozent Mehrverdienst vorn. Experten führen den höheren Anteil der Ostfrauen in Führungspositionen nicht zuletzt darauf zurück, dass ostdeutsche Mütter nach der Geburt eines Kindes früher ins Erwerbsleben zurückkehren als westdeutsche – und das in der Regel auf Vollzeitstellen. So sind im Westen nur noch 17 Prozent der Mütter bis zum 40. Lebensjahr vollzeitberufstätig, im Osten 40 Prozent. Kinder sind hier nicht unbedingt eine Karrierebremse. Das wiederum hat neben einer anderen Haltung zur Berufstätigkeit mit oftmals besseren Möglichkeiten der Kinderbetreuung zu tun.

Der Betreuungsanteil in Kinderkrippen für unter Dreijährige sank in Ostdeutschland zwar von 80 Prozent im Jahr 1989 auf 41 Prozent im Jahr 2007. 2016 erreichte er aber wieder 52 Prozent –

gegenüber 27 Prozent im Westen. Bei der Ganztagsbetreuung drei- bis sechsjähriger Kinder war das Gefälle mit 72,6 Prozent im Osten gegenüber 34,1 Prozent im Westen noch größer. Auch die Einstellung im Westen hat sich geändert. Rückblickend sind nur 30 Prozent der Westdeutschen der Meinung, das System der Kinderbetreuung in der alten Bundesrepublik sei gut gewesen; in der einstigen DDR erinnern sich 93 Prozent der Bürger positiv an die Vergangenheit.[30] Zugleich waren im Jahr 2016 Erstgebärende im Osten mit durchschnittlich 28,6 Jahren jünger als im Westen (29,8 Jahre) und bekamen mit 1,56 Kindern im Schnitt mehr Kinder als dort (1,50 Kinder).[31]

Der emanzipatorische Ostvorsprung wirkt sich ferner auf die Männer aus. So belegte Sachsen mit einer Beteiligung von 46,7 Prozent der Väter an der Elternzeit 2016 bundesweit Platz eins; Thüringen rangierte mit 42,7 Prozent auf Platz drei.[32] Bei der Inanspruchnahme des neuen »Elterngeldes plus« für Eltern, die kurz nach dem Mutterschutz wieder stundenweise mit der Arbeit beginnen, lag 2017 Thüringen vorn.[33] Die Differenz in der ehedem geteilten Republik lässt sich bis in Details nachweisen. So kauften 2015 51 Prozent der Frauen im Westen Kleidung für ihren Partner; im Osten taten das nur 38 Prozent der Frauen.[34] Das zeigt einmal mehr: Im Osten haben Männer ein größeres Interesse an der Gleichstellung der Geschlechter. Im Großen und Ganzen lautet die Lehre: Arbeit stärkt die Frauen nach innen – und ist kombiniert mit guten Kinderbetreuungsmöglichkeiten der Schlüssel für Teilhabe und Aufstieg nach außen.

Interessant ist, dass sich bei den jungen ostdeutschen Frauen eine »Rolle rückwärts«[35] beobachten lässt. Bei den unter 40-Jährigen ist der Anteil derer, die sich Gleichstellung in der Partnerschaft wünschen, zuletzt um 20 Prozentpunkte auf 41 Prozent gesunken. Experten führen dies auf den Umstand zurück, dass die Chancen, wenigstens in beruflicher Hinsicht Gleichstellung auch zu leben, seit dem Fall der Mauer abgenommen hätten. Das Ideal passt sich der Wirklichkeit an – nicht umgekehrt. Darüber hinaus lebten viele der mobilen, fortschrittlichen Frauen nicht mehr im Osten, sondern seien, wie eingangs beschrieben, in den Westen übergesiedelt. Entsprechend habe sich der Anteil der Ostfrauen in unteren sozialen Milieus erhöht, wo die traditionelle Rollenverteilung mehr Anhängerinnen habe. Womöglich hat das Phänomen auch mit einem allgemeinen Rechtsruck der Ostgesellschaft zu tun, der sich im Erstarken der männerdominierten AfD ausdrückt. So wie jüngere Frauen in der DDR auf Gleichberechtigung pochten, tun es die jüngeren Frauen im Osten heute nicht mehr. Doch am Gesamtbild ändert dies wenig. »Das Lebensmodell der Gleichstellung von Frauen und Männern ist in Ostdeutschland deutlich verbreiteter als in Westdeutschland«, heißt es in der von Manuela Schwesig in Auftrag gegebenen Studie. Dort sei es »auch in der Mitte der Gesellschaft und in traditionellen Milieus eine mehrheitliche Option«. Der Osten könne dem Westen diesbezüglich »eine Brücke und Vorbild sein«.[36] Thüringens ehemalige Ministerpräsidentin Christine Lieberknecht, CDU-Mitglied, pflichtet dem bei: »Die DDR-Erfahrung der Vereinbarkeit von Familie und Beruf ist inzwischen voll im Westen angekommen – jetzt auch unter Einbeziehung der Männer.« Sarkastisch gesprochen, hat die SED die Frauen im Sozialismus für die Karriere im Kapitalismus ertüchtigt.

Die gewandelte Wirklichkeit zog zu guter Letzt eine neue Politik nach sich. Bis 1977 durften westdeutsche Frauen nur gegen den Willen ihrer Männer arbeiten gehen, wenn der Haushalt nicht darunter litt. In Eheangelegenheiten hatten Männer sowieso das Letztentscheidungsrecht. Eine unverheiratete Mutter, die keinen Vater benennen konnte, bekam einen Amtsvormund. Und Vergewaltigung in der Ehe blieb bis 1997 (!) straffrei. Manches ist heute vergessen und kaum noch vorstellbar. Im Westen hatte der seit 1982 regierende Kanzler Helmut Kohl (CDU) obendrein eine »geistig-moralische Wende« beschworen – gegen die 68er-Generation und ihre Erben. Für die Frauen verhieß das wenig Gutes. Das alles änderte sich, nachdem aus zwei deutschen Staaten einer geworden war.

Schon in den Einigungsvertrag fand ein Passus Eingang, nach dem die Pflicht zur Amtsvormundschaft für ostdeutsche alleinstehende Mütter nicht griff. Seit 2007 gibt es in Deutschland das sogenannte Elterngeld, das länger in Anspruch genommen werden kann, wenn auch Männer Elternzeit nehmen. 2013 wurde der Rechtsanspruch auf einen Kindergartenplatz eingeführt: Für 35 Prozent der Kinder unter drei Jahren sollte es einen Krippenplatz geben. Um den Anteil von Frauen in Führungspositionen zu erhöhen, gilt seit 2016 die Geschlechterquote von 30 Prozent für neu zu besetzende Aufsichtsratsposten – allerdings lediglich in sehr großen Unternehmen. Seit 2017 haben Frauen schließlich das Recht, Auskunft zu verlangen darüber, was männliche Kollegen in vergleichbarer Position verdienen. Ziel war und ist, den Gender Pay Gap zu schließen. »Die Einheit hat der Geschlechterpolitik Schub gegeben«, kommentiert die Journalistin Andrea Dernbach. »Viele Frauen – und Männer – mit einem anderen Rollenbild und anderen Erfahrungen als dem der westdeutschen Norm bestimmen seither politisch mit und haben die alten Westdebatten um die ›Vereinbarkeit‹ von Beruf und Familie, um Krippenbetreuung und angeblich natürliche Geschlechterordnungen womöglich stärker erschüttert als alle Forschung zum Thema. Nicht dass nicht mehr geredet würde und verhandelt werden müsste. Aber der Alltag von Millionen Ostdeutschen gibt bereits starke Antworten.«[37] Es ist wohl auch kein Zufall, dass fünf der gesamtdeutschen Frauenministerinnen seit 1990 aus dem Osten kamen beziehungsweise kommen: Angela Merkel und Claudia Nolte (beide CDU) sowie Christine Bergmann, Manuela Schwesig und seit März 2018 Franziska Giffey (alle SPD).

Frauen an der Spitze

Immer mehr Ostfrauen machten in der Politik von sich reden. Die erste demokratisch gewählte Volkskammerpräsidentin war Sabine Bergmann-Pohl (CDU). Die Grüne Marianne Birthler stieg im Jahr 2000 zur Bundesbeauftragten für die Stasi-Unterlagen auf und wäre 2017 um ein Haar Bundespräsidentin geworden – hätte sie nicht selbst abgesagt und damit eine staatliche Doppelspitze von zwei Ostfrauen verhindert. 1999 unterlag die ostdeutsche CDU-Kandidatin Dagmar Schipanski ihrem alt-westdeutschen Gegenkandidaten Johannes Rau von der SPD. Erste Ministerpräsidentin eines Ostlandes wurde 2009 in Thüringen Christine Lieberknecht (CDU). »Vor mir gab es in diesem Amt nur Heide Simonis, die aber schon nicht mehr aktiv war, als ich ins Amt kam«, sagt sie. »Bei meinem Ausscheiden im Jahr 2014 waren wir mit Hannelore Kraft, Annegret Kramp-Karrenbauer und Malu Dreyer immerhin zu viert – und über alle Parteigrenzen hinweg einte uns dabei ein solidarisches Grundgefühl.« Ungefähr zeitgleich, 2010, reüssierte die gebürtige Sächsin Johanna Wanka (CDU) zum ersten ostdeutschen Mitglied eines westdeutschen Landeskabinetts, dem in Niedersachsen. 2014 erkämpfte sich die Thüringerin Iris Gleicke (SPD) den Posten der Ostbeauftragten der Bundesregierung. Seit ihrer Wahl in den Bundestag 2017 macht die Netzaktivistin und Feministin Anke Domscheit-Berg von sich reden; sie trat für die Linke an, nachdem Engagements bei den Grünen und in der Piratenpartei gescheitert waren. Zuletzt fiel das Auge der Öffentlichkeit auf die in Brandenburg zur Welt gekommene Bezirksbürgermeisterin von Berlin-Neukölln Franziska Giffey (SPD), die Bundesgeschäftsführerin der SPD Nancy Böhning, die aus der Lausitz stammt, und die Oberbürgermeisterin von Flensburg Simone Lange (SPD), die im thüringischen Rudolstadt aufwuchs und sich Anfang 2018 gleichermaßen überraschend wie selbstbewusst gegen die Favoritin Andrea Nahles um den SPD-Vorsitz bewarb. Mittlerweile fast vergessen ist die 2001 gestorbene Sozialministerin von Brandenburg Regine Hildebrandt (SPD), die lautstark wie kaum eine andere für ostdeutsche Fraueninteressen eintrat und mit der sächsischen Integrationsministerin Petra Köpping (SPD) in der »menschelnden« Art des Politikmachens eine Wiedergängerin gefunden hat. Zu guter Letzt wartete der Wahlkreis Vorpommern-Rügen bei der Bundestagswahl 2017 mit der kaum beachteten Besonderheit auf, dass neben der direkt gewählten Kandidatin Angela Merkel drei weitere weibliche Abgeordnete aus diesem Wahlkreis über die Landeslisten ins Parlament einzogen, nämlich von der Linken, der SPD und den Grünen. Schon die parallele Wahl von drei Frauen im fränkischen Wahlkreis Bad Kissingen galt unter Fachleuten als äußerst spektakulär. Unterdessen ist der Frauenanteil im thüringischen Landtag am höchsten. Und der Landtag von Brandenburg verabschiedete Ende Januar 2019 ein Gesetz, wonach Parteien künftig ihre Wahllisten paritätisch mit Frauen und Männern besetzen müssen – bundesweit ein Novum.

Am aufsehenerregendsten ist aber, wie viele Frauen es in den Parteien an die Spitze geschafft haben. Angela Merkel war von 2000 bis 2018 CDU-Vorsitzende und ist seit 2005 Kanzlerin. Katrin Göring-Eckardt wurde 2002 Fraktionsvorsitzende der Grünen – und 2013 noch einmal. Katja Kipping errang 2012 den Vorsitz der Linkspartei – und Sahra Wagenknecht 2015 den der linken Bundestagsfraktion. Frauke Petry stieg 2013 zur AfD-Chefin empor. Nicht zu vergessen Cornelia Pieper aus Halle (Saale), die von 2001 bis 2005 FDP-Generalsekretärin war und anschließend bis 2011 stellvertretende Parteivorsitzende. Sie wurde 2014 Generalkonsulin im polnischen Danzig. Derweil gilt Manuela Schwesig, seit 2017 Ministerpräsidentin von Mecklenburg-Vorpommern, als denkbare Kandidatin für den SPD-Vorsitz, sollte sich Amtsinhaberin Andrea Nahles nicht mehr halten können oder nicht mehr halten wollen. Last but not least: Ska Keller, Vorsitzende der Grünen-Fraktion im Europarlament, aus dem brandenburgischen Guben.

Sucht man nach Gemeinsamkeiten, fällt auf, dass Merkel aus einem Pfarrhaus kommt und Göring-Eckardt ebenso mit einem Pfarrer verheiratet war wie Petry. Göring-Eckardt sagt, auf den Synoden, also quasi Parlamenten, der evangelischen Kirche in der DDR »konnte man lernen, wie Demokratie geht«. Auch hatten oder haben viele der Genannten westdeutsche Männer. Offenkundig ist: Die politische Macht, die Ostfrauen in der DDR allzu oft nicht besaßen, holen sie sich jetzt umso energischer und behaupten sie dann gegen alle Widerstände. Merkel hat gezeigt, wie man das macht. Kipping und Wagenknecht liefern sich einen ausgewachsenen inneröstlichen Machtkampf, ohne dass er noch als solcher auffiele. Petry wiederum hatte kein Problem damit, ein Landtags- und ein Bundestagsmandat für die AfD zu holen – und nach ihrem Austritt aus der Partei beide zu behalten. Die Entschlossenheit der Ostfrauen ist selbstverständlicher Alltag.

Den genannten Spitzenpolitikerinnen ist ihre ostdeutsche Herkunft wohl bewusst. Die früher oppositionelle Göring-Eckardt indes betont angesichts der Vorgeschichte: »Zur DDR-Wahrheit gehört auch: Wenn ›Mutti‹ früh zur Arbeit ging, dann machte sie abends trotzdem Haushalt und Kind.«[38] An einer Glorifizierung des untergegangenen Staates möchte sich die Grüne nicht beteiligen. Marianne Birthler denkt genauso. »Die Möglichkeiten für Frauen sind heute ungleich größer«, sagt sie. »Ich würde überhaupt nicht sagen, dass sie Verliererinnen der Einheit waren. Dazu kenne ich zu viele wunderbare Geschichten, in denen Frauen ihre Möglichkeiten genutzt haben.«

Angela Merkel – Vorbild oder nicht?

Aus Monika Lahmer sprudelt es regelrecht heraus. Und das liegt nicht nur daran, dass die 63-Jährige gerade wenig Zeit hat und sich beeilen muss, sondern ist Zeichen tief empfundener Bewunderung. »Sie ist in jeder Hinsicht ein Vorbild für mich«, sagt die Krankenschwester auf dem Weg zum Spätdienst über Angela Merkel. »Und ich finde es klasse, dass sie sich durchgesetzt hat in der ganzen Männerdomäne, es als Frau geschafft hat, Bundeskanzlerin zu werden – und weil sie eben ihre Ziele verfolgt.« Lahmer fügt hinzu: »Einiges ist in letzter Zeit ein bisschen schiefgelaufen.« Unklar ist, was sie damit meint. Aber für das, was schiefgelaufen sei, sei Merkel nicht allein verantwortlich. Ob die Kanzlerin eine typische Ostfrau sei, will ich wissen. Ihre Mitbürgerin sieht das so: Die Kanzlerin habe »ihre Werte. Und ich könnte wetten, dass sie sich nie bestechen lassen würde.« Ein paar Meter weiter läuft Grit Niebling über den schönen Templiner Marktplatz, auf dessen altem Pflaster weiträumig Stände aufgebaut sind. Sie kommt ebenfalls aus der Stadt, wohnt jetzt aber in Leipzig. »Für mich als Frau ist sie ein Vorbild«, sagt die Ärztin mit eigener Praxis, die kürzlich 50 geworden ist. »Ich denke, dass es nicht einfach ist, so strukturiert und emotionsarm unser Land zu führen. Das finde ich als Frau nicht unbedingt gewöhnlich. Dafür hat sie meinen Respekt. Ob Ost- oder Westfrau ist mir wurscht.«

Schließlich ist da Gerlinde Splitt, 75, die bei Merkels Vater Horst Kasner in den 1950er-Jahren augenscheinlich einen sehr angenehmen Religionsunterricht genossen hat (»ein sehr sympathischer Mann«) und deren Arbeitskollegin mit Merkel in die Schule ging. »So finde ich sie schon ganz tough«, antwortet Splitt – während spürbar wird, dass das einschränkende »so« auf die Flüchtlings-politik der Christdemokratin zielt, die Frau Splitt gar nicht gefällt. Eine Stichprobe in der Heimat der Kanzlerin fördert immerhin eine positive Grundstimmung zutage.

Die Sache mit Angela Merkel als Deutschlands führender Ost-frau ist zunächst einmal etwas kurios. Denn sie kam bekanntlich als Tochter von Herlind und Horst Kasner im westdeutschen Hamburg zur Welt, bevor ihr Vater drei Wochen nach Merkels Geburt tat, was heute noch bei manchem Kopfschütteln auslöst: Er kehrte 1954 samt Familie als evangelischer Pfarrer zurück in die DDR, während es Tausende in die Gegenrichtung zog – in den freien Westen. Trotzdem und weil sie im Osten aufgewachsen ist, ist der Status »Ostfrau« die Folie geblieben, auf der bis heute Mer-kels Leben gezeichnet wird. Die einstige Bundestagspräsidentin Rita Süssmuth, die in der CDU hart für mehr Gleichberechtigung kämpfen musste, sagt: »Für die Ostdeutschen war sie keine cha-rakteristische Ostfrau, für die Westdeutschen schon.« Die Bewer-tung des Merkel'schen Status nimmt in unterschiedlichen Phasen ihres Lebens unterschiedliche Formen an.

Im uckermärkischen Templin war der Vater daheim autoritär und zuweilen durchaus launisch, zudem galt er vor dem Mauerfall als überzeugter Sozialist und auch danach politisch als eher links, weshalb er sich in Brandenburg das Etikett »der rote Kasner« er-warb. Merkel, so beschreibt es Jacqueline Boysen, eine ihrer bei-den westdeutschen Biografinnen[39], habe als Kind öfter am Zaun auf den Vater gewartet. Es war die Mutter, die ihr Wärme gab und geben musste, wenngleich deren Credo lautete: Ihr müsst besser sein als alle anderen, sonst lassen sie euch niemals studieren. Schließlich waren die Kasners eine Pfarrersfamilie, die in der DDR kaum mehr als geduldet wurde. Als Zugezogene, Protestanten und Intellektuelle waren sie Außenseiter. Die Mutter blieb bis ins hohe Alter Maßstab in Sachen Unermüdlichkeit. Noch mit 90 Jahren gab sie an der Volkshochschule Templin Unterricht. »Let's go on learning English«, hieß es zehnmal zwei Stunden im Herbst 2018.

Angela Merkel war, nebenbei bemerkt, durchaus gesellig, auch mit Jungs, küsste aber – wie ihre zweite Biografin Evelyn Roll[40] herausgefunden hat – lieber nicht.

Bedeutsam in diesem Zusammenhang ist: Die evangelische Kirche wie die Berliner Akademie der Wissenschaften, an der die Physikerin nach dem Studium arbeitete, waren männerdominierte Einrichtungen. DDR-typisch war neben ihrem naturwissenschaftlichen Beruf, in den westdeutsche Frauen selten finden, Merkels Entscheidung, früh zu heiraten – und sich auch früh und auf eigenes Drängen hin scheiden zu lassen. Ihr erster Mann Ulrich Merkel war ein häuslicher Typ. Angela Kasner aber, die seinen Namen übernahm und behielt, wollte raus ins Offene, so gut dies eben unter DDR-Bedingungen möglich war.

Die Gelegenheit bot sich 1989, als Merkel als »Novemberrevolutionärin« (Ehrhart Neubert) aktiv und Sprecherin des »Demokratischen Aufbruchs« wurde. Zwar gab es in der Bürgerrechtsbewegung zahlreiche couragierte Frauen, von denen einige etwas wurden. Doch die eine zeichnete sich dadurch aus, dass sie als 35-Jährige mit Verzögerung einstieg und eine – teils durch Geschick, teils zufällig – umso steilere Karriere machte. Manche Mitstreiter im »Demokratischen Aufbruch« wie Rainer Eppelmann entwickelten nicht ihren Ehrgeiz, andere wie der letzte DDR-Ministerpräsident Lothar de Maizière und erst recht der Anwalt Wolfgang Schnur stolperten über ihre Stasi-Akten. Merkel – seinerzeit gern in Schlabberrock und Jesuslatschen unterwegs – sagte am Wahlabend des 18. März 1990 zu ihrem späteren Vertrauten Thomas de Maizière: »Sie können glücklich sein, dass Sie *so feine Kerle* (!) *wie uns* vom Demokratischen Aufbruch dabeihaben.«[41]

Als die Vereinigung in Sack und Tüten war, fragte Helmut Kohl Merkel, ob sie sich mit anderen Frauen verstehe – und machte sie zur Frauenministerin. In den Augen des Alten reichte das. Beobachterinnen sind sich jedoch einig, dass das Frauenressort nicht das richtige Ressort für Merkel war. Jacqueline Boysen berichtet:

»Merkel war befremdet vom bundesdeutschen Feminismus; sie konnte damit nichts anfangen. Sie hat sich ja immer in Männerkontexten bewegt. Und sie konnte nicht deshalb nicht Karriere machen, weil sie eine Frau war, sondern weil sie kein Parteimitglied war.« Heide Pfarr, Anfang der 1990er-Jahre sozialdemokratische Frauenministerin in Hessen, urteilte schärfer: »Die Vorstellung der DDR-Frauen, dass sie gleichberechtigt seien, hat Merkel offenbar sehr stark geprägt.«[42] In negativer Weise. Die damalige Ministerkollegin auf der Bundesebene habe »überhaupt keinen Sinn für Diskriminierung. Sie sieht sie nicht. Man muss sie ihr deklinieren.« Merkel jedenfalls hatte es erklärtermaßen weder mit der *Emma* noch mit der Quote. Rita Süssmuth erinnert sich: »Sie war eher gegen die Quote als für die Quote; das hat ihr Helmut Kohl abgerungen.« Merkel ließ aber später mit Blick auf ihr erstes Ministerinnenamt immerhin wissen: »Als Frau weiß man ja über Frauen ein bisschen was.«[43] Bezeichnend für ihre Unerfahrenheit und die Wahrnehmung der Westfrauen durch die Ostfrauen war ein Eklat, den die Ministerin eines Tages in Nordrhein-Westfalen auslöste. Dort wurde bei einer Veranstaltung die Klage laut, dass Ostfrauen höhere Renten bekämen als Westfrauen. Merkel antwortete dem Vernehmen nach, dies sei ganz normal, weil die Ostfrauen schließlich gearbeitet hätten.[44] Daraufhin rumorte es im Saal. Die Wahrheit zu sagen, ist in der Politik nicht immer opportun.

Allmählich lernte Merkel in Machtdingen dazu. Als sie 1994 vom Frauen- ins Umweltministerium wechselte, servierte sie den selbstgefälligen Staatssekretär Clemens Stroetmann ab. Der hatte die Novizin augenscheinlich als gefundenes Fressen betrachtet. Später schrieb Alexander Osang, Merkel verteile gern kleine verbale »Backpfeifen« – »meist an Männer. Politiker, Journalisten, Drängler. Es ist nicht ihre Macht, es ist ihre Art. An ihrem ersten Tag als Generalsekretärin, noch im Bonner Adenauer-Haus, ließ sie die Herren, die mit gewetzten Messern an einem großen Tisch auf die Neue warteten, aufstehen und sich umsetzen. Als sie wieder saßen, war nix mehr wie vorher.«[45] Insider berichten, dass Merkel auch mal rumschreit, wenn es nicht so läuft, wie sie es gern hätte, zugleich aber die Statur besitzt, sich zu entschuldigen, wenn es angebracht ist – Pfarrerstochter eben. Was Merkel in den ersten Jahren stets half und was sie sich zunutze machte: dass man sie unterschätzte. Rita Süssmuth zählte zu denen, die sie nicht unterschätzten. Die 82-Jährige sagt: »Frau Merkel war sehr stark. Sie genoss breite Anerkennung im In- und Ausland.«

Anfang der 2000er-Jahre schlug die öffentliche Wahrnehmung um. Aus Kohls »Mädchen« wurde das männermordende Ungeheuer. So leitete sie in einer frühen Phase der CDU-Spendenaffäre mit einem fraglos mutigen Artikel in der *Frankfurter Allgemeinen Zeitung* die Abkehr von Kohl ein und löste im Jahr 2000 Wolfgang Schäuble als Parteichef ab. Nachdem der bayerische Ministerpräsident Edmund Stoiber (CSU) bei der Bundestagswahl 2002 knapp gescheitert war, räumte sie mit ihm gemeinsam den Unionsfraktionsvorsitzenden Friedrich Merz aus dem Weg und wurde 2005 die erste Frau an der Spitze der Regierung in der Geschichte der Bundesrepublik Deutschland. Die offizielle Übergabe der Kandidatur an Stoiber fand übrigens im Magdeburger »Herrenkrug« statt. Es ist nicht wirklich so, dass Merkel die Männer mordet – schon gar nicht im wörtlichen Sinne. Stattdessen gelang es vor allem den CDU-Männern nicht, sie zu stürzen. Gleichwohl entwickelte Merkel eine immer feiner werdende Technik, Parteifreunde bei Bedarf ins Leere laufen zu lassen.

Eine Konkurrentin gab es in all den Jahren nicht. Dabei ist Merkel keineswegs stutenbissig. Vielmehr freuten sich sozialdemokratische Ministerinnen in der Großen Koalition wie Ulla Schmidt, dass die Kanzlerin sie auch mal reden ließ. Da waren sie von ihrem Vorgänger, dem Macho Gerhard Schröder, anderes gewohnt. Unterdessen wurde das berüchtigte »Girlscamp«, das im Kern aus den Westfrauen Beate Baumann und Eva Christiansen besteht, um aufgeschlossene CDU-Westmänner erweitert: Peter Altmaier, Willi Hausmann, Peter Hintze, Volker Kauder, Thomas de Maizière, Ronald Pofalla, Norbert Röttgen. Merkel kann sehr wohl mit Männern, auch in der Politik. Nur loyal müssen sie sein – und verschwiegen. Als Umweltminister Röttgen nicht mehr loyal erschien, trennte sie sich von ihm. Längst hatten sich derweil machtvolle Unterstützerinnen eingefunden, unter ihnen Alice Schwarzer und Friede Springer, Erstgenannte lange Zeit unbestrittenes Oberhaupt des westdeutschen Feminismus, die Zweite Oberhaupt des einflussreichsten deutschen Verlagshauses.

Je länger Merkel regierte und je selbstsicherer sie wurde, desto mehr wurde sie national wie international verehrt. Während Merkels Aufstieg war im Urteil der Öffentlichkeit alles an ihr Ballast und komisch: dass sie ostdeutsch ist, geschieden, kinderlos, protestantisch und Physikerin. Der Status Frau war gewissermaßen ein Manko unter vielen. Nun wurde all das öffentlich ins Positive gewendet. Doch Irritationen blieben. Beispielsweise fiel auf, dass Merkels eigenwilliger zweiter Ehemann Joachim Sauer 2005 nicht an ihrer Vereidigung zur Bundeskanzlerin teilnahm. Außerdem fiel auf, dass Merkel in Bayreuth und Oslo Abendkleider trug – wobei das Dekolleté in Oslo nach Ansicht von Beobachtern etwas zu groß geraten war. Die Kanzlerin musste in den ersten Jahren jedenfalls nicht nur regieren; sie musste ein Rollenmodell entwickeln – also durch Versuch und Irrtum herausfinden, wie man als Frau regiert und wie besser nicht. Da ging es um Stilfragen. Doch jede Stilfrage ist letztlich auch eine politische Frage, weil Stil über Akzeptanz mitentscheidet und Akzeptanz für die Machtausübung unerlässlich ist.

Als Merkel im Sommer 2017 bei einer Veranstaltung der Zeitschrift *Brigitte* im Berliner Maxim-Gorki-Theater gefragt wurde, ob sie Feministin sei, winkte sie ab. Einerseits war das realistisch. Auch wollte sich die Kanzlerin nicht mit fremden Federn schmücken. Linke Frauen tadelten Merkel. »Frauenpolitik macht sie nur, wenn sie merkt, dass der Widerstand gegen die Frauenpolitik sie mehr kostet als nachzugeben«, schimpfte Heide Pfarr. Etwa beim Streit um die Quote in Unternehmen. »Frauenpolitik bedeutet, sich verwundbar zu machen. Das wollte sie bis zuletzt nicht.«[46] Der Soziologe Raj Kollmorgen sagt: »Angela Merkel ist für die Ostfrauen kaum ein Vorbild. Dafür hat sie zu wenig für die Gleichstellung und die ostdeutschen Frauen getan.« Wobei sie als Ostdeutsche auch nichts Spezifisches für die Ostdeutschen getan hat. Dennoch hat die Tatsache, dass Merkel die Macht errungen und über einen sehr langen Zeitraum behauptet hat, den Frauen unermesslich genützt. So formuliert Rita Süssmuth: »Eine Frau kann Kanzlerin werden. Das hätten wir uns schon früher gewünscht.« Merkel sei daher sehr wohl ein Rollenvorbild gewesen, »weit über die CDU hinaus«. Auch Heide Pfarr erkennt das an. »Unter Gewitter nicht zusammenzubrechen, das macht sie gut«, urteilte die Juristin. »Auch ihr Gleichmut kann hilfreich sein, einfach mal sagen: Das geht vorbei.«[47] Die Leiterin des Instituts für Demoskopie in Allensbach, Renate Köcher, sagt unter Verweis auf die von ihrem Institut erhobenen Zahlen: »Die Unterstützung für Angela Merkel ist durchgängig in West wie Ost durch Frauen größer als durch Männer.« So lag die Zustimmungsquote für sie vor der Bundestagswahl 2017 bei Ost- wie Westfrauen gleichermaßen bei 49 Prozent; bei den Männern lag sie gesamtdeutsch sieben Prozentpunkte dahinter. Bei der Frage nach der Zufriedenheit mit ihrer Politik rangierten die Frauen ebenfalls vorn; nur waren die Westfrauen neun Prozentpunkte zufriedener als die Ostfrauen.

Am 14. Dezember 2017 bekam Merkel für ihre Verdienste als Vorbild für Frauen und Mädchen übrigens einen Preis – allerdings nicht in Deutschland, sondern in Finnland. Mit dem Ansehen änderte sich daheim zumindest die Wortwahl. Aus dem »Mädchen« wurde das männermordende Ungeheuer und daraus »Angie« (nach dem gleichnamigen Lied der Rolling Stones) oder schlicht: »Mutti« – sodass sich die Junge Union im Wahlkampf 2017 allen Ernstes »voll muttiviert« zeigte.

Mit der »Flüchtlingskrise« scheint trotz der nochmals gewonnenen Bundestagswahl die letzte Phase der Merkel'schen Regentschaft begonnen zu haben. Dabei tat sich Erstaunliches. Einerseits geriet Merkel unter zunehmenden Beschuss von rechts. Die Angriffe nahmen immer öfter einen frauenfeindlichen Ton an. Sie kamen von teils seit Jahrzehnten bekannten CDU-Westmännern wie Friedrich Merz, die sich in Merkels Schwächephase abermals zu regen begannen und ihr eine inhaltliche Entleerung der Partei vorwarfen. Es ist im Grunde das alte Lied. Sie kamen aber auch – und das war neu – von teilweise mit der AfD sympathisierenden und weniger prominenten Ostmännern, die über Marktplätze riefen »Merkel muss weg«. »Es ist kein Klischee, sondern die Wahrheit, dass zwischen Rostock und Annaberg-Buchholz Millionen Angela Merkels durch die Wohnzimmer gehen«, schreibt Martin Machowecz in der *Zeit*. »Der ostdeutsche Mann ist sozusagen mit Angela Merkel verheiratet.«[48] Nicht alle »Merkel-Männer« sind augenscheinlich mit sich und dem eigenen Leben glücklich – und reagieren entsprechend. So oder so findet Rita Süssmuths Feststellung, dass in Sachen Emanzipation »nichts gefestigt« sei, hier einen Beleg.

Andererseits wurde Merkel 2018 plötzlich doch zu jener Feministin, die sie 2017 noch nicht hatte sein wollen. So fiel ihr anlässlich des 70. Geburtstages der Frauen-Union im Mai 2018 auf, dass Frauen mit einem Anteil von 25 Prozent in der CDU unterrepräsentiert seien und man dies ändern müsse.[49] Eine Eintagsfliege war das nicht, wie sich zeigte. Denn wegen eines niedrigen Frauenanteils tadelte sie im Oktober 2018 auch die Junge Union – und zwar mit Lust. Im November 2018 setzte Merkel schließlich noch einen drauf. Anlässlich einer Gedenkstunde zum 100. Jahrestag des Frauenwahlrechts sagte sie: »Man muss doch nicht drum herumreden: Die Quoten waren wichtig, aber das Ziel muss Parität sein. Parität überall, ob in der Politik, der Wirtschaft, der Verwaltung, Wissenschaft oder im Kulturbereich.« Jede Frau in Deutschland solle ihren Weg gehen können. Ja, die Kanzlerin wirkte wie befreit.

Das hat seinen Grund: Ende Oktober 2018 hatte sie nach der hessischen Landtagswahl kundgetan, beim CDU-Parteitag im November in ihrer Geburtsstadt Hamburg nicht mehr für den Vorsitz kandidieren zu wollen. Wer es statt ihr werden sollte, war längst offensichtlich: die frühere saarländische Ministerpräsidentin Annegret Kramp-Karrenbauer, die Merkel Monate zuvor zu einer Art Kronprinzessin auserkoren hatte. Was nicht klar war und doch geschah: Merkel gelang es tatsächlich, sie durchzusetzen. Zwar stellten sich neben der Saarländerin Bundesgesundheitsminister Jens Spahn und Merkels alter Rivale Merz zur Wahl. Letzterer sagte: »Ich habe nicht nur die Absicht, sondern auch die feste Überzeugung, dass ich zum CDU-Vorsitzenden gewählt werde.«[50] Doch Merz irrte, wieder einmal. Mit 35 Stimmen Vorsprung setzte sich die 56-jährige Saarländerin gegen den 63-jährigen Sauerländer durch. Erneut scheiterten die »Kerle« an ihrer eigenen Selbstgewissheit.

So erwies sich, dass Merkels Wahl zur CDU-Chefin 18 Jahre zuvor kein Betriebsunfall gewesen war, wie es den Männern der Christlich-Demokratischen Union erscheinen mochte, sondern der Beginn eines tiefer greifenden Wandels. Eine Ostfrau ermöglichte einer Westfrau den Aufstieg – und zwar in einer Partei, in der das Patriarchat seit der Nachkriegszeit fast ein Naturgesetz war. Mehr hätte die spätberufene Feministin für den gesamtdeutschen Feminismus nicht tun können.

Fremde Schwestern werden Brüder

Man kann viel, auch viel Widersprüchliches über die Ost- und die Westfrauen nach 1989 sagen, eines aber ist gewiss: Sie waren einander anfangs nicht grün. Die Titel einschlägiger Bücher künden davon. Eines der ersten trug 1994 den Titel *Stiefschwestern.*[51] 1998 folgte ein weiteres. Auf dem Cover steht *Ungleiche Schwestern?.*[52] Dazwischen kam 1995 das Buch *Von Muttis und Emanzen*[53] auf den Markt. Die Muttis waren, na klar, die Ostfrauen; Emanzen waren sie demnach nicht. »Mit DEM Feminismus, wie wir ihn zu kennen glaubten, konnten wir nichts anfangen«, schrieb Anna Kaminsky in *Emma* stellvertretend und durchaus repräsentativ für die Ostseite noch 29 Jahre nach dem Mauerfall. »In unserem Leben gab es ohnehin schon zu viele Ismen und Dogmen.«[54] Die *Emma* selbst, nach wie vor Deutschlands bekannteste feministische Zeitschrift, konstatierte im Jahr 2010 rückblickend für die Nachwendezeit unter den Frauen »ein Pulverfass aus Missverständnissen, Propaganda und Ignoranz« und notierte anschließend: »Auch 20 Jahre nach der Wiedervereinigung bedeuten ein Land und ein Geschlecht noch längst keine innere Einheit.«[55] Doch bei der ost-westdeutschen Fremdheit blieb es nicht. Heute fallen die Urteile der Frauen übereinander freundlicher und die Urteile über die neue gesamtdeutsche Frauenbewegung beinahe enthusiastisch aus. So kommt die Ostfrau Jana Hensel zu dem Schluss, die »Geschichte des neuen Feminismus« gehöre »zu den schönsten und gelungensten Kapiteln unserer Wiedervereinigungsgeschichte«.[56] Vorausgesetzt, das stimmt: Wie kam es dazu?

In der ersten Phase prallten – wie so oft zwischen Ost und West – Welten aufeinander. Die Netzaktivistin und Bundestagsabgeordnete Anke Domscheit-Berg liefert eines von vielen Beispielen. Ihre Ostmama sei direkt nach der Wende auf einem ost-westdeutschen feministischen Kunsthistoriker-Kongress gewesen und komplett desillusioniert zurückgekommen, obwohl sie sich so auf den Kongress gefreut habe, berichtet die 51-Jährige und fährt fort: »Sie hat gesagt, die Westfrauen haben einen Schatten. Sie verstand die überhaupt nicht. Sie fand alles zu theoretisierend, zu schwarzweiß, zu konfrontativ und polarisierend.«[57] Und sie sei nie wieder zu solch einer Veranstaltung gefahren. Die Publizistin Ines Geipel weiß von Tagungen zu berichten, »wo sich ostdeutsche und westdeutsche Frauen hart angegangen sind und die westdeutschen Frauen sich immer im Minus gefühlt haben«. Die westdeutschen Hausfrauen nahmen übel, dass die ostdeutschen Frauen neben der Kinderziehung wie selbstverständlich arbeiten gegangen sind; dieser fundamentale Unterschied stellte schließlich ihren Lebensentwurf infrage. Die oft kinderlosen Westfeministinnen beklagten die ihrer Ansicht nach übertriebene Kompromissbereitschaft der Ostfrauen gegenüber den Männern. Das machten sie nicht zuletzt an der Sprache fest. Stellte sich eine Ostfrau in Gegenwart von Westfrauen mit der maskulinen Berufsbezeichnung vor, war der Ofen Anfang der 1990er-Jahre meistens schon aus.

Umgekehrt war das Unbehagen noch größer. Die Ostjournalistin Regine Sylvester beispielsweise erinnert sich an ihre Zeit bei der ost-west-gemischten *Wochenpost*. Sie schreibt: »Alle Frauen aus dem Osten hatten Kinder. Alle aus dem Westen hatten keine.«[58] Das war also schon mal nichts, an dem sich Ostfrauen aus eigener Sicht ein Beispiel nehmen konnten, im Gegenteil. Noch abschreckender fanden Ostfrauen eine ihnen unbekannte Feindseligkeit in der Wahrnehmung des anderen Geschlechts. Sylvester erzählt: »In tiefsten Ostzeiten kam eine Cousine aus Köln und trug einen sperrigen Halsschmuck aus Metall. Das war ein ›Schwanzabschneider‹, wie sie mir lachend sagte.«[59] Wieder andere Ostfrauen wie Freya Klier empfanden es als Zumutung, dass Westfrauen ihr »Geheimstes«[60] zum Thema machten: die Sexualität. Die junge

Ostfeministin Anne Wizorek nannte es noch 2014 »interessant, zu sehen, wie ältere ostdeutsche Frauen immer noch Berührungsängste haben, obwohl sie durchaus feministische Positionen vertreten und sich locker Feministin nennen können. Aber sie haben immer noch dieses Identifikationsproblem, eben weil der Begriff so sehr westdeutsch besetzt ist und ostdeutsche Identität in dem Kontext so wenig stattfindet. Sie sind sehr dankbar dafür, dass ich das sichtbar mache.«[61]

Zufall ist das alles nicht. Die westdeutsche Frauenbewegung war eine Frucht der 68er-Bewegung, deshalb zutiefst akademisch geprägt und zuweilen arg selbstreferenziell. Fragen der Erwerbsarbeit und der materiellen Gleichstellung spielten eine viel kleinere Rolle als kulturelle Fragen, also Fragen der Identität. Für Ostfrauen war dies, als würden sie auf einem unbekannten Planeten landen. Außerdem dauerte es eine Weile, bis sie begriffen, dass die Feministinnen unter den Westfrauen nicht in der Mehrheit waren. Umgekehrt gab es einen ostdeutschen Feminismus nur in Ansätzen, so in der Literatur, in der evangelischen Kirche und dem Unabhängigen Frauenverband. Hunderttausende selbstbewusste Ostfrauen standen in den 1990er-Jahren vor der entscheidenden Frage: Können sie ihren Job und damit ihre materielle Unabhängigkeit behalten oder nicht? Der Slogan »Mein Bauch gehört mir« – auf den Streit um den Paragrafen 218 gemünzt – sei für DDR-Frauen seit 1972, so Anna Kaminsky, kein Slogan, sondern Wirklichkeit gewesen, also zunächst nicht der Rede wert.

Zwar waren die Ostfrauen ebenfalls kein monolithischer Block. Das wiederum ist nicht zuletzt eine Generationenfrage. Viele ältere Frauen verloren ihre Arbeitsplätze, während sich jungen Frauen schlagartig Möglichkeiten eröffneten, die sie in der DDR nie gehabt hätten. Doch aufs Ganze gesehen ist es richtig, wenn Kaminsky feststellt: »Von unserer Lebensrealität waren viele westdeutsche Debatten unendlich weit entfernt.«[62] Und für eine Verständigung fehlten manchmal buchstäblich die gemein-

samen Vokabeln. Ging es den einen um ideelle Selbstverwirklichung, ging es den anderen darum, den sozialen Status quo zu
erhalten. Grundlegend verschieden blieb auch das Verhältnis zu
Männern. So notierte die Bürgerrechtlerin Ulrike Poppe: »Wir
richteten unseren Selbstbestimmungsanspruch nicht pauschal
gegen das andere Geschlecht.«[63] Dabei solle es im neuen Deutschland bleiben. Poppe fragte vielmehr: »Was kann getan werden, damit Männer es ebenfalls als Befreiung, als Emanzipation erleben,
nicht mehr unter dem Männlichkeitszwang stehen, ihre Gefühle
unterdrücken sowie Härte, Furchtlosigkeit und Überlegenheit
ausstrahlen zu müssen?«[64] Auch dort müsse Geschlechterpolitik
ansetzen. Der Soziologe Raj Kollmorgen formuliert zusammenfas-
send: »Ostdeutsche Frauen mit Emanzipationsanspruch erscheinen mir in ihrer Mehrzahl weniger radikal-feministisch als ihre
westdeutschen Kolleginnen und stärker partnerschaftlich und im
Vollsinne: gleichstellungsorientiert.«

Die nächste Phase der deutsch-deutschen Frauenannäherung
nach der Konfliktphase war mit dem Namen Angela Merkel verbunden. Sie stieg 2000 zur CDU-Vorsitzenden auf und fünf Jahre
später zur Kanzlerin. Als Frauenrechtlerin ist die 64-Jährige bis
2018 nur selten in Erscheinung getreten. Umso größer war ihre
Wirkung. Merkel hat nämlich nicht zuletzt den Westfrauen gezeigt, wie man Wirkung entfaltet durch Taten – entweder mit den
Männern, aber im Zweifel auch ohne oder gegen sie. Die Christdemokratin hat nicht Soziologie studiert, sondern Physik. Sie hat
nie lila Latzhosen getragen. Dafür hat sie ihren ersten Mann sehr
selbstbewusst verlassen und lebte mit ihrem zweiten Mann lange
Zeit in »wilder Ehe«. Merkel theoretisiert nicht. Sie agiert. Und
wenn es auch nicht Merkel selbst war, so war es die von ihr ernannte Familienministerin Ursula von der Leyen (CDU), die der
Emanzipation in ganz Deutschland wichtige Impulse verlieh –
etwa durch die Einführung des Elterngeldes auch für Männer,
vorausgesetzt sie nehmen eine berufliche Auszeit für die Erziehung, oder durch den Ausbau von Krippenplätzen für Kleinkinder.

Hier arbeiteten, könnte man sagen, Ost und West Hand in Hand. Das Land wuchs zusammen.

Währenddessen leuchtete immer mehr skeptischen Ostfrauen ein, dass der westdeutsche Feminismus sein Gutes hatte. Die ehemalige Grünen-Politikerin Marianne Birthler ist nicht allein, wenn sie sagt: »Von den grünen Anfangsjahren habe ich nicht nur schöne Erinnerungen. Da habe ich beim harten Kern der grünen Spitzenfrauen auch viel Übereifer, Enge und Dogmatismus erlebt. Das war für mich eher verstörend.« Diese konnten zum Beispiel stundenlang darüber streiten, ob der Abschnitt über Kinderbetreuung im Parteiprogramm in den frauenpolitischen oder in den sozialpolitischen Teil gehörte; im frauenpolitischen sollte er auf keinen Fall stehen. »Die Art und Weise, wie das diskutiert wurde, hat mich schon abgeschreckt.« Birthler fährt indes fort: »Im Nachhinein muss ich sagen, dass ich damals manches abgewehrt habe, was ich später als sinnvoll erachtete. Beispielsweise die Sprache. Was ich nach 1990 von meinen Westfreundinnen gelernt habe: ein vertieftes Reflektieren von Geschlechterrollen. Das hat es in der DDR nicht gegeben. Dafür braucht man auch Raum und Zeit.« Man kann also sagen, dass von zwei Seiten Gutes kam – und angenommen wurde: vom Osten die materiellen Errungenschaften in Gestalt von massenhafter Frauenerwerbstätigkeit, Kinderbetreuungsstrukturen und der entsprechenden Vorbildfunktion, vom Westen das Kulturelle. Vielleicht ist das Weibliche an dem Prozess, dass dieses wechselseitige Annehmen-Können möglich war.

Die vorerst letzte Phase begann vielleicht 2013 – mit der #Aufschrei-Kampagne gegen den verbalen sexuellen Übergriff des FDP-Politikers Rainer Brüderle gegen die *Stern*-Journalistin Laura Himmelreich. Brüderle hatte gesagt: »Sie können ein Dirndl auch ausfüllen.« Die Kampagne wurde angeführt von Anne Wizorek, einer jungen Frau aus dem brandenburgischen Rüdersdorf. Sie gilt vielen seither als Alice Schwarzers Nachfolgerin – wobei Wizorek mit Schwarzer überkreuz ist und nicht sie als ihr Idol bezeichnet, sondern ihre in der DDR berufstätige Mutter. Bei näherem Hinsehen fällt auf, dass Wizorek nicht nur für sich steht, sondern dass es viele junge Ostfrauen gibt, die heute die Debatten prägen: die schon erwähnte Jana Hensel zum Beispiel, ihre Journalisten-Kolleginnen Susanne Klingner, Anja Maier, Sabine Rennefanz, Simone Schmollack und Jana Simon oder die besagte Anke Domscheit-Berg. Wizorek und Domscheit-Berg nutzen zu diesem Zweck vorrangig die digitalen Medien, die es 1990 noch gar nicht gab. Mit anderen Worten: Zwischen und mit den Frauen aus Ost und West entsteht etwas Neues – unter dem Einfluss des Alten. Es hätte schlechter kommen können.

Auch die Buchtitel klingen mittlerweile anders. So veröffentlichte die Ostfrau Susanne Klingner gemeinsam mit den Westfrauen Meredith Haaf und Barbara Streidl 2008 das 256-Seiten-Buch *Wir Alphamädchen. Warum Feminismus das Leben schöner macht*. Wichtiger als das Wort »Alphamädchen« ist das Wort »wir«. Es klingt jetzt ganz selbstverständlich.

»Meine Hoffnung ist bei den Frauen«

Frauenbrücke Ost-West e.V. debattiert seit 1992 miteinander – so wie hier die beiden Vorsitzenden Gundula Grommé und Barbara Hackenschmidt.

Es ist abends um acht. Wir sitzen im Foyer des Leonardo Royal Hotels unweit des Berliner Alexanderplatzes. Die zwei Frauen sind aus unterschiedlichen Richtungen angereist. Gundula Grommé (links im Bild), 54 Jahre alt, wurde im münsterländischen Burgsteinfurt geboren und lebt inzwischen wieder dort. Sie arbeitet in einem Fintech-Unternehmen und hat drei Kinder. Barbara Hackenschmidt, 62 Jahre alt, kam ebenfalls in ihrem jetzigen Wohnort Finsterwalde (Brandenburg) zur Welt, hat einen Abschluss als Diplom-Pädagogin und arbeitete in den 1990er-Jahren für die brandenburgische Sozialministerin Regine Hildebrandt. Seit 2004 sitzt sie als SPD-Abgeordnete im Landtag von Potsdam. Hackenschmidt hat auch drei Kinder. Was die Frauen neben SPD-Nähe und Mutterschaft verbindet, ist der Umstand, dass sie der Frauenbrücke Ost-West angehören, einem gesamtdeutschen Verein. Grommé ist die erste, Hackenschmidt die zweite Vorsitzende. Sie kennen sich seit Langem. Und bei dem zweistündigen Gespräch merkt man: Sie verstehen sich.

Frau Grommé, Frau Hackenschmidt, die Frauenbrücke gibt es seit dem 9. April 1992. Warum wurde sie gegründet?

Gundula Grommé: Die Idee geht auf eine Initiative unserer Gründungsvorsitzenden Helga Niebusch-Gerich zurück. 1990 unternahm sie eine Reise in die neuen Bundesländer. Was sie dabei erlebte, war zum Teil positiv. Aber zugleich hat sie gemerkt, dass es schon ein Jahr nach dem Fall der Mauer Verständigungsprobleme gab. Die Euphorie war weg. Der Gedanke, daran etwas zu ändern, hat Frau Niebusch-Gerich nicht mehr losgelassen. Gemeinsam mit anderen Frauen des Stammtisches der Arbeitsgemeinschaft sozialdemokratischer Frauen (AsF) in Sinsheim startete sie einen Aufruf in der SPD-Parteizeitung *Vorwärts* unter dem Motto: »Zeig mir, wie Du lebst!« Es meldeten sich einige Frauen, und bald gab es die ersten Treffen, in Chemnitz und in Potsdam. Um die Initiative bekannter zu machen, haben die Frauen der ersten Stunde bereits 1992 zu frauenpolitischen Diskussionsforen eingeladen. Die finden seitdem, meistens dreimal im Jahr, im Wechsel in den neuen und den alten Bundesländern statt.

Welche Ostfrauen waren das?

Grommé: Am Anfang waren vor allem Frauen dabei, die der SPD nahestanden. Die Gründungsfrauen haben sich allerdings immer bemüht, auch Frauen aus anderen politischen Richtungen zu motivieren, sich unserer Idee anzuschließen. Rita Süssmuth ist zum Beispiel schon sehr lange eine unserer Schirmfrauen. Auch die 2016 verstorbene Hildegard Hamm-Brücher hat die Idee der Frauenbrücke Ost-West lange unterstützt. Am Anfang ging es inhaltlich vor allem um Fragen der Erwerbstätigkeit, um soziale Rechte, Gewalt gegen Frauen. Inzwischen haben wir ein sehr breites Spektrum an Themen. Weil unsere überregionalen Veranstaltungen schon relativ früh von der Bundeszentrale für politische Bildung gefördert wurden, konnten immer Frauen aus allen gesellschaftlichen Gruppen daran teilnehmen. Außerdem gibt es in verschiedenen Orten Regionalgruppen der Frauenbrücke.

Barbara Hackenschmidt: Das Motto war, nicht übereinander zu reden, sondern miteinander. Und: »Zeig mir, wie Du lebst!« So wurden die Frauen neugierig aufeinander – bis ins Private. Dabei spielen Statusunterschiede überhaupt keine Rolle. Da unterhalten sich die Professorin und die Hartz-IV-Empfängerin auf Augenhöhe. Die Frauen wollen wirklich verstehen.

Wie viele Mitglieder haben Sie jetzt?

Grommé: Aktuell 256. Ungefähr 40 Prozent wohnen im Osten und 60 Prozent im Westen. Es kommen immer wieder Frauen hinzu, aber es gibt auch Austritte. Allerdings treten mehr Westfrauen aus als Ostfrauen. Generell muss man feststellen: Die Frauenbewegung war zur Zeit der Gründung der Frauenbrücke anders. Es gab mehr Neugier aufeinander, mehr Bewegung, mehr Energie.

Hackenschmidt: Ja, viel mehr Lust aufs Machen-Wollen.

Warum treten weniger Ostfrauen aus?

Grommé: Weil die Frauenbrücke mehr ist als ein Verein. Für viele sind die Foren Orte, an denen sie Freundinnen treffen können, wo sie sagen können, was sie denken, und politisch diskutieren können, ohne von irgendjemandem niedergeredet zu werden. Gerade im Moment haben die Frauen einen großen Diskussionsbedarf. Sie wollen reden. Sie wollen sich austauschen. Bei uns können Frauen aus Ost und West wirklich sagen, was sie denken. Man tröstet sich auch gegenseitig. Ich erinnere mich, dass die Ostfrauen mal von einer jungen Referentin gefragt wurden, wie sie es über sich bringen konnten, ihre kleinen Kinder in Krippen zu geben. Da haben andere Westfrauen sie verteidigt. Das hat mich fasziniert. Aber manchmal wird immer noch äußerst kontrovers diskutiert.

Warum gab es zuletzt so einen großen Diskussionsbedarf?

Grommé: Wegen der AfD und des Rechtsrucks in Europa und der Welt. Wir haben im vorletzten Jahr in Polen getagt. Da konnte man die Angst der polnischen Referentinnen vor den Veränderungen durch die PiS-Regierung mit Händen greifen.

Hackenschmidt: Da werden Zuschüsse gestrichen, Frauen werden beleidigt. Manches erinnert an die 1990er-Jahre bei uns, zum Beispiel beim Paragrafen 218. Damals habe ich davor gewarnt, dass die liberale DDR-Regelung abgeschafft wird. Man hat mir nicht geglaubt. Dass man das in einer Demokratie zurückdrehen kann, war für viele unvorstellbar. Viele Ostfrauen waren während der Wende mit den neuen Herausforderungen beschäftigt: Welche Versicherungen brauchen wir? Welche Krankenkasse soll ich wählen? Wie sicher ist der Arbeitsplatz? Sie haben sich nicht mit Politik beschäftigt. Heute haben die meisten Frauen noch immer die Einstellung: Wir haben andere Probleme als Politik. Leider entwickelt sich die Gesellschaft immer weiter auseinander, und es gibt fast keine konstruktiven Diskussionen zu aktuellen Themen.

Unabhängig davon, ob es sich um Ost- oder Westdeutsche handelt?

Hackenschmidt: Ja. Die Diskussionskultur außerhalb der Frauenbrücke ist eine Katastrophe. Etwa in Talkshows. Die Teilnehmer haben alle recht, wenn sie kommen, und alle recht, wenn sie gehen. Dazwischen schreien sie sich an. Und es hört keiner zu. Diese Diskussionskultur spiegelt sich im normalen Leben wider. Das finde ich unmöglich.

Ich würde jetzt gern zu den Inhalten kommen und lege Ihnen deshalb mal kurz meine Sicht der Dinge dar. Demnach haben die Ostfrauen nach 1989 zunächst viel verloren – Rechte, Jobs, soziale Sicherheit und Selbstbewusstsein. Doch dann haben sie sich zurückgekämpft in den Bereichen Erwerbstätigkeit und Kinderbetreuung und sind gesamtdeutsch Vorbild geworden. Teilen Sie diese Sicht?

Hackenschmidt: Ja und nein. Denn die hohe Erwerbsneigung der Frauen war zum Teil nicht von ihnen gewollt, sondern einer Notwendigkeit geschuldet, die sich aus der mangelnden Produktivität ergab. Ich zum Beispiel habe ein Haus gebaut, hatte drei Kinder und habe trotzdem immer voll gearbeitet. Ich wäre gern länger zu Hause geblieben. Da habe ich den Vorwurf gekriegt: »Der Staat braucht Sie, das geht nicht.« Es war schon schwierig, sich Freiraum zu ergattern. Im Übrigen musste man arbeiten, wenn man sich etwas leisten wollte. Die Mieten waren zwar preiswert, aber alles andere war teuer. Wenn man als Familie vernünftig leben wollte, brauchte man ein zweites Gehalt. Man hat auch nicht gleich einen Kita- oder Krippenplatz gekriegt. Ich habe dann privat einen Kindergarten gegründet. Den gibt es heute noch. Man konnte etwas bewegen, wenn man sich nicht hat einschüchtern lassen.

Sie wollen sagen, so optimal war es in der DDR für Frauen nicht?

Hackenschmidt: Ja. Dennoch haben uns viele Westfrauen beneidet, und zwar zu Recht. Das Gute an der Kinderbetreuung war, dass die Kinder von Anfang an gleich waren. Einzelkinder lernen ja keine Teamfähigkeit. Ich habe deshalb für den Erhalt der Kindertageseinrichtungen demonstriert. Doch die Mehrheit im Bundestag waren westdeutsche Abgeordnete, vor allem alte Männer. Die Frauen haben gesagt: »Von unserem Steuergeld leisten die sich einen Mercedes.« Ich habe gedacht: Besser Geld für die Kinder als für etwas anderes. Das war auch das Petitum von Regine Hildebrandt. Das Gute war, dass ostdeutsche Männer das genauso gesehen haben. Sie waren es so gewöhnt.

Im Ganzen würden Sie meiner Feststellung, dass sich die Ostfrauen durchgesetzt haben, also zustimmen?

Hackenschmidt: Ja. Wobei ich in die Politik so reingestolpert bin. Mit dem Kreistag ging's los. Ich wusste zunächst gar nicht, dass es so etwas gab. Mit der Zeit konnte ich die neuen Möglichkeiten nutzen.

Sie halten es auch nicht für Zufall, dass so viele Ostfrauen in der Bundespolitik führend sind?

Hackenschmidt: Nein, die Männer müssen begreifen, dass sie an den Frauen nicht mehr vorbeikommen. Denn jetzt ist bei uns auch der persönliche Wille da, Politik zu machen. Den habe ich erst allmählich entwickelt. Am Anfang hatte ich ihn nicht. Ich habe damals die Erfahrung gemacht, dass Männer auch dann weiterkamen, wenn sie schlechter waren. Frauen, die nichts wollen, werden beim Wort genommen und kommen nirgendwo hin.

Grommé: Für ostdeutsche Männer ist es selbstverständlich, dass Frauen ein Amt anstreben. Das ist im Westen immer noch nicht überall so. Ich weiß, wie schwierig es sein kann, Frauen auf bestimmten Positionen zu platzieren. Selbst die Quotierung wird immer wieder infrage gestellt. Nach meiner Einschätzung sind die Unterschiede zwischen Ost- und Westfrauen immer noch da. Das überträgt sich über Generationen. Wir beide haben ja die unterschiedlichen Systeme erlebt. Du die DDR, ich die BRD. Meine Mutter war Hausfrau. Sie war Schneiderin und hat Heimarbeit gemacht. Und ich habe mit meinen drei Kindern jahrelang überlegt, ob ich einen Job annehme oder nicht. Das war im Westen auch in meiner Generation oft noch so. Im Osten hat sich durch die andere Struktur auch das Denken verändert.

Hackenschmidt: Die »Rabenmutter«-Diskussion gab es bei uns nicht. Wir wurden bestärkt. Meine Mutter, Jahrgang 1925, war selbständige Tierärztin mit einer eigenen Praxis. Sie musste sich durchsetzen gegen die Männerwelt. Ihr wurde gesagt: »Du mach mal Goldfische und weiße Mäuse.« Doch sie hatte promoviert zum Thema »Doping beim Pferd« und sagte deshalb: »Ich habe mit Mäusen nichts zu tun.« Für dieses Selbstbewusstsein hat sie immer gestanden. Sie hat gesagt: »Du musst machen, was du kannst – egal ob du Mann oder Frau bist.« Die Wende hat meine Mutter nicht mehr miterlebt. Und politische Ämter anzustreben war in Ost und West nicht üblich, es sei denn unter Akademikerinnen.

Grommé: Ich bin genau wie du gefragt worden, ob ich kandidieren will. Zum ersten Mal mit 30 für den Landtag. Ich habe immer Nein gesagt – aus verschiedenen Gründen, aber auch, weil die Zurückhaltung immer noch so tief im Kopf verankert ist. Ich hatte dieses Macht-Gen nicht. Ich glaube, unter den Ostfrauen sind die Fähigkeit und die Bereitschaft größer, Karrierechancen anzunehmen, die sich ihnen bieten.

Das klingt ein bisschen so, als habe sich seit 1989 im Westen gar nichts verändert.

Grommé: Ich erlebe im Westen viele junge Frauen mit Kindern, die am liebsten über den *Bachelor* oder ihre Kinder reden. Das erschreckt mich. Es ist ja nicht so, dass es nicht auch andere Themen gibt. Es ist das gleiche Gerede, wie ich es unter gleichaltrigen Frauen zu der Zeit erlebt habe, als ich selbst 30 war und Kinder im Kindergarten hatte. Ich glaube, es wird im Westen noch eine ganze Weile dauern, bis die Frauen merken, dass sie formal gleichberechtigt sind. Die Infrastruktur für Kinderbetreuung ist jetzt da. Doch in dem Moment, in dem Frauen Kinder bekommen, fallen sie im Westen oft in alte Muster zurück.

Das sagen ja auch die Zahlen.
Hackenschmidt: Die meinungsbildenden Strukturen sind vor allem männlich. Allerdings gibt es jetzt männliche Abgeordnete im Westen, die Druck bekommen von ihren Kindern und Enkelkindern, also den Mädels. Die sagen: »Ich muss mich jetzt um Kinderbetreuung kümmern. Das war, als ich Vater war, überhaupt kein Thema.« Die sagen auch: »Meine Enkeltochter macht Druck. Denn die will arbeiten gehen. Sie sagt, sie habe doch nicht fünf Jahre studiert, um jetzt zu Hause Kartoffeln zu schälen.« Im Willy-Brandt-Haus hat mir ein westdeutscher Abgeordneter erzählt, dass er jetzt ganz neu denken muss. Selbst der Seehofer sagt das jetzt.

Das heißt, aus Ihrer Sicht ist im Westen was in Bewegung gekommen.
Hackenschmidt: Ich glaube schon.
Grommé: Natürlich ist da was in Bewegung gekommen. Hinzu kommt, dass es junge Mütter gibt, die nicht immer nur bei den Kindern sein wollen. Nicht jede Frau ist gut darin, den ganzen Tag mit kleinen Kindern zusammen zu sein – auch wenn das unterstellt wird. Sie wollen auch mal raus. Das tut ihnen gut. Aber wenn es um Machtpositionen geht, dann glaube ich, dass es bei den Ostfrauen doch noch mal anders ist. Ihnen wurden nicht so sehr die Zweifel ins Herz gepflanzt.

Hackenschmidt: Wir haben uns im Osten über Arbeit definiert. Deshalb haben wir uns auch den Herausforderungen gestellt. Meine Töchter – die sind 30 und 40 – definieren sich auch noch über Arbeit. Bei anderen Gleichaltrigen ist das nicht so.

Grommé: In meiner Generation hat man als Frau noch Druck von allen Seiten gekriegt. Die einen fragen: »Wie kannst du denn mit drei Kindern arbeiten gehen?« Die anderen fragen: »Was, du arbeitest nicht?« Du wirst erdrückt von den Erwartungen, die die Gesellschaft und dein Umfeld an dich stellen. Du sitzt in der Mitte und musst dich entscheiden. Gott sei Dank nimmt uns der Staat die Qual der Wahl jetzt ab. Denn indem er Kinderbetreuungsmöglichkeiten schafft, gibt er ein Signal von oben: »Ihr dürft das machen, ihr müsst kein schlechtes Gewissen haben. Ihr könnt jetzt euer Kind in die Betreuung geben.« Das erleichtert es vielen Frauen, zu sagen: »Das mache ich jetzt auch.«

Wir waren bei den harten Indikatoren der Emanzipation: Berufstätigkeit, Kinderbetreuung, Hausarbeit. Aber es gibt noch den Bereich der gendergerechten Sprache und der Rollenidentität. Soweit ich weiß, konnten viele Ostfrauen mit dieser Form des westdeutschen Feminismus nach 1989 erst mal nichts anfangen; die Westfeministinnen waren ihnen zu überspannt.

Hackenschmidt: Ich habe das genauso empfunden. Ich habe vor 1989 ja auch Westfernsehen geguckt und gesagt: »Diese Alice Schwarzer ist unmöglich. Ich brauche diesen ganzen Feminismus nicht.« Doch dann bin ich in ein EU-Projekt gekommen. Davor haben wir ein Gender-Seminar gemacht; das muss so im Jahr 2000 gewesen sein. Da waren lauter Geschäftsführerinnen und Geschäftsführer. Die haben gesagt: »Wenn ich die Förderung von der EU kriege, dann muss ich da wohl teilnehmen.« Zwei österreichische Dozentinnen erklärten geschlechterspezifische Unterschiede anhand von Beispielen: »Wenn Frauen und Männer in ein Museum gehen, dann bezahlen die den gleichen Eintritt. Doch Frauen lesen alle Schautafeln. Männer lesen nur das, was sie interessiert.

Wenn die Männer fertig sind, sind die Frauen erst bei der Hälfte.« Da habe ich gedacht: Aha, da ist ja vielleicht doch was dran.

Und dann ging es um die Quotierung bei der SPD. Ich wollte nicht die Quotenfrau sein. Als aber drei Mal ein jeweils viel schlechterer Mann an mir vorbeigezogen war, habe ich gedacht: Jetzt verstehe ich, worum es geht. Ich habe nie eine Chance, weil die Mehrheit männlich ist, sich unterhakt und sagt: »Das machen wir schon«, während sich die Frauen untereinander ein Stuten- beißen und einen Zickenkrieg liefern und sagen: »Nee, die nicht. Dann lieber ich. Ich bin schöner.« In dem Moment hatte ich nichts mehr dagegen, die Quotenfrau zu sein. Von da an habe ich auch gendergerechte Sprache immer wieder eingefordert. Zu meinem Fraktionsvorsitzenden sage ich: »Das ist keine Rednerliste, son- dern eine Redeliste.« Nur steter Tropfen höhlt den Stein.

Irgendwann hat Ihnen Frau Schwarzer eingeleuchtet?

Hackenschmidt: Nach diesen Erfahrungen habe ich verstanden, warum die Schwarzer so ist.

Grommé: Ich habe lange gedacht: Es gibt diese Unterschiede gar nicht. Aber wenn man erst mal begriffen hat, was der Unter- schied zwischen einem Ingenieur und einer Ingenieurin, einem Arzt und einer Ärztin ist und welche Bilder da im Kopf entstehen, dann ist das eine Initialzündung, von der man nicht mehr los- kommt. Letztens habe ich im Radio einen Satz gehört, der es gut beschreibt: »Ich habe Feminismus. Das Blöde ist: Das kriege ich nie mehr weg.« Ich finde es absolut wichtig, die weibliche Form mit zu verwenden. Allerdings gibt es auch bei unseren Veranstal- tungen immer noch Frauen, die darauf bestehen, dass sie Inge- nieur sind.

Hackenschmidt: Das hat mit der Sozialisierung in der DDR zu tun. Das, was wir hatten, war so eine Pseudogleichberechtigung. Frauen in der DDR hatten in der rechten Hand eine Tragetasche, in der linken Hand ein Kind und hinter sich noch zwei. Nach der Arbeit und nachdem sie die Kinder aus dem Kindergarten abgeholt hatten, haben sie versucht, irgendwo zwei Flaschen Milch zu kriegen. Denn um sechs machten die Läden zu, doch um fünf war die Milch schon alle. Nein, das Leben in der DDR war für Frauen kein Spaß.

Grommé: Ich habe heute im Zug die *Emma* gelesen. Und das in der Öffentlichkeit zu tun, finde ich nach wie vor schwierig. Ich habe immer noch das Gefühl, gegen Alice Schwarzer und die *Emma* entsteht schnell eine Antistimmung. Das gilt gegenwärtig auch für die #metoo-Debatte.

Hackenschmidt: Mir geht es beim Feminismus um die Wertschätzung der Frauen für das, was sie machen. Und ich finde es anstrengend, die *Emma* zu lesen – obwohl es eine Ausgabe gibt, auf deren Titelblatt ich mit Gerhard Schröder zu sehen bin.

Grommé: Du Arme!

Hackenschmidt: Da war ich stellvertretende Vorsitzende der Arbeitsgemeinschaft sozialdemokratischer Frauen. Und es kam zu einem einstündigen Gespräch mit dem Bundesvorstand. Schröder hat vermutlich gedacht: Das wird schon vorbeigehen. Gedöns halt. Aber wir haben uns gut vorbereitet und streng abgesprochen, wer zu welchem Thema etwas sagt. Das hat er schnell gemerkt. Am Schluss hat er gesagt: »Ich fand's toll und kann hier viel mitnehmen. Beim nächsten Mal bleibe ich zwei Stunden.«

Unterm Strich heißt das, Ost und West haben sich in Sachen weibliche Emanzipation befruchtet?

Grommé: Ich denke, ja. Die gesellschaftlichen Veränderungen auf beiden Seiten haben vor allem endlich dazu geführt, dass auch die Politik reagiert. Wenn von dort keine Signale kommen, verändert sich auch nichts. Frauenministerinnen wie Renate Schmidt, Ursula von der Leyen oder Manuela Schwesig haben die Strukturen, die aus der DDR noch da waren, zusammengeführt mit neuen aufstrebenden Strukturen im Westen. Es gab ja auch im Westen den Willen der Frauen, berufstätig zu sein und Karriere zu machen. Kitas im Osten sind erhalten geblieben und im Westen aus-

gebaut worden. Irgendwann gleicht es sich an. Und an den Machtpositionen und der Lohngleichheit wird gearbeitet.

Ist es durch den Osten besser geworden?

Grommé: Aus westdeutscher Sicht ist es auf jeden Fall besser
geworden, auch durch den Osten.

Hackenschmidt: Auch dadurch, dass Frauen in den Westen gegangen sind. Meine Töchter zum Beispiel. Die waren in Bremen.
Sie haben auf ihren Arbeitsstellen Diskussionen angestoßen, bei
denen die anderen Mitarbeiterinnen aus allen Wolken gefallen
sind. Eine meiner Töchter wollte dann sofort einen Betriebsrat
gründen, um gegen bestehende Ungerechtigkeiten anzugehen.

Grommé: Meine Tochter hat zusätzlich zum Lehramtsstudium
ein Gender-Studium gemacht. Sie hat mir schon öfter gesagt: »Die
Frauenbrücke hat mich erst darauf gebracht. Sonst wäre ich vielleicht nie darauf gekommen.«

*Ist diese positive Entwicklung bei der Bewertung der deutschen Ein-
heit ausreichend gewürdigt worden?*

Grommé: Die Frage ist ja, was passiert wäre, wenn es die
Vereinigung nicht gegeben hätte: Wäre dann beispielsweise die
Infrastruktur bei der Kinderbetreuung trotzdem besser gewor-
den? Ich denke schon.

Hackenschmidt: Aber nicht in dem Maße. Ich glaube, dass es
durch die Vereinigung schneller gegangen ist. Die Ostfrauen haben
nach der Wende im Übrigen die Familien hochgehalten. Sie mussten die schlechte Laune ihres Alten, der arbeitslos geworden ist,
ertragen. Sie mussten dafür sorgen, dass die Kinder in die Schule
gehen. Im ländlichen Raum hatten sie alle noch eine kleine Agrar-
wirtschaft, weil sie sonst nicht überlebt hätten. Das haben sie alles
eins zu eins weitergemacht. Und sie wussten nicht, wo es hingeht.

*Wie geht es weiter mit den Frauen in Ost und West? Ich frage das
mit Blick auf die AfD, aber auch mit Blick auf die Tatsache, dass die*

jüngeren Frauen zumindest in Ostdeutschland an Emanzipation weniger interessiert sind als die älteren, wie Umfragen zeigen.

Hackenschmidt: Dieser Rückschritt hat damit zu tun, dass Emanzipation selbstverständlich geworden ist. Die jungen Frauen halten die gläserne Decke, wenn sie nach der Geburt zurück in den Beruf kommen, immer noch für ein Märchen. Ich habe jetzt zwei promovierte Frauen mit erschrockenen Gesichtern erlebt, die gesagt haben: »Die gibt es ja wirklich.« Die waren drei Jahre raus, um die Kinder zu erziehen. Da wird das Klischee wieder bedient, selbst in guten Positionen. Das glauben die jungen Frauen so lange nicht, bis sie es selbst erlebt haben. Wir hatten zwar noch nie so viele gut ausgebildete Frauen wie heute, aber in der Familienphase nutzt ihnen das nichts. Vor 14 Tagen habe ich einer jungen Frau erklärt, dass es Männern im Westen noch 1976 erlaubt war zu sagen: »Meine Frau schafft es nicht, die Hemden zu bügeln, die darf nicht mehr arbeiten.« Die sagte: »Ach, Quatsch.« Daraufhin habe ich gesagt: »Dann beschäftigte dich doch damit.« Die glauben das nicht.

Grommé: Ich glaube, dass die Entwicklung eine ganze Menge mit den Medien zu tun hat. Es gibt Sendungen, die werden extra für Mädchen und Frauen produziert. Und dann gibt es Sendungen, die vor allem Männer ansprechen sollen. So akzeptiert man still und heimlich, dass es männliche und weibliche Muster gibt. Was fehlt, sind Vorbilder. Wir haben zwar eine Bundeskanzlerin, aber das reicht irgendwie nicht. Im Westen fehlen uns die Vorbilder jedenfalls. Es ist immer noch nicht selbstverständlich, dass Frauen in einer »Männerdomäne« arbeiten. Wenn im Münsterland eine Frau einen Bauhof leitet, dann wird das in der Zeitung immer noch ganz groß aufgemacht.

Wie fällt Ihre Quintessenz aus?

Hackenschmidt: Ich glaube, den Ostfrauen ist gar nicht bewusst, wie viel sie zur Entwicklung der Gesellschaft beigetragen haben. Außerdem sind sie durch die Wende und ihre Folgen erst relativ spät wieder zu der Frage gekommen: Was will ich eigentlich? Aber immer aus der Haltung heraus: Ich hatte Arbeit und finde auch wieder Arbeit. Sie haben ganz selten Psychologen gebraucht. Das ist für mich so ein Maßstab. Das Selbstbewusstsein war im Inneren tief verhaftet. Dazu kam die Erkenntnis: Wir müssen unsere Kinder nicht verhätscheln, sondern können ihnen die Gemeinschaft in der Kindertagesstätte gönnen. Die meisten Frauen haben die Wende und die Zeit danach gut gemeistert. Und wenn sie in Rente gehen, sind sie stolz auf das Erreichte.

Grommé: Mir macht die gegenwärtige Entwicklung große Sorgen. Die Zustimmung für die AfD mit all den Folgen auch für die Frauen, denen das vielleicht noch gar nicht so bewusst ist – das macht mir Angst und macht mich auch traurig. Manchmal plagt mich das Gefühl: Es ist alles sinnlos. Trotz aller Bemühungen für Gleichberechtigung und Offenheit entwickelt sich unsere Gesellschaft rückwärts. Ich denke ständig darüber nach, wie wir das aufhalten können. Ich glaube, dass Frauen sehr gut eine Gegenbewegung initiieren könnten, weil sie bei wichtigen gesellschaftspolitischen Themen schon öfter bereit waren, sich über ideologische Grenzen hinweg zusammenzusetzen und nach einer gemeinsamen Lösung zu suchen. Die Frauenbrücke ist ein gutes Beispiel dafür. Meine Hoffnung ist bei den Frauen.

Sanft hinübergeglitten

Die Historikerin Heike Amos befasste sich in Leipzig mit der Geschichte der DDR. Danach forschte sie in Speyer, tief im Westen. Nun lebt und arbeitet sie wieder in Berlin.

An diese Fahrt gen Westen erinnert sich Heike Amos noch ganz genau – an »diese ewige Reise« mit dem Zug. Es sei Ende April, Anfang Mai 1990 gewesen, sagt sie. Amos fuhr durch die teils verfallenen Städte Leipzig und Halle. Sie fuhr an den riesigen Chemiewerken von Leuna und Buna vorbei, an den gigantischen Dreckschleudern. Schön, sagt Amos, sei das alles nicht gewesen und setzt hinzu: »Dann bin ich in den Westen gefahren, immer weiter in den Westen und dann in diese Weingegend gekommen, in der auch das Wetter schon schön war und in der es schon übermäßig blühte. Es war das Paradies sozusagen. Und wie es dort aussah? Die Dächer waren wirklich rot, die Straßen, die Häuser! Es war ein Schock.« Ein Schock der guten Art, ausgelöst durch eine im Wortsinn blühende Landschaft. Der Bahnhof, von dem die damals 28-Jährige losfuhr, stand in Leipzig. Der, in dem sie ausstieg, stand in Speyer. Dort liegt, Zufall oder nicht, mittlerweile Helmut Kohl begraben – jener sogenannte Kanzler der Einheit, der die blühenden Landschaften für den Osten versprach.

Dabei trat Amos jene Reise gezielt und aus einem bestimmten Grund an: Ein Leipziger Kollege hatte einen Flyer entdeckt, aus dem hervorging, dass man an der Deutschen Universität für Verwaltungswissenschaften in ebenjenem Speyer ein dreimonatiges Zusatzstudium machen könne. »Der sagte zu mir: Das ist gar nicht so schlecht. Bewirb dich doch mal.« Sie tat es. Zwar saß in der Auswahlkommission »einer, der penetrant fragte, ob ich denn bei der Stasi gewesen sei, immer wieder und immer wieder. Was soll man dazu sagen? Ich bin es nicht gewesen. Mehr kann ich ja nicht antworten.« Doch insgesamt wurde Amos »freundlich empfangen«.

Das Gespräch ist ihr »in guter Erinnerung«. Auch das Ergebnis war positiv. Amos wurde angenommen, absolvierte von November 1990 bis Januar 1991 das Zusatzstudium. Und dabei blieb es nicht. Aus den drei Monaten wurden 15 Jahre. Wunderbare Jahre offenbar.

Weitere 13 Jahre später sitzt die Wissenschaftlerin im Garten eines italienischen Lokals direkt gegenüber dem Bundesarchiv. Sie arbeitet jetzt am Institut für Zeitgeschichte, das seinen Sitz in München und eine Dependance in Berlin hat. Weil Büroräume für Wissenschaftlerinnen knapp sind in der Hauptstadt, hat die 57-Jährige ihr Büro hier, im Bundesarchiv in Berlin-Lichterfelde West. Im Laufe des Gesprächs merkt man, dass Heike Amos eine sehr freundliche, eine sehr ausgeglichene und auch eine sehr pragmatische Frau ist – eine, die es sich, so scheint es, mit niemandem leicht verdirbt, eine, der niemand so leicht böse sein kann. Das wiederum erklärt zum Teil ihren Werdegang, der erstaunlich ist.

Das erste Leben spielte in der DDR. Amos wurde in Berlin-Karlshorst, wo viele sowjetische Soldaten stationiert waren, geboren und ging dort zur Schule. Der Vater war bei der Reichsbahn, erlitt als Mittvierziger einen Herzinfarkt und schrieb anschließend im Ministerium für Verkehrswesen Fahrpläne. Die Mutter war Verkäuferin. Amos hat zwei Schwestern, eine ältere und eine jüngere. Sie wollte eigentlich Chemielaborantin lernen und parallel zu dieser Berufsausbildung Abitur machen. Doch weil es für diesen Wunsch keinen freien Platz gab, wechselte Amos nach der zehnten Klasse ganz normal auf die Erweiterte Oberschule, die EOS »Immanuel Kant« in Berlin-Lichtenberg, und machte dort 1980 Abitur. Weil ihr Chemie anschließend nicht mehr zusagte, orientierte sich Amos um. Sie begann in Leipzig ein Diplomlehrer-Studium für Geschichte und Deutsch. Sehnsucht nach dem Westen hatte sie nicht. »Ich kannte nur die DDR«, sagt Amos, die keine Westverwandtschaft besaß. »Das war in Ordnung. Es gab sicherlich Leute, die Fernweh hatten. Für mich hat das keine Rolle gespielt. Ich bin Berlinerin gewesen und wusste auch, dass ich nicht nach West-Berlin komme, obwohl ich es sehe.« Schließlich lässt Amos zwei Sätze folgen, die für sich sprechen. Sie sagt: »Ich sehe auch jeden Tag den Mond und weiß, dass ich da nicht hinkomme. Das war gegeben.«

Das Studium dauerte bis 1984. Im letzten Studienjahr trat Amos in die SED ein. Weil sie auf keinen Fall Lehrerin werden und stattdessen in der Wissenschaft bleiben wollte, entschloss sie sich, zu promovieren. Das aber war für sie zu jener Zeit lediglich auf dem Gebiet der DDR-Geschichte möglich. Die jedoch war noch ideologiebelasteter als das Fach Geschichte in der DDR ohnehin schon. »Nach dem ersten Jahr stand sehr auf der Kippe, ob ich bei der DDR-Geschichte bleiben kann«, sagt Amos. Ihr Thema waren die sozial-strukturellen Veränderungen in der Arbeiterklasse der 1960er-Jahre. Dabei stützte sie sich auf die vorhandene Literatur aus den Anfängen des zweiten deutschen Staates. Den Betreuern war das ein Dorn im Auge, genauso wie Amos' Umgang mit anderen Akademikern, die kritisch gegenüber der DDR waren. »Ich konnte dort nur bleiben, weil ich einen totalen Rückzieher gemacht habe«, sagt Amos. Die angehende Doktorandin beschrieb nach eigenen Worten »schwülstig die Rolle der Arbeiterklasse. Ich wollte das hinter mich bringen und dann sehen, was passiert.«

Natürlich entging Heike Amos nicht, dass sich die Lage in der DDR im Laufe der 1980er-Jahre immer weiter zuspitzte – was sie »eine Art Erwachen« nennt. Sie erinnert sich, dass ein Hochschullehrer mal ausflippte, weil eine Kommilitonin eine harmlose Frage gestellt hatte, die als unbotmäßig empfunden wurde. Nachdem Michail Gorbatschow in der Sowjetunion das Ruder übernommen hatte, las sie mit Studenten, wenn auch »sehr vorsichtig«, sowjetische Zeitschriften, in denen ein anderer Wind wehte als in den ostdeutschen Magazinen. Die Montagsdemonstrationen in der Leipziger Innenstadt erlebte sie im September 1989 teilweise aus einem Café in der ersten Etage des Universitätsgebäudes, also hinter einer Glasscheibe, mit. Vor der legendären Demonstration am 9. Oktober hieß es an ihrem Institut: »Heute wird geschossen.«

Am Ende wurde nicht geschossen. Trotzdem flüchtete Amos panikartig und zu Fuß, weil die Straßenbahnen nicht mehr fuhren, in Richtung Leutzsch, wo sie wohnte. Sie bekennt freimütig: »Ich habe nicht gewagt, auf die Straße zu gehen. Ich wusste, wenn ich erwischt werde, ist das das Ende meiner Laufbahn und meines Berufes. Ich habe Hochachtung vor denen, die dort hingegangen sind. Ich gehöre nicht dazu.« Überhaupt sei es für sie »unvorstellbar« gewesen, »dass das Land nicht mehr da ist«. Ihr Verhalten in der DDR fasst Amos so zusammen: »Ich habe mich angepasst und auch gewusst, dass ich mich anpasse.«

Das zweite Leben schloss sich reibungslos an. In Leipzig fanden nach Amos' Schilderung sehr schnell keine Lehrveranstaltungen mehr statt. Dass an Expertinnen für DDR-Geschichte zunächst kein Bedarf mehr bestand, versteht sich gewissermaßen von selbst. Amos, deren Vierjahresvertrag 1991 auslief, wechselte also nach Speyer. An der Uni findet sich seit Jahrzehnten die Elite des öffentlichen Dienstes der alten Bundesrepublik ein. Das dreimonatige Zusatzstudium wurde abgelöst von einem einjährigen Magisterstudium in Verwaltungswissenschaft, sodass die immer noch junge Wissenschaftlerin nun zwei akademische Grade hatte: einen ostdeutschen Doktortitel und einen westdeutschen Magistertitel. Dabei machte Amos zwei grundsätzliche Erfahrungen. Die erste: Sie war unter 500 Studenten die einzige Ostdeutsche, die anderen kamen aus Bayern, Baden-Württemberg und Rheinland-Pfalz. »Man erntete Erstaunen und Interesse. Aber man musste sich nur erklären, wenn man wollte.« Die zweite und wichtigere Erfahrung: »Es stellte sich heraus, dass ich das Handwerk eines Historikers gelernt hatte – wenn mir auch viele Fakten fehlten. Für mich angenehm war die Erkenntnis, dass ich den westdeutschen Kollegen standhielt.« Amos befasste sich mit westdeutscher Nachkriegsgeschichte, der Gründung der Bonner Republik, dem Grundgesetz – und fand das alles »sehr interessant«.

Unterdessen lernte sie Rudolf Morsey kennen, einen 1927 geborenen konservativen Geschichtsprofessor, spezialisiert auf die katholische Zentrumspartei der Weimarer Republik. Er machte ihr klar, dass er mit DDR-Geschichte nichts am Hut habe und ihr in dieser Community auch nicht helfen könne. Allerdings machte Morsey sie mit der Möglichkeit vertraut, für Forschungsprojekte Drittmittel einzuwerben, etwa bei der Deutschen Forschungsgemeinschaft. So stellte Amos nach dem Magisterstudium einen Antrag zur Erforschung der ostdeutschen Justizgeschichte von 1945 bis 1949. Er wurde genehmigt. Morsey erwies sich als angenehmer wissenschaftlicher Begleiter dieser und anderer Arbeiten. Das Buch wurde veröffentlicht; es war Amos' erste Veröffentlichung überhaupt. Schließlich bot Morsey der Kollegin auf Vermittlung seiner Sekretärin eine Stelle an – eine Stelle, die Amos durch weitere Forschungsprojekte und weitere Drittmittel füllte. Das Eis zwischen beiden schmolz endgültig, als sie auf seine Anregung hin die Geschichte der DDR-Nationalhymne erforschte. »Das war eine sehr schöne Arbeit«, sagt Amos. »Dadurch konnte ich Herrn Morsey auch ein bisschen mehr für mich gewinnen.« Der alte Wissenschaftler aus dem Westen und die junge Wissenschaftlerin aus dem Osten fanden über alle Unterschiede hinweg zusammen. 15 Jahre ging das so – bis sich das Dasein in Speyer in Routine erschöpft hatte und Heike Amos 2005 zunächst an die Freie Universität Berlin und später ans Institut für Zeitgeschichte wechselte.

Bemerkenswert, aber wahr: Während bei Heike Amos beruflich alles glattging und sie im Westen anhand von Gemeinsamkeiten mit den Westdeutschen erkannte, »dass wir wirklich ein Land sind«, verpasste sie den Nach-Wende-Umbruch in Ostdeutschland mit der horrenden Arbeitslosigkeit und den sich daraus ergebenden gesellschaftlichen Krisen. »Die Leute in Speyer bekamen nicht mit, was im Osten passiert«, sagt sie. »Und ich war auch fern davon. Diese schlimmen Zeiten sind an mir einfach vorbeigegangen. Ich bin später manchmal erschrocken – etwa über Filme von Andreas Dresen. Da habe ich gedacht: Ist das wirklich so gewesen, mit den Rechten zum Beispiel? Das kann ich mir gar nicht vorstellen.« Das wiederum prägte ihre Wahrnehmung der Ereignisse nicht zuletzt an den ostdeutschen Universitäten.

Heike Amos weiß natürlich, was dort los war: Das Personal wurde evaluiert, »gegauckt«, also auf eine eventuelle Stasi-Vergangenheit durchleuchtet, und vielfach entlassen. So beschäftigt sich die Wissenschaftlerin in ihrer aktuellen Arbeit mit der Frage, was nach der Wende aus den ostdeutschen Physikerinnen geworden ist. Aus 41 Interviews ergibt sich für sie: »Für die Physikerinnen war die Evaluierung ein Schockerlebnis.« Nach dem Motto: »Da kommen jetzt welche aus dem Westen, die nicht wissen, wie es hier gewesen ist.« Auch ist Amos nicht entgangen, dass westdeutsche Akademiker nach 1989 die Chance ergriffen, jene lukrativen Stellen zu besetzen, die ostdeutsche Professoren räumen mussten – in Ost-Berlin und Leipzig natürlich eher als weitab vom Schuss in Ilmenau oder Greifswald. Allerdings ist Amos der Meinung, dass der Umbruch im Ganzen unausweichlich und richtig gewesen sei, unter anderem auf ihrem eigenen Gebiet, der Geschichtswissenschaft – wenngleich es nicht in Ordnung gewesen sei, dass ganze Institute abgewickelt wurden und keine Einzelfallprüfung stattfand. Schließlich habe es an der notwendigen akademischen Selbstreinigung gemangelt, beklagt Amos. Überdies gebe es unter ihren Freunden keinen einzigen, der rausgefallen sei. Sie seien entweder Lehrer geworden oder im Goethe-Institut oder im Leipziger Zeithistorischen Forum gelandet. Die promovierte Historikerin kennt die akademischen Verwundungen und den daraus entstehenden Zorn aus eigener Anschauung nicht.

Ihre Studie über die ostdeutschen Physikerinnen demonstriert zudem Stärken des DDR-Bildungssystems, jedenfalls auf dem Feld der Naturwissenschaften. Zunächst stellte Amos nach den ersten Interviews fest: »Die waren mit einem solchen Selbstbewusstsein ausgestattet, diese Frauen – da war ich baff. Wahrscheinlich, weil es so ein hartes Geschäft ist. Bei Physikerinnen weiß jeder: Die sind schlau. Das sind keine, die etwas auswendig lernen. Da habe ich schon eine gewisse Ehrfurcht.« In der DDR lag der Frauenanteil bei den Physikern in Lehre und Forschung zwischen 15 und 20 Prozent, in der alten Bundesrepublik betrug er fast null. Dies führte dazu, dass sich – abgesehen von politisch belasteten – alle Ostphysikerinnen im neuen Deutschland durchsetzten, und zwar mit Mann und Kindern. Die erste Physikprofessorin an der Freien Universität Berlin war eine Ostdeutsche, die erste an der Technischen Universität ebenfalls; beide Universitäten liegen in West-Berlin. Mitunter ziehen ostdeutsche Physikerinnen andere ostdeutsche Physikerinnen nach. Eine Stichprobe unter fünf westdeutschen Physikerinnen ergab, dass keine einzige von ihnen Kinder hatte. Wohl setzen sich die westdeutschen männlichen Physiker an den Hochschulen und Forschungseinrichtungen im Laufe der Zeit durch – allein wegen ihrer schieren Zahl. Unter dem Strich indes ist die Geschichte der ostdeutschen Physikerinnen eine Erfolgsgeschichte. Dass mit Angela Merkel, die sich für Amos' Umfrage nicht zur Verfügung stellte, eine von ihnen Kanzlerin geworden ist, ist lediglich das sichtbarste Zeichen dafür. Das Sahnehäubchen. Ähnliches gilt für Merkels thüringische CDU-Parteifreundin Dagmar Schipanski, die 1999 für das Amt der Bundespräsidentin nominiert worden war – und scheiterte. Auch sie ist Physikerin.

Wer ein wenig recherchiert, der merkt schnell, wie fleißig Heike Amos seit 1990 die DDR-Geschichte untersucht hat. Die Titel ihrer Veröffentlichungen, in deren Zentrum häufig die SED stand, scheinen kein Ende zu nehmen. Und auch wenn weder eine unbefristete Stelle noch eine Professur dabei heraussprang, sagt sie in ihrer selbstbewussten Bescheidenheit: »Für mich ist es wunderbar gelaufen. Die Männer würden jetzt sagen, weil sie so gut sind; ich sage, weil ich auch Glück hatte.« Vom beschaulichen Speyer schwärmt sie weiterhin – von der Altstadt, den Weinbergen, der Nähe zum Elsass, zu Frankfurt, Heidelberg und Mannheim, ja sogar von den Kohl-Besuchen mit Gorbatschow und anderen. »Ich hätte mir auch vorstellen können, in Speyer zu bleiben«, sagt die Ostfrau – tief im Westen.

Kleine Fluchten

Stephanie Auras hat in Berlin, Leipzig und New York gelebt. Mittlerweile ist sie ins heimische Finsterwalde zurückgekehrt – und animiert andere, es ihr gleichzutun.

Im Eingang zur Cocktailbar ihrer Eltern in der August-Bebel-Straße Nummer sieben steht eine hüfthohe Pinnwand. Daran kann man Stephanie Auras' Lebensweg ablesen. Weilburg an der Lahn ist auf der Pinnwand zu sehen, Berlin, Leipzig und ja, tatsächlich, New York. Die 37-Jährige trägt ein T-Shirt mit der Aufschrift »Spreewaldliebe«. Auf dem Tisch liegt ihr 2018 im Selbstverlag erschienenes Buch. Dessen Titel lautet: *Heeme. Eine Rückkehrergeschichte*. Heeme kann Heimkehr bedeuten, aber auch: Heimat. Das leuchtend grüne Cover zeigt im Hintergrund die Skyline von Manhattan und den Fernsehturm am Berliner Alexanderplatz. Im Vordergrund ist ein Plattenbau abgebildet, einer von mehreren, die es in Finsterwalde gibt. In einer »Platte« hat Auras ihre Kindheit verbracht.

Es ist ein Samstagnachmittag Anfang Juni. Die Straßen der Stadt zwischen Bahnhof und Cocktailbar sind nahezu menschenleer. Die Sonne scheint. Auras' Vater ist da, als ich ankomme. Die Mutter auch. Und die kleine Tochter. Aber noch kein Gast. Man nennt das wohl beschaulich. Wir gehen links am Tresen entlang, dann rechts eine Treppe hinauf. Auf der anderen Seite des Billardraums führt eine zweite Treppe wieder hinunter in den Garten mit Hollywoodschaukeln, in denen Einheimische sitzen. Unter den Füßen knirscht der Sand. Ein Hauch von Südsee in Südbrandenburg. Wir setzen uns. Zunächst will die fröhliche Stephanie Auras noch mal genau wissen, was es mit dem Buch auf sich hat, in dem sie da erscheinen soll, und fühlt sich geehrt, als sie die teils prominenten Namen derer hört, die ebenfalls porträtiert werden. Schließlich bringt Mutter Auras die Getränke mit Strohhalm und Schirmchen und nimmt im Gegenzug ihre Enkeltochter mit. Wir können reden. Reden über die Geschichte einer jungen Frau, die immer mal wieder wegwollte, aber nie richtig weggegangen ist und nun bewusster als je zuvor in dem Ort lebt, in dem sie geboren wurde: in einer Kleinstadt mit 16 000 Einwohnern, deren Name sich so leicht verhohnepiepeln lässt und über den Auras gleich zu Beginn sagt: »Es gibt noch abgelegenere Orte« – in Finsterwalde, Spitzname: Fiwa.

An die DDR, in der sie 1982 zur Welt kam, kann sich Stephanie Auras kaum erinnern, von Bruchstücken einmal abgesehen. Ein Bruchstück ist die besagte »Platte«, mehrmals ist die Familie umgezogen, immer in Plattenbauten – als die Tochter und als ihr sieben Jahre jüngerer Bruder da waren. Die Mutter blieb jeweils drei Jahre zu Hause und habe sich auch sonst »ganz viel gekümmert«, sagt Auras. »Wir hatten gewisse Freiheiten, die ich erst zu schätzen weiß, seit ich meine Kinder sehe.« So hätten sie oft einfach einen Schlüssel um den Hals gehängt bekommen und seien damit auf den Spielplatz gezogen – allein mit der Ansage versehen: »Um sieben kommste hoch.« Ein weiteres Bruchstück sind die Berufe der Eltern, die unübersehbare Spuren von DDR enthalten. Vater Auras arbeitete in der Gaststätte eines Hotels als Kellner, in der ihm Gäste von drüben häufiger »Westgeld« zusteckten. Mutter Auras lernte in einem »Schuh-Konsum« Verkäuferin, wollte eigentlich studieren, entschied sich dann aber für Familie und Kinder und landete als bester Lehrling in einem Intershop. So bekam Stephanie Auras stets ein paar Extras, die andere Kinder nicht hatten. Vater Auras bekam von seiner Frau die damals populäre Westseife Fa zwischen die Kellnerhemden gelegt – damit sie besser rochen.

Stephanie Auras war noch Jungpionier; das blaue Halstuch hat sie aufgehoben. Und sie putzt samstags – so wie ihre Mutter einst samstags im Plattenbau das Treppenhaus und die Wohnung putzte. Dennoch hat sie mit der DDR nicht mehr viel am Hut. Das Bewusstsein einer ostdeutschen Identität wuchs erst, als Auras zwei Jahrzehnte nach dem Mauerfall in Berlin an einem Treffen der Dritten Generation Ost[65] teilnahm. Das sind zwischen 1975 und 1985 in der DDR geborene Menschen. »Das hat mich unheimlich interessiert, weil ich im Laufe meines Lebens immer wieder mit meiner Herkunft konfrontiert worden bin.« Sie genoss es, sich auszutauschen. Zuvor, nach der Wende, wechselte Auras von der Grundschule aufs Gymnasium, wo erst ihre Noten absackten und sie sich doch noch auf einen Abiturdurchschnitt von 1,7 hocharbeitete. Eine letztlich normale Kindheit – mit einer historischen Zäsur mittendrin.

Den Grundstein für das, was folgte, legte Auras 2001. Denn auch wenn ihre Noten ein Studium locker hergaben, entschied sie sich für eine Lehre als Reiseverkehrskauffrau. Die Kundschaft in »Ricos Reiseladen« wollte überwiegend preiswerte Pauschalangebote in sonnige Regionen. Auras wollte »erst mal was Solides« machen und fand es zugleich »interessant, die weite Welt kennenzulernen«. Ähnlich wie die Eltern – deren Lebenstraum eine Cocktailbar war – hing die Tochter aber auch irgendwie an der Heimat. Und so machte sie ihre Ausbildung daheim, in Finsterwalde. Fern- und Heimweh kamen zusammen. Schließlich war da ihr Freund, der um keinen Preis aus dem Elbe-Elster-Kreis wegwollte. Das Muster vom Weg-und-gleichzeitig-dableiben-Wollen wiederholte sich nach der Ausbildung. Auras wechselte nach Weilburg an der Lahn, um sich dort an der privaten Schule eines Tourismuskonzerns zur Tourismusbetriebswirtin fortbilden zu lassen. »In Weilburg war ich wirklich allein«, sagt sie rückblickend. Auch waren unter den 44 Auszubildenden nur zwei Ostdeutsche. »Finsterwalde, wo liegt denn das?«, fragten die Westmitschüler. Bei Partys musste Stephanie Auras sich anhören: »Ey, hast du Bananen mitgebracht?« Die Sticheleien legten sich erst, nachdem ein Dozent aus Leipzig vorgeschlagen hatte: »Mach doch mal 'ne Politikstunde.« Auras berichtet: »Ich habe dann wirklich mal eine Oststunde gemacht – darüber, wie ich aufgewachsen bin und dass wir hier ganz normal leben und dass meine Eltern eine ganz normale Cocktailbar haben. Am Ende haben dann alle gesagt: ›Du bist ja doch nicht so, wie wir dachten.‹ Da habe ich geantwortet: ›Ja, was dachtet ihr denn?‹« Vielleicht behielt sie auch aufgrund solcher Erfahrungen immer einen Fuß im Südbrandenburgischen.

Doch zunächst wuchs die Distanz zur Heimat abermals. 2009 schrieb der Zigarettenhersteller Pall Mall Praktika in New York aus. Es ging darum, VIPs am Big Apple zu begleiten, für sechs Wochen oder drei Monate. Auras ergatterte trotz bescheidener Sprachkenntnisse einen von 22 Plätzen – bei 2200 Bewerbern – und freut sich noch heute: »Die Stephanie aus Finsterwalde hat sich durchgeboxt.« Sie lernte Manhattan kennen, aber auch die Außenbezirke, möbelte ihr Englisch auf, nutzte, wie sie sagt, die Zeit »richtig toll«. »Eigentlich wollte ich dableiben. Ich habe den amerikanischen Spirit gelebt. Das hat mich selbstbewusster gemacht«, erinnert sich Auras. Sie habe dann aber gedacht: »Ich habe zu Hause noch jemanden.« 6500 Kilometer entfernt. Sie wollte ihren Freund am Telefon zu einem Umzug überreden: »Komm, lass es uns probieren!« Er sagte: »Komm nach Hause!« Stephanie Auras blieb daraufhin nicht drei Monate, sondern nur sechs Wochen. Nachdem sie in Berlin-Tegel gelandet war, fuhr ihr Freund mit dem Auto direkt nach Finsterwalde. Er hatte die gemeinsame Wohnung in Leipzig, in der sie sowieso selten waren, bereits gekündigt. Von der amerikanischen Megacity in die ostdeutsche Provinz – der Kontrast hätte nicht größer sein können.

Die Heimkehr war schwer. »Na, biste wieder hier?«, fragten die Leute in Finsterwalde. »Haste es nicht geschafft?« Mit der Rolle der gescheiterten Rückkehrerin habe sie sich überhaupt nicht anfreunden können, sagt Auras. »Ich bin ja wegen der Liebe hergekommen, also eigentlich unfreiwillig.« Während alte Freundinnen Kochrezepte austauschten, wollte sie sich über Politik, also die Welt, austauschen. Die Jobsituation kam hinzu. Auras schrieb 145 Bewerbungen an denkbare Arbeitgeber im Tourismussektor in einem weiteren Umkreis – ohne jede positive Resonanz. »Da habe ich gedacht: Ich hau hier wieder ab.« Einerseits. Andererseits legte diese Erfahrung die Basis für eine Erfolgsgeschichte, die Jahre darauf ihren Weg auf die berühmte Seite drei der *Süddeutschen Zeitung* fand und über Stephanie Auras ebenso hinausweist wie über die Region, in der sie lebt. Sogar die italienische *La Repubblica* berichtete. Statt in der Tourismusbranche landete sie nämlich bei dem Verein »Generationen gehen gemeinsam«, der mit öffentlichen Mitteln gefördert wird. Ihr erstes Projekt war langzeitarbeitslosen Alleinerziehenden gewidmet. Ihr zweites Projekt befasste sich mit Frauen über 50, die nach der Wende arbeitslos geworden waren und keine Stelle mehr auf dem ersten Arbeitsmarkt fanden – nicht weil sie unfähig gewesen wären, sondern weil die Umstände es nicht hergaben. Auras sagt: »Die Männer sind irgendwo untergekommen, die Frauen hat man liegen gelassen.« Sie merkte, dass es ihr mehr Spaß macht, für Menschen zu arbeiten statt für Profit. Dann heiratete sie, und es kamen Kinder, ein Mädchen (2013) und ein Junge (2017) – wie bei den Eltern. Damit waren weitere Weichen gestellt.

Eher nebenbei entwickelte sich aus einer Nebenbeschäftigung jene Hauptbeschäftigung, wegen der Stephanie Auras heute sehr gefragt ist: 2012 begann die Rückkehrerin, andere Rückkehrer zu beraten. Sie legte ihnen nahe, erst mal einen Job zu suchen und dann heimzukehren – und »nicht einfach ins Blaue hinein« neue Wurzeln an alter Stelle schlagen zu wollen. Als ihr Chef davon Wind bekam, sagte er: »Oh, cool. Heben wir's doch in den Verein rein. Dann können wir Fördermittel kriegen.« Auras legte eine Facebook-Seite an. Die lokale Presse reagierte. Der doppelsinnige Titel für das Projekt lautete: »Comeback Elbe-Elster.« Zum ersten Treffen in der Cocktailbar kamen ein Dutzend Interessenten. Ein Netzwerk mit Arbeitgebern und Behörden entstand. Zu guter Letzt eröffneten sie unweit von Auras' Elternhaus einen Heimatladen mit einer Rückkehrer-Agentur. »Der Durchbruch kam 2016«, sagt Auras, als der brandenburgische Ministerpräsident Dietmar Woidke (SPD) den Laden besuchte. »Das bringt Öffentlichkeit und Akzeptanz bis hoch nach Potsdam.« Sie lernte, dass Lobbyarbeit wichtig ist und dass man die richtigen Strippen ziehen muss.

Mittlerweile hat die Agentur 400 Beratungen abgewickelt und schätzungsweise 100 Menschen zur Rückkehr animiert, darunter solche mit einem Musikverlag oder einer Fotoagentur. Längst ist der Verein auch Koordinierungsstelle für die anderen Brandenburger Rückkehrerinitiativen. Die erste entstand in Templin in der Uckermark. Inzwischen gibt es landesweit 13. Zudem bemüht sich Auras unter dem Dach der Robert-Bosch-Stiftung um eine Vernetzung mit Initiativen im Westen, genauer: mit einer im Hochsauerland und einer im bayerischen Zwiesel. Allein deren Existenz belegt, dass Abwanderung nicht nur ein Ostproblem ist. »Diese Vernetzung wäre noch mein Traum«, sagt Auras. Glaubte sie anfangs, in der Heimat nur abgelebt Altes entdecken zu können, eröffnet sich jetzt etwas lebendig Neues, und zwar im selben Ort. »Ich hab dann auf einmal so meinen Space gehabt«, sagt die Mittdreißigerin. »Herzenssachen sind sehr erfolgreich. Ich wollte immer die Touristikerin Nummer eins werden. Das bin ich nicht geworden. Jetzt bin ich etwas anderes geworden. Das ist eigentlich viel schöner.«

Nein, Stephanie Auras will beileibe nichts idealisieren. Als Frau auf dem Land müsse man schon gucken, wo man bleibe, und sich irgendwie selbst erfinden. Die Männer hätten es zuweilen leichter. Das gelte übrigens auch für ihren. Er hat als gelernter Industriemechaniker eine feste Teamleiter-Stelle gefunden, bei dem dänischen Windradhersteller Vestas im benachbarten Lauchhammer, einem der größten Arbeitgeber in der Region. Noch dazu sei »nicht jede Rückkehr erfolgreich«, räumt Auras unumwunden ein. »Es gibt auch Leute, die scheitern.« Manche hätten sich an einen anderen Lebensstil gewöhnt und merkten, dass es einen Unterschied macht, ob man zurückkehren *will* – oder es wirklich tut. Und gute Jobs seien in Südbrandenburg weiterhin rar, so wie gute Ärzte. Eine Familie mit einem herzkranken Kind habe sich daher fürs Erste entschieden, doch in der Nähe der Berliner Charité zu bleiben. Auras selbst, die nie wieder in New York war, denkt zuweilen: »Was wäre gewesen, wenn?« Wenn sie ausgeharrt hätte und ihr Mann nachgekommen wäre. Allerdings sei sie als Mutter jetzt ohnehin geerdet. Und ihren Kindern sei es dann auch egal, »ob sie am Senftenberger See im Sand spielen oder auf Long Island«.

Auf jeden Fall gebe es in ihrer Nähe Häuser für wenig Geld, die in München eine halbe Million kosteten, weiß Auras zu berichten. Und erst kürzlich sei ein bayerischer Busfahrer seiner brandenburgischen Frau heimwärts gefolgt. Der bekomme in Finsterwalde das gleiche Gehalt wie im Freistaat, weil er alle Fahrlizenzen habe. Wie cool ist das denn! Noch cooler ist natürlich, dass der Heimatbegriff plötzlich populär ist wie seit Jahrzehnten nicht mehr. Ein ganzes Bundesministerium ist danach benannt. Kein Politiker zweifelt mehr daran, dass man die sogenannten ländlichen Räume nicht verkommen lassen darf, wenn man die Stabilität der Republik nicht ins Wanken bringen will. Auras möchte helfen, dem Heimatbegriff die letzten Reste des Negativen zu nehmen. Dazu gehört für sie, ihn zu entpolitisieren und ihn damit, so scheint es, nicht den aus ihrer Sicht falschen Leuten zu überlassen. Diese und andere grundsätzliche Gedanken hat sie sich vor unserem Gespräch extra in ein Notizbuch geschrieben, um sie loszuwerden.

»Eine Rückkehr ist eine Option«, sagt Stephanie Auras abschließend. »Es ist nicht die heile Welt, die wir bieten. Aber es ist vielleicht das ganz kleine Glück.« Bevor wir von der Cocktailbar zum Heimatladen schlendern, fährt sie fort: »Der Rückkehrer ist kein gescheiterter Rückkehrer mehr. Das Bild hat sich geändert. Das ist super. Dem Rückkehrer werden jetzt die Füße geküsst.«

Und die Frau aus Finsterwalde im Elbe-Elster-Kreis hat dazu beigetragen.

Wie die Kunst nach Schweina kam

*Bea Berthold und Aline Burghardt sind in Dresden
aufgewachsen. Jetzt bringen sie im Wartburgkreis
eine Jugendkunstschule zum Blühen.*

Die Würfel fielen Anfang Juni 2018, es war aber nicht klar, mit
welchem Ergebnis. Damals stimmte der Kreistag nämlich dafür,
die erst kurz zuvor geschlossene Grundschule des 3000-Seelen-
Ortes Schweina für 25 000 Euro an die Kinder- und Jugendkunstschule des Wartburgkreises zu verkaufen – obwohl zwei AfD-
nahe Handwerker mitgeboten hatten, die nicht nur bereit waren,
76 000 Euro mehr für das 1887 errichtete Backsteingebäude auf
den Tisch zu legen, sondern dort überdies Wohnungen bauen
wollten. Dem Votum des Kreistages gegen etwas sehr Handfestes
wie Immobilien und für etwas auf den ersten Blick Luftigeres wie
die Kunst war ein heftiges Werben der Initiatorinnen vorausge-
gangen. »Wir haben ordentlich Lobbyarbeit gemacht«, sagt Aline
Burghardt (rechts im Bild). Bea Berthold spricht von gewachsener
Akzeptanz bei den Mitbürgern nach dem anfänglichen Verdacht,
elitär zu sein. »Die meisten Leute freuen sich, dass hier etwas passiert.« Der CDU-Abgeordnete und Vizelandrat Udo Schilling ließ
sich in der *Thüringer Allgemeinen* mit den Worten vernehmen:
»Die Jugendarbeit dieses Vereins ist unendlich wertvoll.«[66]

Sechs Wochen später sitzt Aline Burghardt im ersten Stock
einer leerstehenden Fabrik, in der die Kunstschule bis zum Umzug in die Grundschule residiert. Während des einstündigen Gesprächs klingelt dreimal das Telefon. Die 52-Jährige nimmt an und
sagt: »Kunstschule in Schweina, Burghardt, hallo!« Eine Anrufe-
rin will wissen, ob ihre Tochter zum am Nachmittag beginnenden
Kurs eine Freundin mitbringen könne. Selbstverständlich kann
sie. Später stößt Bea Berthold dazu. Die beiden Frauen treffen
sich im Büro und besprechen, was aktuell ansteht. Auf den Flu-

ren finden sich allerlei künstlerische Utensilien, Handwerkszeug ebenso wie Bilder, die auf den lebendigen Charakter des Hauses verweisen.

Wer längere Zeit mit den beiden Frauen zusammen ist, der kommt fast zwangsläufig immer wieder auf zwei Fragen zurück. Die erste lautet: Warum leben zwei in Dresden aufgewachsene und sehr aufgeweckte Frauen in einem Ort am südwestlichen Zipfel Thüringens, von dem die Welt kaum Notiz nimmt? Schließlich könnten sie ihr Dasein auch andernorts fristen, haben dies teilweise bereits getan oder mit dem Gedanken gespielt, es erneut zu tun. Berthold hat in Dresden, Halle, Jena und Weimar gelebt und war während ihres Studiums ein Jahr in China. Burghardt, die das ihr allzu ordentliche Deutschland zuweilen mit Skepsis betrachtet, dachte ans Auswandern – nach Dänemark, Frankreich oder Spanien. Die zweite Frage lautet: Wie sind ebendiese Frauen zu der Idee mit der Jugendkunstschule gelangt? Und wieso überhaupt Kunst in und für die Provinz? Die Antworten liegen näher, als man meinen könnte.

Aline Burghardt wurde 1966 in Bad Liebenstein geboren, von wo ihr Vater stammt. Der Kurort grenzt an Schweina. Ihre Mutter ging nach der Scheidung zurück ins heimische Dresden – mit der Tochter. Aline eckte im jugendlichen Alter öfter an, engagierte sich bei »Schwerter zu Pflugscharen« und stellte 1984 einen Ausreiseantrag. Der Antrag verschärfte die Konfrontation mit den staatlichen Autoritäten weiter. Alines gewünschte Ausbildung zur Maskenbildnerin war nicht mehr möglich. Sie machte eine Ausbildung zur Technischen Zeichnerin in einem großen Baukombinat. Mit Anfang 20 tummelte sich die Sächsin mit thüringischen Wurzeln in der Dresdner und der Berliner Künstlerszene. »Man musste mit dem Strom schwimmen, um in der DDR etwas zu werden«, sagt sie. Auch deshalb habe sie sich mit dem realsozialistischen Staat nicht identifizieren können. »Ich weine dem Osten keine Träne nach.« Im Frühjahr 1989, nach der Geburt ihres Sohnes, zog Burghardt den Ausreiseantrag zurück.

Der Fall der Mauer brachte neue Möglichkeiten. Zunächst machte Aline Burghardt ein Szenecafé in der Dresdener Neustadt auf. Überdies hat sie Verwandte auf Sylt, die dort ein Reformhaus betrieben. Burghardt war angetan, machte auf der Insel eine einschlägige Ausbildung und eröffnete danach ein eigenes Reformhaus auf dem Weißen Hirsch in Dresden. »Das war ein toller Laden mit 170 Quadratmetern«, sagt sie. Sie betrieb ihn 13 Jahre lang, bis 2004.

Burghardts Situation und damit auch ihre Perspektive änderten sich Anfang der Nullerjahre, als ihre Tochter Anna zur Welt kam. Zudem ging ihre Beziehung kaputt. Und schließlich wurde ihre Großmutter väterlicherseits schwer demenzkrank. Die Großmutter lebte in Bad Liebenstein, der alten Heimat. Plötzlich wurde der Umzug in die Provinz zur Option – und 2008 Wirklichkeit. Tochter Anna, die mittlerweile die berühmte Landesschule Pforta bei Naumburg besucht, habe die kurzen Wege und den Freiraum genossen, sagt die Mutter. Burghardt selbst bewohnt in Schweina seit einiger Zeit ein altes Fachwerkhaus neben der Kirche. Ohnehin habe sie an Dresden zuweilen die geistige Enge gestört, die NPD, die nach 1990 in den Landtag einzog, die Nazi-Präsenz in der Sächsischen Schweiz und der Dresdener Neustadt, die »sehr schnell« und »sehr krass« sichtbar geworden sei.

Wenn Burghardt sich heute nach Kultur sehnt, dann fährt sie ins Theater von Meiningen oder nach Eisenach, wo weithin sichtbar die Wartburg prangt und an Martin Luthers Aufenthalt erinnert. Nein, sie vermisse auf dem Land nichts, sagt die selbstbewusste Frau. Hingegen könne sie »hier freier atmen«.

Bea Bertholds Leben verlief bisweilen ähnlich. Sie wurde zwei Jahre später als Burghardt in Ost-Berlin geboren und wuchs ebenfalls in Dresden auf. Berthold studierte Gebrauchsgrafik an der renommierten Kunsthochschule Burg Giebichenstein in Halle und bereiste zwischendurch für längere Zeit China, um die fernöstliche Kalligrafie zu erlernen. Nach dem Abschluss 1996 erhielt sie den ersten Auftrag von der sächsischen Schlösserverwaltung.

Es ging um eine Ausstellung über Gärten und Parkanlagen von August dem Starken in Sachsen und Polen und war der Aufbruch in die Selbständigkeit. Heute bekommt Berthold Aufträge von Umweltverbänden, Kultureinrichtungen und Kirchen – »schöne Aufträge«, wie sie sagt. Das Künstlerische ist für Berthold neben der Familie das unumstößliche Zentrum ihres Daseins. Gegen materielle Verlockungen ist sie weitgehend immun.

Nach Schweina verschlug es Berthold wie Burghardt aus familiären Gründen. Denn 1997 lernte sie ihren Partner und späteren Vater der drei gemeinsamen Kinder kennen – einen Biologen, der in Schweina groß wurde.

Normalerweise hätten sie »keine zehn Pferde hierher gekriegt«, sagt die Künstlerin und lacht. Was ihr nicht gefällt, ist etwa der Umstand, dass der Ortskern von alten Industriegebäuden durchsetzt ist. Doch es gibt im Park des Schlosses Altenstein, das mächtig über Schweina thront, die sogenannte »Sennhütte« aus dem Jahr 1799, die aussieht wie eine Almhütte, innen wie außen relativ einfach beschaffen ist und mitten im Wald steht. »Ich hatte mich irgendwie in die Sennhütte verliebt«, sagt Berthold. Als die Parkverwaltung das Paar mit den drei Kindern als Mieter akzeptierte, war der Umzug nach Südthüringen ausgemachte Sache. Ein weiterer Vorteil: Die Schwiegereltern leben im Ort. Ansonsten lernte Berthold schnell, was das Leben in der Provinz bedeutet. »Man hat keine Riesenauswahl an Freunden, sondern muss die nehmen, die da sind«, sagt sie. »Das ist aber auch schön, weil man darauf gestoßen wird, diese Freundschaften zu pflegen. Ich kann die Freunde nicht wechseln wie ein Unterhemd. Das liegt mir; das passt zu mir.« Hinzu kommt: Angebote, die auf dem Land, anders als in der Stadt, nicht vorhanden sind, müssen sich die Bewohner im Zweifel selbst schaffen. Womit wir bei der Jugendkunstschule wären.

Als ihre Kinder im Schulalter waren, fragte Berthold die Lehrerinnen, ob sie an der Schule nicht als zusätzliches Angebot ein kleines Kinderatelier einrichten könne. Die waren sofort angetan und stimmten zu. Bald wollten immer mehr Kinder mitmachen. Berthold fragte einen Freund, den mit seiner schweizerischen Frau in die Heimat zurückgekehrten Designer Jörg Wagner, ob er nicht Lust habe, einen Kurs anzubieten. »Ich habe mir die Kultur hergeholt und so lange gerudert, bis etwas passierte«, sagt sie. Mit Erfolg. Die Sache begann zu wachsen – mit der Konsequenz, dass sie den räumlichen Rahmen der Schule sprengte. Wagner sagte schließlich: »Na, dann lasst uns doch eine Kunstschule gründen!« Berthold hatte zunächst keine Ahnung, was das genau sein sollte. Sie schaute sich also andere Jugendkunstschulen an und gründete 2009 gemeinsam mit Wagner und anderen einen Verein.

Zuvor waren sich Bea Berthold und Aline Burghardt begegnet. Beide haben Töchter im selben Alter und Dresden als Anknüpfungspunkt aus der Vergangenheit. Das schuf Nähe. Während Erstere die künstlerische Leitung der Kunstschule übernahm, kümmerte sich Letztere mit ihrer Erfahrung als Inhaberin eines Reformhauses um das Management – beide gleichermaßen entschlossen. Aus zunächst drei Kursen im Monat wurden 19 und aus anfangs jährlich 150 Kindern 1200. Während die Jugendkunstschule sich in der alten Fabrik auf 350 Quadratmetern ausbreiten konnte, werden es in der Grundschule etwa 1000 sein. Es gibt Ton- und Holzwerkstätten, Kurse für Zeichnen und Malen, einen Theaterraum mit Kulissenwerkstatt, eine kleine Schneiderei, eine Druckwerkstatt und Graffitiaktionen. Daneben gibt es das »Fröbelmobil«, das auf Anfrage in ganz Thüringen unterwegs ist und unter anderem zweimal wöchentlich die Flüchtlingsunterkunft im benachbarten Merkers aufsucht. Der Thüringer Friedrich Fröbel ist der Erfinder des Kindergartens. »Das ist ein kleines Kulturunternehmen«, sagt Burghardt, und dass einige Schüler mit an der Jugendkunstschule erstellten Mappen Zugang zu Kunsthochschulen bekamen – in Berlin, Dresden, Halle und Leipzig. »Das ist ein Erfolg für uns.«

Nächstes Ziel ist, die Jugendkunstschule zu einer sozialen Institution für den gesamten, 120 000 Einwohner zählenden

Wartburgkreis weiterzuentwickeln. Gewachsen ist auch das Ansehen – und die Verantwortung. So wird etwa erwartet, dass die Akteurinnen fast jederzeit erreichbar sind. Trotzdem steht nach wie vor die Freude an der Sache im Vordergrund. Berthold schwärmt von »Kindern aus Haushalten, in denen es nicht so dicke ist, mit wunderbaren Ideen, die mir wesentlich sympathischer sind als solche hochgezüchteten Sachen«. Und sie fährt fort: »Bei den meisten Kindern ist unglaublich viel da. Es wird, je älter sie werden, nur extrem zugedeckt und vernagelt. Das, was kommt, kitzeln wir raus.«

Allerdings gibt es auch Schwierigkeiten. Eine besteht darin, genügend qualifiziertes Personal zu finden. »Es ist nicht so, dass niemand in den ländlichen Raum kommen mag«, sagt Burghardt. »Jüngere Leute können sich vorstellen, ein paar Jahre auf dem Land zu leben. Wir haben immer gedacht: Wer tut sich das denn an?« Nur ist das Reservoir nicht unerschöpflich. Manch potenziellem Kursleiter reicht das Honorar nicht. Andere möchten nicht mit Kindern und Jugendlichen arbeiten. Gleichwohl geht es voran. Umgekehrt, sagt Burghardt, wäre eine Jugendkunstschule dieser Größenordnung in einer ehemaligen Schule in einer Stadt gar nicht möglich. Und zu guter Letzt erlebe der sogenannte ländliche Raum gerade »einen kleinen Aufschwung«, weil Politik und Gesellschaft erkannt hätten, dass man etwas tun müsse, »damit er uns nicht hinten wegkippt«.

Mit Burghardt und Berthold ist derweil nicht nur die Spitze der Kunstschule weiblich, sondern auch zwei Drittel der Dozenten. Sie sei, sagt Burghardt, »immer von sehr starken und selbstbewussten Frauen umgeben« gewesen, darunter Mutter und Großmutter. »Und ich habe die Frauen immer als gleichberechtigt erlebt, für ihre Sache kämpfend und einstehend. Die haben alle gearbeitet.« Berthold ergänzt, sie habe in der Klasse eine einzige Mitschülerin gehabt, deren Mutter Hausfrau gewesen sei. Da dachte sie: »Was ist denn das für eine altmodische Familie?« Nach der Wende sei ihr »entgegengefallen, dass im Kapitalismus der Mann arbeiten geht und die Frau am Kochherd steht. Ich dachte, unsere Verhältnisse werden sich auf alle Fälle über den Westen ergießen. Ich fand uns selbstverständlich viel fortschrittlicher.«

Beide sind überrascht, dass die Rollenzuschreibungen in der nachwachsenden Generation wieder in alte, westdeutsche Muster zurückzufallen scheinen. So hätten Mitschülerinnen ihrer Tochter zuletzt erzählt, dass sie sich einen Mann wünschten, der einen guten Job habe und ordentlich Geld verdiene, damit sie sich in die Hausfrauenrolle zurückziehen könnten, sagt Burghardt. Berthold hörte von ihrer Tochter den Satz, dass daheim ihr Vater »der Chef« sei. Dass die Frauen unter den Lehrkräften der Jugendkunstschule überwiegen, hat nach Einschätzung ihrer Macherinnen Gründe: Sie seien lieber mit der Kunst sowie mit Kindern und Jugendlichen zugange; und die Männer seien vielfach anderweitig beschäftigt. Wie auch immer: Die Kinder- und Jugendkunstschule des Wartburgkreises ist eher ein »Frauenladen«. Da wundert es nicht, dass Berthold Rollenbilder hinterfragen möchte. So werden in der Einrichtung auch Jungs aufgefordert, einen Kuchen zu backen. »Die kommen dann auch stolz mit ihrem Kuchen an.«

Wie es nach dem zehnjährigen Jubiläum 2019 und dem Umzug in die einstige Grundschule weitergeht? Aline Burghardt und Bea Berthold, deren Kinder bald flügge werden, wollen die Jugendkunstschule so weit bringen, dass sie ohne ihre heutigen Leiterinnen existieren kann – nicht zuletzt, um nach dem intensiven Engagement persönliche Freiheit zurückzugewinnen. »Ich wollte gern irgendwo aufs Land«, sagt Berthold. »Aber die Rückkehroption in eine Stadt muss da sein.« Burghardt formuliert: »Dass ich jetzt hier bin, bedeutet nicht, dass ich ewig auf dem Land bleibe. Ich bin jetzt Anfang 50 und werde einfach mal gucken.«

Sanfte Machtpolitikerin aus Thüringen

Die Grünen-Fraktionsvorsitzende Katrin Göring-Eckardt macht seit mehr als 20 Jahren Bundespolitik. Sie setzte sich gegen Westmänner durch – und gegen Westfrauen.

Irgendwann in den Nullerjahren, als Katrin Göring-Eckardt schon ein paar Jahre im Bundestag saß, kamen ihre Söhne auf sie zu und fragten: »Mama, was ist denn, wenn du nicht wiedergewählt wirst?« Die Mutter, damals in den Dreißigern, tippte auf Existenzängste der Zöglinge und wollte beruhigen. Im Notfall werde sie schon wieder eine Arbeit finden, antwortete Göring-Eckardt. Und im Übrigen werde ihr Vater, ein Pfarrer, seine Arbeit ganz gewiss behalten. Also kein Grund zur Sorge. Doch es stellte sich heraus, dass die Sorge der Söhne eine ganz andere war. Denn auf die Schule der beiden ging auch Heinrich.[67] Heinrichs Mutter kam nicht nur aus dem Westen, sie ging obendrein nicht arbeiten. Deshalb konnte sie ihren Sohn morgens zur Schule bringen und nachmittags wieder abholen, obwohl er ebenso gut allein mit dem Fahrrad hätte fahren können. Heinrich war davon unglaublich genervt. Was sollten die Kumpels denken? Muttersöhnchen? Göring-Eckardts Söhne fürchteten, dass es ihnen genauso gehen könnte wie ihm. Erst als ihre Mutter klarstellte, dass sie es auch anders halten würde, wenn sie ihr Mandat verlöre, waren die Jungs beruhigt. Den Rauswurf der Mama aus dem Hohen Haus hätten sie offenbar verkraftet – deren Schicksal war bei Lichte besehen zweitrangig. Doch eine Helikoptermutter wie Heinrich – nein, das wollten sie auf keinen Fall.

Die 52-Jährige amüsiert sich sichtlich, als sie die Episode in ihrem Büro erzählt, von dem aus man den Reichstag und die Straße des 17. Juni sehen kann. Doch die Episode ist nicht nur lustig. Sie erzählt auch etwas über die Erzählerin, über das Rollenverständnis von Ost- und Westfrauen – und die Klischees, die existieren.

Mehr als ein Jahrzehnt später sitzt Göring-Eckardt im Übrigen noch immer im Bundestag und ist inzwischen Großmutter geworden. Ja, sie ist nach Angela Merkel die ostdeutsche Spitzenpolitikerin, die am ausdauerndsten war. Vermutlich hat dies unter anderem damit zu tun, dass die beiden sich in manchem ähnlich sind. Zumindest haben sie jeweils mehrere Männer hinter sich gelassen.

Alles begann in Gotha, am Fuße des Thüringer Waldes. Katrin Eckardts Eltern hatten dort eine Tanzschule – eine Tanzschule ohne festen Ort. Sie zogen mit dem Auto übers Land und unterrichteten, wo Bedarf herrschte. Der Vater war Jahrgang 1921 und hatte bereits drei Töchter aus erster Ehe. Auch hatte er, wie die vierte Tochter sagt, »eine Affinität zum Nationalsozialismus«. So fand die junge Katrin mit 14 Jahren Hitlers *Mein Kampf* auf einem Schrank liegend, in die SED-Parteizeitung *Neues Deutschland* eingewickelt. »Er war ein totaler Vollmacho«, sagt Göring-Eckardt, einer, der sich gern das Bier holen ließ und für den sie so lange Jungsklamotten tragen musste, bis endlich ein Bruder zur Welt kam, der lang ersehnte Sohn. Eine emotionale Bindung zwischen Vater und Tochter existierte fast nicht. Anders war es mit der Mutter, Jahrgang 1937, also 16 Jahre jünger als der Vater. Allerdings starb sie, als Katrin Eckardt 17 Jahre alt war, bei einem Autounfall. In ihrem Buch *Ich entscheide mich für Mut* schreibt die Tochter: »Egal, was kommt, das war das Schlimmste, was passieren konnte.«[68] Gott sei Dank war da noch Alice, die geliebte Großmutter, die ihren Namen selbst »Alize« aussprach.

Ihre Kindheit und Jugend waren mithin in vielerlei Hinsicht besonders. Besonders war zudem, dass Katrin Eckardt weder Kindergarten noch Hort besuchte und nach der Schule immer gleich nach Hause ging, weil sie ihre viel herumreisenden Tanzlehrer-Eltern sonst gar nicht gesehen hätte. Aus den Erzählungen über ihre Kindheit und Jugend bleibt abgesehen davon zweierlei haften: dass sie überwiegend mit Jungs spielte und »wusste, wie die ticken«. Und dass sie mit zwölf auf Geheiß von Vater und Mutter mal in Stöckelschuhen durch einen großen Saal laufen musste, in dem 60, 70 oder 80 Jungs auf der einen Seite saßen und genauso viele Mädchen auf der anderen. Beides scheint für ihr späteres Leben hilfreich gewesen zu sein, was Durchsetzungsvermögen und Lampenfieber angeht. Die Grünen-Frau schreibt: »Vor öffentlichen Auftritten habe ich seitdem kaum mehr Angst.«[69] Ein für eine Berufspolitikerin unschätzbarer Vorteil.

Geborgenheit, die sie daheim nur bedingt fand, holte sich Göring-Eckardt nicht zuletzt im Glauben. Nach der Schule studierte sie Evangelische Theologie und wollte schnellstmöglich eine eigene Familie. Das gelang. Schon 1988 heiratete Katrin Eckardt – mit für DDR-Verhältnisse nicht untypischen 22 Jahren – den Pfarrer Michael Göring. 1989 wurde der erste Sohn geboren, 1991 der zweite. Die Zeit der Familiengründung fiel mit der Wende zusammen. Göring-Eckardt, wie sie fortan hieß, ließ sich von der Umwelt- und der Frauenbewegung inspirieren und befasste sich ein ganzes Jahr lang mit feministischer Theologie. Der Reaktorunfall von Tschernobyl 1986 und die weltweiten Reaktionen wurden zum Schlüsselerlebnis. In erster Linie wollte sie das autoritäre SED-Regime weghaben, nicht unbedingt die DDR selbst. Göring-Eckardt argumentiert jedenfalls nie ideologisch. Auch ist sie nie im westdeutschen Sinne links, sprich antikapitalistisch. »Ich hatte gerade eine friedliche Revolution hinter mir«, sagt die Protestantin. »Ich fand jetzt nicht den Kapitalismus toll. Aber ich fand das System im Westen erst mal richtig. Denn es war demokratisch und frei.«

In der Wendezeit hielt der bald darauf wegen übler Stasi-Spitzeleien enttarnte Anwalt und zeitweilige Chef des »Demokratischen Aufbruchs« Wolfgang Schnur Göring-Eckardts jüngeren Sohn in eine Fernsehkamera und sagte: »Das ist die Zukunft Deutschlands.« Die Mutter nahm das Kind und sagte: »Nein, das ist mein Sohn.« Vom »Demokratischen Aufbruch« und von »Demokratie jetzt« kam die Mittzwanzigerin zu den Grünen, machte dort jedoch zunächst nicht nur gute Erfahrungen. In ihrem Buch schreibt sie: »Ich sehe mich noch, wie ich meinen Kinderwagen viele Etagen hoch in eine Wohnung mitten in Erfurt trage, um dann oben hinter dicken Rauchschwaden eine kleine Gruppe vollbärtiger, überwiegend westdeutscher Männer anzutreffen, die über die Frage diskutierten, ob man eigentlich Plakate mit Nägeln an Bäume machen darf.«[70]

Göring-Eckardt biss sich durch. 1994 wurde sie Referentin für Frauenpolitik in der thüringischen Landtagsfraktion, saß im Landesvorstand, arbeitete dem realpolitischen Bundestagsabgeordneten Matthias Berninger zu und stand 1998 als Landesvorsitzende vor ihrer ersten Bundestags-Kandidatur. Zu Olaf Möller, dem Co-Vorsitzenden, sagte Göring-Eckardt damals: »Länger als ein halbes Jahr halte ich es in Bonn nicht aus.« Dort merkte sie: »Helmut Kohl gibt es wirklich. Denn irgendwann stand er neben mir.« Ebenso rasch stellte sie fest: »Das ist der richtige Ort.« Mit mehr als 20 Jahren Abstand scheint es, als habe Göring-Eckardt nie etwas anderes gemacht als Politik.

In Bonn wie in Berlin entstand der öffentliche Eindruck, vornehmlich der damalige Außenminister Joschka Fischer habe sie gefördert – der rüpelhafte grüne Oberrealo, von dem Merkel mal gesagt haben soll, um ihn kennenzulernen, hätte es den Mauerfall nicht geben müssen. So wurde Göring-Eckardt aus dem Stand stellvertretende Parlamentarische Geschäftsführerin der Fraktion und 2002 Erste »PGF«, wie es im Berliner Jargon heißt. Im selben Jahr rückte die Thüringerin neben der Hamburgerin Krista Sager zur Fraktionsvorsitzenden auf. Das war gemessen an den Gepflogenheiten im Regierungsviertel ein atemberaubendes Tempo – zumal SPD und Grüne mit wenigen Stimmen Vorsprung gemeinsam regierten und die Fraktionsvorsitzenden ihre Kollegen vor Abstimmungen disziplinieren mussten. Normalerweise dauert so ein Aufstieg ein Jahrzehnt, mindestens. Auch einen Spitznamen hatte die Neue rasch weg: KGE. Es sind ihre Initialen. Göring-Eckardt sagt: »Mit Anfang 30 war für mich die Chance, da oben mitzuspielen, extrem groß.« Sie sagt aber auch: »Man bleibt nicht an so einer Position, wenn man es nicht gut macht.« So blieb

Göring-Eckardt beispielsweise, obwohl Kanzler Gerhard Schröder eines Tages zu Joschka Fischer sagte: »Die musst du rausschmeißen.« Zuvor war ein Rentenpapier der Sozialexpertin publik geworden, das den Herren nicht passte.

Ohne den Straßenkämpfer aus Frankfurt ging bei den Grünen nichts. Richtig ist ferner, dass Göring-Eckardt dessen Ja zu den umstrittenen Kriegen im Kosovo und in Afghanistan ebenso durchsetzen half wie später die Agenda 2010. Doch während Joschka Fischer nach der Wahlniederlage 2005 aus dem Politikbetrieb ausstieg, ging ihre Karriere weiter. Göring-Eckardt wurde 2005 Bundestagsvizepräsidentin, 2013 abermals Fraktionsvorsitzende und zwischendurch Präsidentin des Evangelischen Kirchentages in Dresden. 2013 wurde sie nach einer Urwahl überdies überraschend Spitzenkandidatin bei der Bundestagswahl neben Jürgen Trittin und 2017 ein zweites Mal, diesmal neben Cem Özdemir. Beide traten nach den Wahlen einen Schritt zurück, in die zweite Reihe von Parteivorstand und Fraktion. Trittin galt als Verlierer, Göring-Eckardt nicht. Sie blieb oben. Neben Erfahrungen und Beweglichkeit in Sachfragen trugen dazu ihre angenehmen Umgangsformen und eine enorme innere Ruhe bei. Langjährige Mitarbeiter sagen, Göring-Eckardt lasse sich von nichts und niemandem kirre machen, sondern sei stets die Besonnenste im Raum. Mit anderen Worten: Über die Jahre ist eine geschickte Machtpolitikerin herangewachsen. Sich in dem grünen Macholaden durchzusetzen, gelang ihr fast nebenbei, ohne dass irgendeine scharfe Auseinandersetzung überliefert wäre.

Neben den Männern gibt es die Frauen bei den Grünen – und die grüne Frauenfrage. Die ist nicht weniger spannend und war, was Göring-Eckardt betrifft, größeren Veränderungen unterworfen. In der Anfangszeit, erinnert sich die Parlamentarierin, habe sie gemeinsam mit einer Parteifreundin ein »brutal-feministisches Papier« geschrieben. Darin sei zum Beispiel von einer komplett gebührenfreien Kinderbetreuung die Rede gewesen. Was nicht vorkam: die Forderung nach einer Quote. »Wir fanden sie bürokratisch und sinnlos«, sagt Göring-Eckardt. »Denn wir waren fest davon überzeugt: Wenn die Bedingungen stimmen, dann machen die Frauen das einfach. Eine Quote ist eine Beleidigung. Das war unsere Haltung.« Eine Haltung, die die Selbstverständlichkeiten der DDR-Zeit als selbstverständlich voraussetzte, was sie allerdings nicht waren – und bei den grünen Westfeministinnen nicht gut ankam. Heute sagt dieselbe Frau: »Ich gehöre in der Quotenfrage zu den Konvertiten.« Weil sie gesehen hat, dass es ohne nicht geht. Das wiederum hat mit einer zweiten Erfahrung zu tun. Göring-Eckardt berichtet nämlich aus jener Zeit auch, dass eine grüne Abgeordnete im Bundesvorstand mal »hart befragt wurde, wie es denn sein könne, dass sie schon wieder schwanger sei. Das hat mich echt umgehauen. Viele grüne Frauen haben mir gesagt: ›Ich musste mich entscheiden.‹« Nicht wenige entschieden sich gegen Kinder.

Göring-Eckardt wurde zum ostdeutschen Gegenmodell – einem, an dem sich die seit Januar 2018 amtierende Parteivorsitzende Annalena Baerbock orientieren kann. Die wurde in Hannover geboren, wohnt in Potsdam, hat ihren Wahlkreis in Frankfurt (Oder) – und zwei Kinder. Ansonsten suchte sich Göring-Eckardt mit Andrea Fischer, Renate Künast oder Krista Sager Freundinnen und Vorbilder, wie sie sagt – westdeutsche, denn ostdeutsche gab es nicht, wenn man von der zeitweiligen grünen Bildungsministerin Brandenburgs und späteren Stasi-Unterlagenbeauftragten Marianne Birthler einmal absieht. Zugleich schlug sie eine westdeutsche Konkurrentin nach der anderen aus dem Feld: Beim Kampf um den Fraktionsvorsitz 2013 war es Kerstin Andreae aus Baden-Württemberg, ein Jahr zuvor bei der Urwahl der Spitzenkandidatinnen Claudia Roth aus Bayern und ebenjene Renate Künast aus West-Berlin, mit der Göring-Eckardt zeitweilig in einer Wohngemeinschaft lebte. 2017 stieg erst gar keine Konkurrentin mehr gegen KGE in den Ring, was ihr gar nicht recht war. Dennoch dominierte in all den Jahren das Bild einer sanften Frau – einer Frau auch, die sich »gegen diese Lila-Latzhosen-Nummer« der

Westemanzen »immer ein bisschen gewehrt« hat und der »dieser Kampfmodus fremd« war. »Mir war auch fremd, so zu tun, als ob ich eigentlich ein Mann wäre«, sagt Göring-Eckardt. »Trotzdem habe ich es lange genug gemacht. Erst seit dem letzten Jahr trage ich häufig Kleider. Das war so ein Stück Ich-selber-Werden. Vorher habe ich immer diese Hosenanzüge getragen, die mir wie Uniformen vorkamen. Zu Hause fühlte ich mich darin nicht.«

Erstaunlich ist, dass Göring-Eckardt, die der DDR generell kritisch gegenübersteht, ihr heute Positives abgewinnen kann. Ja, mit Blick auf deren emanzipatorische Errungenschaften wird sie regelrecht leidenschaftlich. Wenn es darum gegangen sei, Frauen und Kinder zu fördern, sei die DDR »einfach besser« gewesen, sagt die Ostfrau. Ihr erster Mann sei dafür ein klassisches Beispiel. Er sei bei einer alleinerziehenden Mutter mit wenig Schulbildung aufgewachsen. Irgendjemand habe dann gesehen: »Der kann was.« Er habe schlussendlich Abitur gemacht und studiert. Heute hingegen sei Kindern aus armen Verhältnissen der Aufstieg oft verwehrt. Entsprechend ärgert sich Göring-Eckardt darüber, dass die alte Bundesrepublik es nie vermocht habe, zu sagen: »So wie die DDR Kinderbetreuung organisiert hat, war es doch eigentlich schlau. Das haben sie sich stattdessen in Schweden abgeguckt oder sonst wo in Skandinavien. Der Osten durfte niemals Beispiel sein. Bei den Polikliniken war es ähnlich. Das ist ein Teil der Kränkung der Ostdeutschen. Auch mich hat das total genervt.« Bei den Debatten über die Arbeitslosigkeit im Osten hörte man des Öfteren: »Bei euch arbeiten ja die ganzen Frauen. In Wirklichkeit ist die Arbeitslosigkeit doch gar nicht so hoch.«

Schließlich gibt es ein Erlebnis mit einem führenden Grünen, der Göring-Eckardt nach dem Wahlkampf 2013 in einem Vier-Augen-Gespräch für eine seiner Ansicht nach allzu »Käthe-Kollwitz-mäßige« Argumentation kritisierte – sprich: für eine zu linke Kampagne mit einem zu starken Akzent auf sozialer Gerechtigkeit. Göring-Eckardt wehrte sich mit den Worten: »Es gibt Freunde aus meiner Klasse, die schlauer und fleißiger waren als ich und die

jetzt arbeitslos sind und seit fünf Jahren von Sozialhilfe leben.«
Auch wenn man das Ostdeutsche in der Thüringerin übersehen
könnte: Auf den zweiten Blick ist es sehr wohl da.

Während unseres Gesprächs in ihrem Büro sagt Katrin Göring-Eckardt einmal mehr zu sich selbst als zu mir: »Die Frage ist
ja, ob ein wirklicher Unterschied besteht zwischen den Ost- und
den Westfrauen«, um sich sogleich die Antwort zu geben: »Der
eigentliche Unterschied ist, dass wir das Rollenvorbild hatten. Das
ist ein wichtiger Unterschied. Ich wäre nie auf die Idee gekommen, nicht zu arbeiten.« Bei der Helikoptermutter von Heinrich
war das anders – mit den bekannten Folgen für den Sohn. Sie hat
nur als ferne Erinnerung überlebt.

So sehr Ost wie West

Die Schauspielerin Sandra Hüller, international bekannt geworden durch den Film »Toni Erdmann«, war im In- und Ausland unterwegs, lebt aber jetzt sehr bewusst in Leipzig.

Einmal wurde Sandra Hüller gebeten, das Gefühl ihrer Kindheit vor dem Fall der Mauer darzustellen. Pantomimisch, für ein Foto, das im Magazin der *Süddeutschen Zeitung* erscheinen sollte.[71] Im Juli 2016 war das. Heraus kam ein Bild, auf dem die Schauspielerin die Arme um den eigenen Körper schlingt; der Kopf ist leicht zur Seite geneigt, die Augen sind geschlossen. Auf den Lippen liegt ein seliges Lächeln. Das Foto strahlt ein Gefühl aus: Geborgenheit. Die Anfrage zu dem Foto-Shooting kam nicht von ungefähr. Denn Hüller wurde gerade als Hauptdarstellerin des Kinofilms *Toni Erdmann* national wie international bekannt. Der Film wurde für den Oscar in der Kategorie »Bester fremdsprachiger Film« nominiert.

Im Theater konnten die Zuschauer schon viel früher sehen, was Sandra Hüller kann. Auf den Bühnen der Münchner Kammerspiele, der Volksbühne Berlin, bei der Ruhrtriennale. Hüller reiht sich ein in eine Reihe von Ost-Schauspielerinnen, die nach dem Mauerfall Karriere machten: Dazu zählen etwa Carmen-Maja Antoni, Corinna Harfouch, Jutta Hoffmann, Dagmar Manzel, Katrin Sass und Katharina Thalbach. Was Hüller von ihnen unterscheidet, ist, dass sie erst in den 1990er-Jahren erwachsen wurde. Ost und West mischen sich in ihr.

Geboren wurde Sandra Hüller 1978 im thüringischen Suhl. Als die Mauer fiel, war sie elf. Und ihre Erinnerungen an die Zeit davor sind Kindheitserinnerungen. Doch seit dem Foto und seit sie in Interviews von ihrer Kindheit erzählt hat, klebt der Geborgenheitsbegriff an ihr. Dass das eine Last sein kann, ist auch an dem nasskalten Januarmorgen, für den wir uns verabredet haben, zu spüren. Sandra Hüller kommt herein, zieht die Mütze vom

Kopf, grüßt freundlich. Das hier ist ihr Terrain, sie hat das Café auf dem Gelände der ehemaligen Baumwollspinnerei in Leipzig-Plagwitz als Treffpunkt vorgeschlagen. Aber sie bleibt während des Gesprächs vorsichtig, hält fast ständig Blickkontakt und guckt manchmal sehr skeptisch. Etwa wenn sie eine Frage überflüssig findet oder – was häufiger vorkommt – daran zweifelt, überhaupt eine geeignete Gesprächspartnerin zum Thema DDR zu sein. Sandra Hüller wird in fast jedem Interview nach ihrem Verhältnis zum Osten gefragt, ungeachtet der Tatsache, dass sie die DDR nur als Kind erlebt hat, und mit ihr das Gefühl von Geborgenheit. »Es ist schwer, mit diesem Begriff umzugehen, nur weil es dieses Foto gibt. Das ist unglaublich ... kitschig.«

Mit anderen bekannten Ostdeutschen teilt Hüller das Schicksal, sich zur deutsch-deutschen Geschichte äußern, sich verhalten zu müssen. Und sie läuft immer Gefahr, am Ende als naiv zu gelten, als jemand, der die Vergangenheit verklären und die Realität nicht anerkennen will. Die Idee, sie könne als eine Art Botschafterin des Ostens gelten, erscheint ihr absurd. Und auch wieder nicht. »Was ich merke, ist, dass dieses Thema immer noch ein heißes Thema ist, ein gefährliches Thema. Und dass ich immer noch das Gefühl habe, ich könnte mich da in die Nesseln setzen. Die ganze Diskussion über den Osten ist überhaupt nicht befreit von einer Art Sentiment oder Vorurteil.«

In einem Interview mit der Wochenzeitung *Die Zeit*[72] hat sie es schon einmal versucht: Sie hat sich Mühe gegeben, zu erklären, warum es eine Bedeutung hat, dass ihre Wahlheimat wieder im Osten liegt, nach Stationen in Basel und München. »Ich habe es so gelernt, dass man sich um die Menschen, für die man sich entschieden hat, kümmern muss«, sagte sie in dem Interview. »Diese Hingabe gibt es im Osten ein bisschen stärker, sagt mir mein Gefühl.« Hüllers Erinnerung an die DDR ist vor allem das: ein Gefühl. Von Verlässlichkeit. Stabilität. Und ja: Geborgenheit. »Ich habe als Kind so eine Sicherheit empfunden. Es gab in meiner Erinnerung kein Konkurrenzdenken, kein Wachstumsdenken. Und bestimmte

Fragen gab es einfach nicht. Ob man Arbeit findet, zum Beispiel. Ob wir die Miete zahlen können. Diese existenziellen Fragen haben keine Rolle gespielt.« Hüllers Eltern waren beide berufstätig, selbstverständlich. Sie arbeiteten als Erzieher, die Mutter in einem Schulhort, der Vater in einem Lehrlingswohnheim. Als das nach der Wende geschlossen wurde, war er vorübergehend arbeitslos. »Mit dem Fall der Mauer hat bei mir dieses Erwachen stattgefunden, dass es da eine Welt gibt, die durchaus bedrohlich sein kann.« Sie meint damit nicht »den Westen«, nicht ein vermeintlich bedrohliches, kapitalistisches Niemandsland jenseits der Grenze. »Es war eine grundsätzliche Erschütterung.«

Auch diese Erschütterung hat sie schon gespielt. In Thomas Stubers Film *In den Gängen,* der Anfang des Jahres 2018 in die Kinos kam, ist Hüller Marion, Angestellte in einem Großmarkt irgendwo in Ostdeutschland, zuständig für die Süßwarenabteilung. Zwischen ihr und dem schweigsamen Kollegen Christian entspinnt sich so etwas wie eine zarte Liebesgeschichte, die keine Zukunft hat. Zu schwer tragen beide an ihrer Vergangenheit, genau wie all die anderen, die hier arbeiten. An keinem von ihnen ist die Wendezeit spurlos vorbeigezogen, sie haben alle etwas verloren, der eine mehr, die andere weniger. Der Großmarkt wird mit seinen täglichen Ritualen zum Schutzraum. Wie ein Raumschiff, das die letzten Überlebenden einer Naturkatastrophe aufgenommen hat und nun ziellos im All driftet.

Einige Verwandte von Sandra Hüller sind nach der deutschen Vereinigung zum Arbeiten in den Westen gegangen. Auch ihr Vater spielte eine Zeit lang mit dem Gedanken. »Man musste im Osten nach der Wende schon Glück haben, um Arbeit zu finden. Es war für alle Beteiligten schwer – aber das ist ja nicht ungewöhnlich für eine Umbruchzeit.« Alle in ihrer Familie – nicht nur die Frauen – machten irgendwie weiter. Weil sie es mussten. Weil Aufgeben keine Option war. Findet Sandra Hüller die Idee – oder auch: Wunschvorstellung –, dass Frauen aus dem Osten grundsätzlich stark sind, Kinder, Karriere und Familie unter einen Hut bekommen und nach der Wende flexibler waren, mit der allgemeinen Verunsicherung besser umgehen konnten als die Männer – in ihrer eigenen Verwandtschaft wieder? Sie überlegt lange. »Die Generation der Frauen, die die Wende erlebt haben, das war ja die direkte Nachfolgegeneration der Frauen, die im Krieg alles allein machen mussten, während ihre Männer an der Front waren. Dadurch wurden sie sicher auch geprägt. Durch diese Haltung, dass man eben immer weitermacht. Das kann durchaus sein, dass es dadurch eine gewisse Zähigkeit gibt. Aber das war ja im Westen genauso.« Also ja. Und nein. Sie will diese Stärke nicht beanspruchen, nicht exklusiv für die Frauen im Osten. Doch im Westen hatte es eine andere Entwicklung gegeben: Da wurde die patent zupackende Nachkriegsfrau mehrheitlich zur Hausfrau des Wirtschaftswunders, zuständig für Heim und Herd.

Zu Hause bei den Hüllers wurde die Berufstätigkeit von Frauen nicht thematisiert, nicht auf theoretischer Ebene. »Das wurde einfach vorgelebt. Auch nach meiner Geburt und der meines Bruders ist meine Mutter relativ schnell wieder arbeiten gegangen. Das war gar keine Frage. Meine Eltern haben eben zusammen den Haushalt finanziert.« Natürlich hat sie das geprägt, »weil man ja merkt, dass das die Normalität ist und es auch unter den Eltern gar keine Diskussion darüber gibt. Dass sie sich die Arbeit teilen, den Haushalt teilen, dass sie zu gleichen Teilen den Alltag organisieren.« Wirklich zu gleichen Teilen? Rückblickend berichten viele Frauen aus dem Osten, dass sie – neben einer Vollzeitstelle – zu DDR-Zeiten auch noch den größten Teil der Hausarbeit bewältigten. Nach der Arbeitsschicht kam die nächste, die mit Einkaufen, Putzen und dem Versorgen der Kinder ausgefüllt war. Dieses Ungleichgewicht habe sie in ihrem Elternhaus nicht erlebt, sagt Hüller. »Ich erinnere mich wohl an diese Beschwerde meiner Mutter – aber ich habe auch Bilder im Kopf, wie meine Eltern zusammen in der Küche stehen, ich sehe sehr deutlich meinen Vater mit dem Staubsauger in der Hand. Falls es dazu Diskussionen gab unter den beiden, dann habe ich das zumindest nicht mitbekommen.«

Mit dem Klischee der patenten, anpassungsfähigen Ostfrau kann sie wenig anfangen, ebenso wenig wie mit dem vom larmoyanten ostdeutschen Mann, der von den Wendeereignissen überrollt wurde und nicht in der Lage ist, sich der neuen Realität anzupassen. »Dieses Schubladendenken, das geht nicht. Selbst wenn wir über dieses Geborgenheitsgefühl – oder nennen wir es Naivität – reden: Selbst das ist ja eine ganz persönliche Erfahrung. Das muss ich mit niemandem gemein haben.« Dabei hat sie es persönlich erlebt: »Die Frauen in meiner Familie haben einfach weitergemacht. Auch wenn es scheinbar nicht mehr ging. Das war einfach so.« Und die Männer? »Die sicherlich auch. Aber sagen wir mal so: Der große Anteil an Leuten, die sich zum Beispiel im Alkohol verloren haben, der liegt auf der männlichen Seite.« Der Beweis einer These ist das nicht. Nur ihre eigene Sichtweise – die sich mit mancher Statistik deckt.

Sie selbst hat ihren Weg gemacht, ohne von einer vermeintlichen Generationenlast niedergedrückt zu werden, nahm am Theaterkurs in der Schule teil und an Theaterworkshops – das Ziel frühzeitig vor Augen. Daran, dass Hüller so jung war, als die Mauer fiel, kann es nicht liegen. Etliche der sogenannten Wendeverlierer, derer, die sich von der Entwicklung seit der Vereinigung betrogen und zurückgelassen fühlen, sind jünger als sie. Es liegt wohl eher daran, dass die deutsch-deutsche Nachwendezeit, an der sich Historiker, Politiker, Schriftsteller gerade abarbeiten, zunächst keine große Rolle gespielt hat in Hüllers Leben. »Ich bin nach der Wende ja im Osten geblieben.« Das Abitur machte sie in der Kleinstadt, in der sie aufgewachsen ist. 1996 ging sie zum Studium an die Hochschule für Schauspielkunst »Ernst Busch« in Berlin – »eine ausgewiesene Ostschule«, wie sie sagt – und machte im Jahr 2000 ihren Abschluss. »Und dann war ich ja auch am Theater im Osten.« In Jena und in Leipzig. Es sei ja irgendwie noch derselbe Osten, und sie sei einfach dageblieben. Einen großen Teil ihres Lebens verbrachte Hüller aber im Westteil der Republik, an den Theatern in München, Freiburg, im Ruhrgebiet.

Seit ihrem Erfolgsfilm *Requiem,* für den sie 2006 mit dem Deutschen Filmpreis ausgezeichnet wurde, gilt sie als eine der besten deutschen Schauspielerinnen.

Toni Erdmann wiederum machte monatelang auf höchstem Niveau Furore. Hüller spielt darin die karriereorientierte Tochter eines skurrilen Vaters, der ihr auf ihren Dienstreisen nachzustellen beginnt und damit ihr wohlgeordnetes, auf Erfolg ausgerichtetes Leben heftig ins Schleudern bringt. In mehr als 25 Filmen ist Sandra Hüller präsent, neben dem Deutschen Filmpreis bekam sie zahlreiche andere Auszeichnungen, wie den Preis der Deutschen Filmkritik, den Bayerischen und den Europäischen Filmpreis. Sie hat oft die vermeintlich starke Frau, die es richten muss, gespielt, nicht nur die kapitalistische Unternehmensberaterin in *Toni Erdmann,* die hart ist gegen sich und andere – in einer Welt, die auch im 21. Jahrhundert noch eine männliche ist. Im Theater ist ihr das manchmal noch eindrücklicher gelungen.

2007 – nicht lange nach ihrem *Requiem*-Erfolg – stand Sandra Hüller in der Titelrolle in *Mamma Medea* in der Inszenierung von Regisseur Stephan Kimmig an den Münchner Kammerspielen auf der Bühne. Für das Stück hat Autor Tom Lanoye den uralten und schon ungezählte Male interpretierten Medea-Stoff neu erzählt. Es geht um eine Mutter, die ihre Kinder tötet und um die Frage, warum sie es tut. Aber mehr noch geht es um eine Frau, die aus der Fremde kommt und von ihrem neuen Lebensumfeld feindselig empfangen wird, die versucht, sich zu behaupten, und die Schwächen anderer genauso wenig akzeptieren kann wie ihre eigenen. Die Tragik, die in Stück und Stoff steckt, mag mit Hüllers eigenem Leben herzlich wenig zu tun haben. Genauso wenig wie die ehrgeizige Ines Conradi in *Toni Erdmann.* Als der Film Aufsehen erregte, ist Sandra Hüller immer wieder gefragt worden, wie viel von dieser Rolle ihrem eigenen Charakter entspreche. Und immer wieder hat sie betont, wie fremd diese Ines Conradi ihrem eigenen Wesen sei: deren kalte, schnippische, herablassende Art. Es habe sie viel Mühe gekostet, sich der Figur anzunähern. Doch es kann sein, dass es ihr aufgrund ihrer Biografie trotzdem leichter gefallen ist, sie und die anderen entwurzelten Frauen zu spielen, die wie Ines, Marion und Medea auf der Suche nach dem kleinen oder dem großen Glück sind. Weil sie versteht, was sie verbindet: der absolute Wille, trotz aller Widrigkeiten Würde zu bewahren, die Achtung vor sich selbst. Es sind Frauen, die es schwer haben, sei es der Umstände oder ihres eigenen Wesens wegen. »Es geht um die Deutungshoheit über das eigene Leben«, hat Sandra Hüller in einem *Tagesspiegel*-Interview über ihre Rollen gesagt. »Das hat mit Unabhängigkeit zu tun. Meine Figuren suchen ihre eigene Wahrheit.«[73]

Inzwischen muss sie lange nachdenken, bis ihr einfällt, wer von ihren Freunden und Kollegen eigentlich ursprünglich aus dem Osten, wer aus dem Westen kommt. Vielleicht, weil sie als Erwachsene doch mehr deutsch als ostdeutsch ist. Oder auch, weil ihr diese Kategorisierung sonst kaum begegnet, ist das Theater doch schon immer ein Ort, an dem sich verschiedene Herkünfte und Weltanschauungen versammeln. Ost, West – das fällt nicht auf, spielt keine Rolle. Fast keine. Als Hüller 2002 am Theater Basel engagiert war, erinnert sie sich, wurde ihr eine Kollegin so vorgestellt: »Ihr kommt doch beide aus dem Osten, ihr habt euch sicher viel zu erzählen!« Die Anekdote irritiert sie noch heute. Sehr plump sei das gewesen, auf einmal zur Exotin gemacht zu werden, zwölf Jahre nach der deutschen Vereinigung. Es fällt ihr auch deshalb schwer, über das Aus-dem-Osten-Sein zu reden: weil sie eigentlich diese andere Generation sein soll. Die, die das ewige Gewühle in der deutsch-deutschen Herkunftskiste überflüssig macht. Nicht Ost, nicht West, sondern versöhnlich gesamtdeutsch. Und doch lebt Sandra Hüller heute wieder im Osten. Es klingt immer wieder an im Gespräch, wie nah ihr ihre ostdeutsche Herkunft ist, aller Internationalität zum Trotz. Sie spricht über ihre Kindheit in der DDR, die eine normale Kindheit in den 1980er-Jahren gewesen sei: kleinstädtisch, unbeschwert, noch ohne Internet und Handy, ohne Facebook, Instagram und Push-Nachrichten auf dem Smartphone. Hüllers Tochter ist jetzt sieben und erlebt eine andere Kindheit. Ist das Leben, das Hüllers Eltern geführt haben, eine Art Auftrag für ihren eigenen Erziehungsstil? Mit ihrer Mutter spricht sie manchmal darüber, wie Kindererziehung heute ist und früher war. »Aber das kann man gar nicht vergleichen. Meine Mutter war abends fast immer zu Hause. Sie musste nicht beruflich irgendwohin fliegen und gucken, wer in der Zeit auf mich aufpasst. Ich muss mir da ganz andere Gedanken machen, weil mein Beruf anders funktioniert.«

Eine Feministin ist die Schauspielerin, natürlich. »Ich weiß gar nicht«, sagt sie, »wie man das in der heutigen Welt nicht sein kann.« Doch die klassischen frauenrechtlichen Debatten hat Sandra Hüller erst nach der Wende mitbekommen. »Ich glaube, das Wort ›Feminismus‹ habe ich vorher nie gehört.« In ihrem Umfeld war man eher mit den politischen Ereignissen beschäftigt, damit, sich dazu zu positionieren oder sich davon abzugrenzen. »Nur, weil ich mich als Kind wohlgefühlt habe in dieser unbescholtenen Welt, heißt das ja nicht, dass die Erwachsenen nicht sehr wohl wahrgenommen haben, dass da etwas nicht stimmt. Es gab viele Diskussionen darüber, wie man das Land verändern kann, um es offener und freier zu machen – ohne die Grundprinzipien zu verlieren, ohne dieses Menschenbild zu verraten.«

Aber ist der Feminismus deshalb eine westdeutsche Erfindung? Weil sich die Frauen im Osten die berufliche Gleichberechtigung nicht erkämpft haben, sondern gewissermaßen verordnet bekamen? »Es ist ein Gedankenspiel wert, sich zu überlegen, was passiert, wenn so etwas wie Frauenrechte von oben verordnet werden. Ist das denn weniger wert, weil es nicht erstritten worden ist? Trotzdem kann daraus ja etwas Gutes entstehen.« Vielleicht ist es eher so, dass die Debatten später ansetzen, dass es gleich um weiter gefasste, globalere Dinge geht, weil man sich mit grundlegenden Fragen nicht mehr aufhalten muss. Vielleicht, weil nicht erst alles Alte überwunden werden muss.

Viele Probleme bleiben, auch heute noch, auch in Hüllers Beruf. »Ich versuche, meinem Kind zu vermitteln, dass ich da bin. Aber das ist eben eine Gratwanderung.« Eine, die viele Mütter kennen, und viele Väter. Es kann sein, dass sie ihre Vorstellungen von Gleichberechtigung unbewusst auf ihr Kind überträgt. »Meine Tochter hat da jetzt schon eine ganz klare Haltung. Sie fragt mich dann: ›Mädchen können das genauso gut wie Jungs, stimmt doch, Mama?‹ Ich weiß nicht, wo sie das herhat. Wir sprechen darüber zu Hause nicht explizit.«

Vielleicht wird ihre Tochter einmal zur ersten wirklich gesamtdeutschen Generation gehören, für die die Herkunft der Eltern und Großeltern keinen Anlass zu weltanschaulichen Diskussionen mehr bietet. Weil es keine Rolle spielt, ob sie aus Jena, Leipzig oder Rostock stammen oder aus Bamberg, Koblenz oder Aschaffenburg.

Es gibt noch ein zweites Foto von Sandra Hüller, aus derselben Zeitungsserie, von der eingangs die Rede war. Dafür wurde sie nach ihren Empfindungen direkt nach dem Mauerfall gefragt. Das Bild zeigt Hüller in Porträtaufnahme mit großen Augen, die Hand vor den Mund geschlagen. Erschrecken könnte das ausdrücken. Angst, Sorge, Verunsicherung. Oder einfach nur Neugierde. Auch danach würde ich sie gern fragen. Aber sie muss jetzt los, die Mütze hat sie schon aufgesetzt. Und am Ende ist es vielleicht auch gar nicht von Belang. Am Ende ist es schließlich nur ein Foto.

Eine Frau muss nicht bescheiden sein

Linksparteichefin Katja Kipping aus Dresden bewarb sich früh – und erfolgreich – um hohe Ämter. Manchen missfiel das, vor allem in der eigenen Partei.

Wenn man Katja Kipping nach ihrem Vorbild fragt, dann muss sie nicht lange überlegen. »Christa Wolf hat mich wirklich geprägt«, sagt die Vorsitzende der Linkspartei. »Wenn es eine Frau gab, von der ich fasziniert war, dann war sie es.« Im Sommer ihres Abiturs habe sie die Bücher der Schriftstellerin »allesamt verschlungen«. Und nach der letzten Prüfung sei sie mit Freundinnen nach Chemnitz getrampt, um zu einer Lesung Christa Wolfs zu gehen und sich ein Buch signieren zu lassen. Besonders gefallen haben der heute 41-Jährigen »die Art zu reflektieren und das Hinterfragen des männlichen Heldenkultes«. Während wir in einem Café unweit des Reichstages in der Mitte Berlins sitzen, zitiert sie den berühmten Satz aus *Kassandra:* »Gegen eine Zeit, die Helden braucht, richten wir nichts aus.« Zwar hat die Politikerin die 2011 verstorbene Autorin nicht mehr persönlich kennengelernt, doch anlässlich des fünften Todestages schrieb sie Briefe an deren Mann Gerhard – und der schrieb zurück. Das spricht für einen nachhaltigen Eindruck.

Wenn man Kipping ein bisschen näher kennt, dann überrascht die Auswahl des Vorbilds nicht. Die studierte Slawistin und Amerikanistin hat eine starke Neigung zum intellektuellen Austausch und ein Faible für linke Theoretikerinnen, allen voran die Belgierin Chantal Mouffe und die Westdeutsche Frigga Haug. Innerparteiliche Kritiker legen der Chefin gar zur Last, zu sehr auf das akademische Großstadtmilieu zu setzen. Zu der weichen, suchenden Seite gesellt sich ein Ehrgeiz, der weniger suchend als bei Bedarf zielstrebig ist. Das wiederum lässt Kipping auch politische Kämpfe mit Männern austragen, wenn nötig mit voller Härte.

Der härteste Kampf ist aber wohl der, den sie mit einer anderen Frau ausficht oder die mit ihr: mit der Fraktionsvorsitzenden Sahra Wagenknecht. Da dominiert zeitweilig die Logik »Es kann nur eine geben«.

Katja Kipping wurde 1978 in Dresden geboren. Der Vater arbeitete bis 1989 im Computerkombinat Robotron, die Mutter war Musiklehrerin. Beide bekamen die Wende deutlich zu spüren. Der Vater rettete sich vor der Entlassung in die Selbständigkeit, mit einer 80-Stunden-Woche, und ging mit 68 in Rente, die gerade mal so ausreicht. Die Mutter wurde von der angestellten Lehrerin zur angestellten Erzieherin. Dann hieß es: »Entweder ihr geht freiwillig, oder euch droht die Kündigung.« Kipping, die gleichsam mit der Deutschen Einheit in die Pubertät eintauchte, bekam also einen direkten Eindruck von den sozialen Nöten, deren Beseitigung sie sich später auf die Fahne schrieb. »Die Wendezeit hatte etwas Einschneidendes, weil Gewissheiten infrage gestellt wurden«, sagt sie rückblickend: »Wenn die Zeit des ersten Kusses und des Infragestellens aller Autoritäten zusammenfällt, dann ist damit der Grundimpuls verbunden: Mensch, Sachen können sich ganz schnell verändern.« Sie fährt fort: »Elf Jahre glückliche Kindheit in der DDR, elf Jahre glückliche Jugend danach – für mich ist es optimal gelaufen. Ich habe ein anderes System kennengelernt und noch ein Jahr lang das rote Pionierhalstuch getragen, ohne in ein Alter zu kommen, in dem man politisch Probleme damit kriegen konnte. Dann kam die Zeit des Aufbruchs.«

Von zu Hause bekam Kipping nichts Feministisches mit oder gar das Credo »Du musst Führung übernehmen«. Nach ihrer Erinnerung überwog das Gebot, sich vielseitig zu interessieren und möglichst viel auszuprobieren. »Ich bin ermuntert worden, in unterschiedliche Arbeitsgemeinschaften zu gehen – von Naturschützern über das Wasserwandern bis zum Chor«, sagt sie. Das habe den kommunikativen Impuls gestärkt. Schließlich landete Kipping beim Roten Baum, einem linken Jugendverein, von dem aus der Weg in die Partei des Demokratischen Sozialismus (PDS) nicht weit war. »Wir hatten Spaß zusammen, aber wir hatten auch einen gemeinsamen politischen Wertehorizont.« 1998, nach einem Aufenthalt in Russland, trat sie in die Partei ein, die zu jener Zeit immer noch SED-Nachfolgepartei genannt wurde. Mandate folgten rasch. Von 1999 bis 2003 gehörte Kipping, die man mit Fug und Recht eine Lokalpatriotin nennen darf, dem Dresdener Stadtrat an. Gleichzeitig wurde sie in den sächsischen Landtag gewählt – und 2005 in den Bundestag. Inhaltlich engagierte sich die Frau mit den rot gefärbten Haaren und gern auch mal roten Kleidern Anfang der Nullerjahre unter anderem für eine »Agenda sozial« als Kontrastprogramm zur Agenda 2010 des SPD-Kanzlers Gerhard Schröder. Sahra Wagenknecht war ebenso dabei wie Elke Breitenbach, seit 2016 Sozialsenatorin von Berlin, und die dortige linke Landesvorsitzende Katina Schubert.

Ernst wurde es 2003 und dann noch einmal neun Jahre später. Im Juli 2003 rückte Kipping zur stellvertretenden Parteivorsitzenden auf – mit vergleichsweise jugendlichen 25 Jahren und ohne »role model«, wie sie sagt. Beim Geraer Parteitag 2002 konnte sich die Vorsitzende Gabi Zimmer zwar noch einmal in die Wiederwahl retten, doch die PDS stand wegen innerparteilicher Auseinandersetzungen kurz vor der Spaltung. 2003 löste der alte Fahrensmann Lothar Bisky darum auf einem Sonderparteitag Zimmer ab, sodass in der zweiten Reihe die Nachfrage nach einer jüngeren Frau entstand, die nicht in die bis dato existierenden Konflikte verwickelt war. Kipping wurde belagert. Ein Genosse in der Heimat sagte: »Katja, ich finde, du kannst das.« Die ging erst mal im Regen spazieren. Auf einer Sitzung des sächsischen Landesvorstandes lautete der Tenor deutlich offensiver: »Katja, du musst das machen.« So ließ sie sich zur Kandidatur überreden, nach eigenen Worten auch »mit einer gewissen jugendlichen Arroganz beflügelt«, machte jedoch anschließend eine Erfahrung, die sie noch öfter machen sollte: »Mir schlug eine Welle der Aversion entgegen, weil Leute es unverschämt fanden, dass ich in dem Alter so einen schnellen und großen Sprung machte. Viele, die einen vorher nett und sympathisch finden, finden einen, wenn man etwas will, ganz schlimm.« Kipping war und ist nicht die einzige Frau, die derlei erlebt hat.

2012 folgte eine ähnliche Situation, da die Linke vor dem Göttinger Parteitag abermals zu zerreißen drohte und Fraktionschef Gregor Gysi von der Bühne herab gar von »Hass« sprach. Diesmal übernahm Kipping indes einen aktiven Part. Als die Frage eine Antwort erforderte, wer nächste Parteivorsitzende werden sollte, sagte sie: »Ich habe eine sechs Monate alte Tochter und könnte den Parteivorsitz nur in Teilzeit wahrnehmen. Deshalb werbe ich für eine Lösung ohne mich.« Es dauerte nur nicht lange, bis Kipping sich doch bewarb – und zwar in Gestalt einer weiblichen Doppelspitze mit Katharina Schwabedissen aus Nordrhein-Westfalen. Das Tolle daran: Schwabedissen war am Schluss weit und breit nicht mehr zu sehen. Doch Kipping stand, als die Schlacht geschlagen war, neben Bernd Riexinger, den Wagenknechts Ehemann Oskar Lafontaine gegen Dietmar Bartsch ins Rennen geschickt hatte, mit Blumen in der Hand auf der Bühne. Sie wurde Vorsitzende und gewann damit ein Rennen, an dem sie angeblich überhaupt nicht teilnehmen wollte. Das wirkte sehr geschickt, ja bisweilen wie eine Aufführung aus dem Hause Machiavelli, und hat Konsequenzen bis in die Gegenwart.

Zum einen gibt es Gegnerschaften, die in Extremfällen zu Feindschaften werden. Denn aus der Perspektive Bartschs und seiner Anhänger war Kipping ihm beim Göttinger Parteitag in die Quere gekommen. Sie sagt: »Ich wäge natürlich ab, ob ich mich in eine neue Aufgabe stürze. Im Zweifel verlasse ich mich auf meine Intuition. Wenn das eine Sache ist, auf die ich Lust verspüre und die mir das Gefühl vermittelt, da könnte ich etwas bewirken, dann mache ich das.« In jedem Fall halte sie »nichts von der Regel: Ein Mädel muss bescheiden sein.« Bartsch und »die Jungs« um ihn herum sahen das im Fall Kipping wohl anders. Zum Clinch mit Bartsch gesellte sich ab 2012 ein sich intensivierendes Konkurrenzverhältnis zu Wagenknecht und Lafontaine. Riexinger emanzipierte sich von Lafontaine; damit hatte der nicht gerechnet und nahm es umso übler. Kipping trat in einen Wettbewerb mit Wagenknecht ein, der sich zuspitzte, als Wagenknecht 2015 gemeinsam mit Bartsch zur Fraktionschefin aufrückte. Da ging es nicht mehr allein um gegensätzliche Politikkonzepte.

Wagenknecht, die in Merzig an der deutsch-französischen Grenze lebt, denkt linksnational. Kipping, von deren Heimat Dresden es nach Tschechien nicht weit ist, denkt linksglobal und hat neben den sozial Schwachen nicht zuletzt die progressiven Milieus im Auge. Es geht schlicht und ergreifend um die Macht, ausgefochten von zwei ehrgeizigen Ostfrauen – unter den Augen der Öffentlichkeit.

Zur Jahreswende 2016/17 kämpften Kipping und Wagenknecht um die Spitzenkandidatur bei der Bundestagswahl. Wagenknecht ließ gemeinsam mit Bartsch wissen, entweder sie machten es zu zweit – oder gar nicht. Nicht wenige nahmen das als Erpressung wahr, schon weil die Parteivorsitzenden auf die Beteiligung an der Entscheidung nicht verzichten wollten. Trotzdem: Das Duo Wagenknecht/Bartsch setzte sich durch. Am Tag der entscheidenden Sitzung sah man Kipping vor dem Redaktionsgebäude des *Neuen Deutschland* eine Zigarette rauchen – was sie sonst selten tut. Die Nerven lagen blank. Ohnehin scheint Kipping in Konfliktsituationen viel Energie darauf zu verwenden, ihre Verletzlichkeit zu verbergen. Sie weiß: Weinende Frauen gehen in die Geschichte ein. Und helfen tut's doch nicht.

Ein Jahr nach dem Streit um die Spitzenkandidatur drängten Kipping und Riexinger auf mehr Einfluss in der Fraktion. Es war gewissermaßen das Rückspiel. Zwar drohte Wagenknecht vor der entscheidenden Klausurtagung in Potsdam mit Rückzug – Erpressung, Teil zwei, wenn man so will –, doch am Ende trafen sich die verfeindeten vier Spitzen-Linken in einem verglasten Raum, durch dessen Scheiben die anwesenden Journalisten gleichsam mit Händen greifen konnten, dass hier nichts mehr ging, menschlich jedenfalls. Deutlich wurde, dass Kipping und Wagenknecht von ihrem Machtanspruch nicht abrückten. Deutlich wurde ebenso, dass Wagenknecht die Härtere von beiden ist. Schon den beiden beim Kämpfen zuzusehen, ist manchmal grausam. »Dass Eigenständigkeit übel genommen wird, ist bedauerlich«, sagt Kipping heute. »Man kann es aber nicht ändern.« Das Ganze endete auf dem Leipziger Parteitag Anfang Juni 2018 vorläufig damit, dass Kipping und Riexinger wiedergewählt wurden, wenngleich Wagenknecht im Vorfeld öffentlich wie nichtöffentlich allerlei unternommen hatte, um das zu verhindern.

Dabei ist der Kampf um die Macht bei weitem nicht alles. Da ist das Ringen um die richtige Politik. Die Parteichefin kümmert sich vorrangig um Hartz IV. Auch zählt sie zu denen, denen offene Grenzen anders als Wagenknecht wichtig sind und die das offen sagen. Kipping wäre auf dem linken Flügel der SPD nicht minder denkbar wie auf dem linken Flügel der Grünen. »Politik ist zentraler Teil eines sinnstiftenden Lebens«, sagt sie. Ferner ist da das Ringen um Geschlechtergerechtigkeit in den eigenen Reihen, wenngleich mit nachlassender Notwendigkeit. »Es gibt auch bei uns Machosprüche«, räumt die Parteivorsitzende ein. Aber sie kenne keine Berichte von sexuellen Übergriffen, ohne sie wiederum ganz ausschließen zu können. Aus der alten PDS-Fraktion im Bundestag seien außerdem zwar Streitereien zwischen Ost- und Westfeministinnen überliefert. »Die Ostfrauen hatten immer das Gefühl, dass ihre Erfahrungen nicht entsprechend gewürdigt werden«, erinnert sich Kipping. Mittlerweile verwische sich das aber. »Wenn Konflikte auftreten, dann aus politischen Gründen und nicht mehr aus soziokulturellen Befindlichkeiten.« Das »Frauenplenum« zu Beginn jedes Parteitages ist bereits eine Tradition – gemeinsam erkämpft in den Zeiten, in denen Lafontaine und Gysi in der Linken eine patriarchalische Doppelspitze bildeten. Schließlich haben die linken Frauen einen emanzipatorischen Preis aus der Taufe gehoben, den Clara-Zetkin-Frauenpreis. Den Rest an Unstimmigkeiten zwischen den Geschlechtern erledigt nach Einschätzung der Chefin die 50-Prozent-Quote für sämtliche Gremien. Sie verändere das Klima.

Zu guter Letzt legt Katja Kipping Wert auf eine private Existenz; darin ist sie Wagenknecht nicht unähnlich. Sie hat einen Mann, einen Politologen aus Hessen, und eine Tochter, über deren Leben sie ähnlich wortkarg berichtet wie über das ihrer Eltern. Das Private soll privat bleiben. Bloß einen Streitpunkt gibt Kipping preis. »Es macht mich wahnsinnig«, sagt sie, »dass mein Mann nach sieben Jahre Ehe immer noch nicht weiß, dass drei viertel zwölf 11.45 Uhr bedeutet. Wir mussten nach der Wende so viele neue Begriffe lernen.« Kipping fährt überdies gern mit dem Rad, unter anderem ins Büro, während Wagenknecht die Dienstlimousine bevorzugt. Und sie ist regelmäßig auf dem Bundespresseball zu sehen, meist gemeinsam mit ihrer Westfreundin Caren Lay. Überhaupt ist die Sächsin gern fröhlich und gesellig. Leidenschaft also hin oder her: Sie möchte sich von der Politik nicht auffressen lassen. Das Sinnliche soll zu seinem Recht kommen.

Dazu passt Kippings Antwort auf die Frage, ob ein Unterschied existiere zwischen Ost- und Westfrauen. »Es gibt einen Unterschied«, erwidert sie ohne Zögern. »Wenn Bauarbeiter uns hinterherpfeifen, dann klagen die Westfrauen: Die machen uns schon wieder an. Wir Ostfrauen nehmen das eher mit Amüsement wahr.« Auch kriegt Kipping gern Blumen geschenkt, lässt sich gern die Tür aufhalten und in den Mantel helfen. »Ich empfinde das nicht als Einschränkung meiner feministischen Freiheit«, sagt die Christa-Wolf-Liebhaberin, im Gegenteil. »Ich finde das charmant.«

»Das kann ich selbst«

Nach dem Zusammenbruch der DDR stand Viola Klein
beruflich und privat vor dem Nichts. Heute leitet sie ihre
eigene Software-Firma. Klein hat früh gelernt,
nie an sich zu zweifeln.

Das Leben von Viola Klein hätte ganz anders aussehen können. Sie hatte es anders geplant. Erfolgreich, ja, das wäre sie wohl auch gewesen. Immerhin war sie in der DDR Leiterin eines Kindergartens, verantwortlich für fast 200 Kinder und 50 Mitarbeiterinnen und Mitarbeiter. Da war sie 24 Jahre alt. Es ist nicht so, dass es ihr keinen Spaß gemacht hätte. Sie mochte die Arbeit mit den Kindern und mit den Eltern. Und die wirtschaftliche Verantwortung. Es hätte so weitergehen können. Doch dann kam die Wende. Und es kam anders.

Fast 30 Jahre später sitzt Viola Klein an einem Tisch in ihrem Büro. Vor dem Fenster fließt grauer Himmel in die Silhouette grauer Häuserfassaden. Es ist März, aber der Frühling ist noch nicht angekommen in Berlin. Das Büro ist neu, erst seit 2016 gibt es die Zweigstelle von Saxonia Systems in der Hauptstadt. Hauptsitz der Firma für Software-Entwicklung ist München. Gegründet haben Viola Klein und ihr Geschäftspartner Andreas Mönch sie 1994 in Dresden. In der Stadt an der Elbe ist Viola Klein aufgewachsen. Man hört das deutlich an ihrem weichen sächsischen Singsang. Dass sie jetzt hier ist, nur wenige Hundert Meter vom Berliner Hauptbahnhof entfernt, in diesem modernen Bürogebäude, verantwortlich für 240 feste und 70 freie Mitarbeiterinnen und Mitarbeiter, hat viel mit dem Ende der DDR zu tun. Aber noch viel mehr mit ihr selbst.

Viola Klein wurde 1958 in Freiberg geboren, 40 Kilometer südwestlich von Dresden. In der alten Bundesrepublik war es die Zeit des Wirtschaftswunders, in der noch jungen DDR eine Zeit des Aufbruchs. Viola Kleins Eltern sagten Sätze, die viele Mädchen im Westen damals nie zu hören bekamen. »Meine Mutter hat mir immer schon vermittelt: Mädchen können genau das, was Jungs auch können.« Der Mutter, selbst als Betriebsleiterin in einer Ledermanufaktur erfolgreich, sei nie in den Sinn gekommen, dass ein Mädchen beschränkt sein könnte in dem, was es möchte und darf und kann. »Sie hat nie Zweifel daran gehabt. Und ich hatte auch keine Zweifel.« Die hat sie bis heute nicht. Warum sollte sie? Sie ist so weit gekommen, aus eigener Kraft und mit ein bisschen Glück entlang des Weges.

Gelegentlich hält Viola Klein heute Vorträge an Schulen. Sie will vor allem die Mädchen motivieren, sich mehr zuzutrauen. Gerade in ihrer Branche, im IT-Bereich, wünscht sie sich mehr weiblichen Nachwuchs. »Aber wenn ich dann in den Klassenzimmern stehe, dann wollen die Mädchen doch alle lieber einen sozialen Beruf.« Natürlich frustriert sie das. »Ich frage dann immer ein bisschen provokativ, ob sie denn kein Geld verdienen wollen.« Die Antwort sei immer die gleiche: »Geld ist uns nicht so wichtig.« Viola Klein lacht auf, schüttelt die dunkelroten Locken: »Das ist doch Schwachsinn! Geld wird überall dort verdient, wo es um Macht geht oder um große Entscheidungen oder wo Führungsqualitäten gefragt sind. Ich frage die Mädchen: ›Wollt ihr euch in 30 Jahren beklagen, dass ihr viel weniger verdient als eure Männer? Dann ist es zu spät.‹«

Sie hat selbst einen sogenannten Frauenberuf gehabt, wenngleich er nicht mit der gesellschaftlichen Geringschätzung verbunden war, die Erzieherinnen im Westen teilweise heute noch zuteilwird. »In der DDR hatte die Kindergartenzeit einen hohen Stellenwert. Das gehörte schon zur Bildung, auch für Dreijährige«, sagt Viola Klein. Der Beruf setzte damals ein Fachschulstudium voraus, ein Bildungs- und Erziehungsplan legte fest, welche sprachlichen und motorischen Fähigkeiten die Kinder im Verlauf der Kindergartenjahre spielerisch erlernen sollten. Von dem Konzept ist Klein noch heute überzeugt. »Die Kinder waren vorbereitet, wenn es mit der Schule losging.« Am politischen Teil der sogenannten Volksbildung lässt Viola Klein jedoch kein gutes Haar. »Das war einfach nur Schwachsinn.« Warum der Bildung kleiner Kinder nach dem Ende der DDR keine so hohe Bedeutung mehr zugemessen wurde, versteht Klein bis heute nicht. Im Westen habe sie später das Gefühl gehabt, Kinderbetreuung werde als notwendiges Übel angesehen. »Das als Investition in die Ausbildung der Kinder zu betrachten, auf den Gedanken kam man lange Zeit überhaupt nicht.«

Viola Klein wird leidenschaftlich, wenn sie über diese Dinge spricht, war es immer schon. Anfang der 2000er-Jahre traf sie den damaligen Kulturstaatsminister Julian Nida-Rümelin bei einem privaten Abendessen – und diskutierte mit ihm eine halbe Nacht lang über das Thema. Anhand des Bildungs- und Erziehungsplans für Kindergärten in der DDR setzte sie ihm Punkt für Punkt die Vorteile der Methodik auseinander. »Ich habe gesagt: Wenn man den ideologischen Schwachsinn weglässt, dann kann man sehen, dass das methodisch wunderbar aufgebaut ist. Dass man damit Kindern wirklich eine Entwicklung garantiert.«

Klein kennt die Vorurteile, wenn es um DDR-Kindergärten geht. Die Vorstellung, es habe sich bei Kindertagesstätten im Osten stets um kasernenartige Einrichtungen gehandelt, in denen die Kinder zum Gehorsam erzogen wurden, ohne Rücksicht auf ihre individuelle Entwicklung, hält sich bis heute hartnäckig. Kommt die Sprache darauf, schüttelt Klein erneut den Kopf, ungeduldig fast. Im Bildungs- und Erziehungsplan, erzählt sie, sei besondere Sorgfalt auf die Sprachentwicklung der Kinder gelegt worden. Wie steht es um den Wortschatz nach drei, sechs und zwölf Monaten? Wie um den Satzbau? Zeigte ein Kind Auffälligkeiten, nahm der Kindergarten Kontakt mit Logopäden auf oder gab den Eltern eine Empfehlung, an wen sie sich wenden konnten. »Man hat sehr zeitig reagiert. Aber dafür musste man eben sehr genau wissen: Was ist denn überhaupt normal in dem Alter? Da gibt es ja eine ganze Bandbreite. Einige Kinder brauchen länger, bei anderen geht es schneller.« Das Gegenteil ist richtig, will sie damit sagen. Die sorgfältige Ausbildung der Erzieherinnen sollte garantieren, dass die individuellen Bedürfnisse der Kinder nicht übersehen wurden. Auch von Drill will sie nichts wissen. Stattdessen seien kleine, spielerisch gestaltete Beschäftigungseinheiten Teil des Konzepts gewesen, am Anfang nur etwa 20 Minuten, kurz vor Schulbeginn dann zwei Stunden täglich. Die absolute Freiheit, die viele Kitas heute böten, hält sie für falsch. »Da heißt es: Die Kinder sollen einfach nur spielen. Aber Kinder brauchen Begrenzungen. Die können ruhig breit gesetzt sein – aber sie müssen da sein. Sie geben den Kindern Halt.«

All das erzählte sie Nida-Rümelin in jener Nacht – und faszinierte damit den Staatsminister. Trotzdem dauerte es noch Jahre, bis das Thema Kinderbetreuung in der Öffentlichkeit die Aufmerksamkeit bekam, die es aus Viola Kleins Sicht verdient. Spätestens seit 2013, seit Eltern auch für ihre Kinder im Alter von einem bis drei Jahren einen Rechtsanspruch auf einen Kita-Platz haben, wird Jahr um Jahr deutlich: Es reicht hinten und vorn nicht. Und es wurde über Jahre hinweg zu wenig getan, zu wenig investiert in den Kita-Ausbau, in die Ausbildung und Qualifizierung von Erziehern. Kurz nach der Wende, glaubt Viola Klein, hätte man gegensteuern können, damals hätten die alten Länder von den neuen lernen können. Doch die positiven Aspekte der Kinderbetreuung in der DDR wurden ignoriert. Sie spricht nicht aus, dass sie am eigenen Leib erfahren hat, was man heute gemeinhin die Arroganz des Westens nennt. Jammern ist nicht ihre Art, lieber betrachtet sie die Situation von außen, ganz analytisch. »Nach der Wende gab es auf dem Gebiet der DDR große Probleme im Bereich Kindergarten und Schule. Es hat mehrere Jahre gebraucht, bis sich das zurechtgeruckelt hat; viele Kinder haben richtig darunter gelitten. Es gab keine Orientierung, jede Einrichtung hat gemacht, was sie wollte. Der Bildungs- und Erziehungsplan galt ja nicht mehr. Und eine neue Richtung gab es noch nicht.«

Viola Klein war davon ganz direkt betroffen. Das System, für das sie sorgfältig ausgebildet worden war, existierte nicht mehr.

Ihre private Situation in dieser Zeit machte es nicht einfacher: In der Wendezeit trennte sich Viola Klein von ihrem ersten Mann. Als alleinerziehende arbeitslose Mutter von zwei kleinen Söhnen brachte sie alles andere als die idealen Voraussetzungen mit, um die extreme Umbruchsituation zu meistern. Aber sie schaffte es trotzdem. Weil sie musste. Und weil sie es nicht anders kennt. »Ich glaube, diesen Pragmatismus bekommt man nur, wenn man viele Dinge auf einmal bewegen muss. Dann gibt es keine Zeit für Oberflächlichkeiten. Frauen im Osten hatten Haushalt, Kinder – und ihre Arbeit. Und sie haben das gestemmt. Sie mussten sehr effizient mit ihrer Zeit und ihrer Kraft umgehen. Das war immer anstrengend. Ich habe das auch bei meiner Mutter gesehen und bei meinen Tanten. Das waren tolle Frauen, die sehr viel geleistet haben. Und als die Wende kam, haben viele von ihnen gemerkt: ›Okay, so, wie es bis jetzt war, ist es nicht mehr. Dann schauen wir mal, was jetzt geht.‹«

Auch Viola Kleins Mutter verlor mit dem Zusammenbruch der DDR ihren Job. Also begann sie, Sportkleidung auf dem Markt zu verkaufen. Einfach nichts zu tun – die Option gab es nicht. »Ich habe da schon einen Unterschied zwischen den Männern und den Frauen in meinem Umfeld gesehen. Viele Männer sind an der Situation verzweifelt. Und viele Frauen haben gesagt: Los jetzt!« Zu den Männern, die nicht wieder Fuß fassten, gehörte ihr Vater. Als die Mauer fiel, war er erst 54 Jahre alt – er ist nie wieder im normalen Arbeitsleben angekommen. Vielleicht auch, weil er mit dem Job seine Selbstbestätigung verlor, er, der in einer Arbeiterfamilie aufgewachsen war und sich nach oben gearbeitet hatte bis zum Diplomingenieur. Und der erleben musste, dass all das auf einmal nicht mehr zählte. Von der Mutter übernahm Viola Klein hingegen ein Grundvertrauen, das für sie bis heute maßgeblich ist: Du kannst das, wenn du nur willst. »Das hat mich geprägt: Die Überzeugung, dass man alles erreichen kann, wenn man sich anstrengt, auch wenn man manchmal kämpfen muss.« Dass Viola Klein nicht zu den Verliererinnen der Wende gehört, hat sicher mit dieser Einstellung zu tun. Aber auch damit, dass sie schon vor dem Fall der Mauer anfing, am System zu zweifeln. An einem System, von dessen Ideologie ihre durch und durch kommunistische Familie tief überzeugt war. »Ich habe erst spät angefangen nachzudenken«, sagt sie. Erst Mitte der 1980er-Jahre – Klein war längst Kita-Leiterin – bekamen ihre von der Familie übernommenen Überzeugungen einen Riss. Sie glaubt, dass es an dem intensiven Kontakt mit den Eltern ihrer Schützlinge lag, an der Erkenntnis, dass es eine Diskrepanz gab zwischen Staatspropaganda und wirklichem Leben, dass das System nicht funktionieren konnte. »Ich wollte das vermutlich vorher einfach nicht sehen – ich war ja damit aufgewachsen.«

1987 kam Viola Klein mit der Bürgerbewegung in Dresden in Kontakt, man traf sich in Kirchen. An Demonstrationen und Umsturz dachte sie zu Anfang nicht. »Da ging es ums Diskutieren, um das Austauschen von Meinungen.« Für Klein war es gleichwohl eine Offenbarung. Im Dezember 1987 trat sie aus der SED aus. Ein extremer Schritt. »Ich habe auf einmal alles infrage gestellt: meine Familie, meinen Job – meine ganze Existenz.« Entweder ganz oder gar nicht – dazwischen gab es für sie nichts. Für ihre Eltern muss es schwierig gewesen sein. »Wir hatten viele Diskussionen«, sagt Viola Klein nur und, dass sie erstaunt war, wie ihre Mutter und ihr Vater reagierten. »Sie hätten sich von mir distanzieren können – dann wäre wohl auch gar nichts weiter passiert. Aber das haben sie nicht.« Ihr Vater verlor seine Arbeit als hauptamtlicher Parteisekretär. Dass die Tochter bereits erwachsen war, eine eigene Familie und Wohnung hatte, interessierte die SED-Spitze wenig. Bereut hat sie es trotzdem nicht. »Es war eine spannende Zeit, die Auseinandersetzungen mit der Politik, damit, was die Menschen auf einmal gesagt und getan haben. Aber es war auch schwierig.« Genauer ausführen mag sie das nicht. »Ich glaube, man kann diese Zeit nur in dem Kontext wirklich verstehen, wenn man selbst dort gelebt hat. Alles, was man heute darüber sagt – damit ist man immer gleich Opfer oder Verantwortlicher. Die Zeit war so, wie sie

war. Ich habe meine eigenen Konsequenzen daraus gezogen.«
Wahrscheinlich, sagt Viola Klein, hätte es für sie auch ohne die
Wende kein Zurück mehr in ihren Job gegeben.

Mit der Wende störte sich niemand mehr an ihren politischen
Überzeugungen. Dafür war Viola Klein eine der ersten Arbeits-
losen im neuen Deutschland. In einem der neu geschaffenen Ar-
beitsämter in Dresden saß sie einem dicken Arbeitsberater aus
Bayern gegenüber. »Er hat mir ein Formular und einen Bleistift
gegeben«, erzählt Klein. »Ich glaube, es war deshalb ein Bleistift,
weil man uns Ossis nicht zugetraut hat, dass wir das Formular
fehlerfrei ausfüllen können.« Der Arbeitsberater sagte ihr schließlich, dass es mit ihrer Biografie sehr schwer werden würde, Arbeit
zu finden. Und überhaupt – mit zwei kleinen Kindern! Da solle
sie besser zu Hause bleiben. Es war Viola Kleins erste Begegnung
mit dem Chauvinismus der alten Bundesrepublik. »Ich war völlig
platt. Zu Hause zu bleiben, kam für mich überhaupt nicht infrage.
Erstens gehe ich gern arbeiten. Und zweitens dachte ich: Ich lass
mir doch von so einem Opa nicht erzählen, was ich machen soll!«
Sie nahm die Dinge selbst in die Hand, wieder einmal. Eingestellt
wurde sie schließlich in einem Heim für schwerbehinderte Kinder.
Eine Übergangsarbeit, das war ihr von Anfang an klar, aber eine,
die sie nutzte, um zu zeigen, was sie kann. »Die materiellen Bedingungen in dem Heim waren miserabel. Also bin ich losgezogen.«
Zu DDR-Zeiten hatte Viola Klein nebenbei als DJ bei Betriebsfeiern
gearbeitet. Diese Kontakte nutzte sie jetzt. Sie klapperte die Unternehmen ab, sammelte Geld und Sachspenden. Innerhalb von
drei Monaten war ihre Heimgruppe neu ausgestattet, mit Möbeln,
einem Fernseher mit Videogerät. Kurz darauf wurde sie gefragt,
ob sie die Heimleitung übernehmen wolle. Sie lehnte ab. »Das
hatte ich ja alles schon mal gehabt. Ich wollte etwas anderes«,
sagt sie. »Ich wollte mehr.«

In der Zeitung las sie, dass das Frauentechnikzentrum in Hamburg sozialpädagogische Beraterinnen suchte. »Ich hatte keine
Ahnung, was das ist. Ich habe mich einfach beworben.« Sie sollte,

stellte sich heraus, Bewerbungstrainings geben für Frauen, die nach zehn Jahren als Hausfrauen wieder in den Arbeitsmarkt zurückfinden wollten. Klein wurde eingestellt und nach Hamburg zum Computerkurs geschickt. »Ich hatte in meinem Leben noch keinen Computer gesehen – ich war total begeistert. Was man damit alles machen kann, was da möglich ist!« Viola Klein war 31 Jahre alt, und ihr war klar: »Das will ich.« Doch auch hier prallten Welten aufeinander. Als eine Trainerin anregte, man solle jetzt nicht mehr »der Computer« sagen – die deutsche Sprache sei ja so männlich –, sondern lieber »die Compute«, musste Viola Klein herzlich lachen. »Ich dachte, sie macht einen Witz. Dann habe ich mich umgeschaut und gemerkt: Ich habe als Einzige gelacht. Die meinten das tatsächlich ernst!«

Überhaupt sei es schwierig gewesen mit den Westfrauen zu Anfang. »Bei meinen ersten Begegnungen nach der Wende war ich oft ziemlich erschüttert.« Unsicher und abhängig seien sie ihr vorgekommen, die Frauen, denen sie in Hamburg begegnete. »Natürlich habe ich später auch andere Frauen kennengelernt, die haben das Bild wieder geradegerückt. Aber am Anfang war ich schon sehr überrascht.« Sie hatte es eben anders erlebt bei ihrer Mutter und ihren Tanten. Selbstredend ist ihr bewusst, dass es volle Geschlechtergerechtigkeit auch in der DDR nie gegeben hat und das System weitgehend von Männern gesteuert wurde. Aber weil die Frauen auf dem Arbeitsmarkt gebraucht wurden, machte man ihnen das Berufstätig-Sein so leicht wie möglich. Und die finanzielle Unabhängigkeit, glaubt Klein, sei entscheidend für das auffällige Selbstbewusstsein der Frauen aus dem Osten gewesen. »Die Freiheit beginnt ja dort, wo man frei entscheiden kann. Und dazu gehört auch, dass man finanziell frei entscheiden kann.« Die Vorstellung, vom Geld des Mannes abhängig zu sein, nennt sie »gruselig«.

Ihren jetzigen Mann lernte Viola Klein 1998 kennen. Er stammt aus Hessen. Ostfrau und Westmann – es ist die gängigere Beziehungskombination, trotz oder gerade wegen des unterschiedlichen Rollenverständnisses. »Die Kombination Westfrau – Ostmann kenne ich in meinem Bekanntenkreis gar nicht«, sagt Klein. Dass ihr Zukünftiger ein erfolgreicher Unternehmer ist, beeindruckte sie beim Kennenlernen nicht. »Ich dachte nur: Ja, und? Das bin ich auch!« Das Selbstbewusstsein hinterließ wiederum bei ihrem Mann Eindruck. »Er hat mir später oft gesagt, dass er meine Selbstständigkeit toll fand, dass ich nichts von ihm erwartet habe in materieller Hinsicht.« Es ist eine Art von Bewunderung, die Viola Klein ein wenig irritiert: Sie kennt es ja nicht anders. Sie hat sich immer auf sich selbst verlassen – und auf ihr Gespür dafür, wann es Zeit ist, die Dinge selbst in die Hand zu nehmen.

So wie Anfang der 1990er-Jahre. Viola Klein arbeitete als Assistentin in einer Einrichtung für Erwachsenenqualifizierung. Für ihren Chef schaffte sie Aufträge heran – beim Arbeitsamt, bei der Europäischen Union; sie organisierte die Veranstaltungen, die Dozenten und die Teilnehmer. Zehn Stunden täglich, sechs Tage die Woche. Als alleinerziehende Mutter von zwei Kindern – und mit einem Sekretärinnengehalt. Nach einem guten halben Jahr reichte es ihr. »Ich habe mir gedacht: Wozu brauche ich einen Chef? Das kann ich selbst.« Ein Freund stellte sie schließlich Andreas Mönch vor. Mit dem ehemaligen Informatikdozenten gründete Klein 1992 das Saxonia-Bildungsinstitut, eine Weiterbildungsakademie mit den Schwerpunkten Vertrieb und Informatik. »Wir hatten uns vorgenommen, innerhalb von fünf Jahren in der Branche IT und Interkulturelle Beziehungen der größte privatwirtschaftliche Anbieter in der Region zu werden«, sagt Klein. Sie schafften es in drei Jahren und gründeten nebenbei die Software-Entwicklungsfirma Saxonia Systems. 2018 liegt der Frauenanteil in ihrer Firma bei 24 Prozent – nicht schlecht für ein Unternehmen der IT-Branche. Zufrieden ist Viola Klein damit nicht. Also versucht sie, junge Frauen zu überzeugen und ihnen Mut zu machen. »Ich erlebe immer wieder, dass sich Frauen einfach nicht so viel wert sind. Sie trauen sich nicht zu, Verantwortung zu übernehmen.« Das wundert sie wirklich. »Ich sag dann immer: ›Mädels! Kommt doch mal aus dem Knick! Natürlich ist ein Risiko dabei. Aber eine Garantie hat man sowieso nie.‹« Und dass es sich lohnt, Risiken einzugehen – dafür ist ihre eigene Geschichte die beste Werbung.

Mitte der 1990er-Jahre lernte Klein den damaligen Bundeswirtschaftsminister Günter Rexrodt am Rande der Fernseh-Talkshow *Talk im Turm* kennen. »Es ging darum, wie wir den Osten und die Wendezeit erlebt haben. Wer keine Kontakte im Osten hatte, keine Freunde oder Verwandte, konnte sich ja nicht vorstellen, was die Zeit in der DDR mit den Menschen dort gemacht hat – im Negativen wie im Positiven.« Mit dem FDP-Mann unterhielt sie sich nach der Sendung weiter und beeindruckte ihn mit ihrer Direktheit, die aus ihrer Sicht eigentlich nichts Besonderes ist: »Mir war es schon immer egal, wen ich vor mir hatte, ich habe einfach gesagt, was ich denke.«

1997 wurde Klein in den Mittelstandsbeirat des Wirtschaftsministeriums berufen, in dem bald Werner Müller den Chefsessel besetzte. Die Zusammensetzung der Beiratsmitglieder nennt Klein heute »eine wilde Mischung«. Neben Unternehmen und Gewerbetreibenden waren Vertreter der Industrie- und Handelskammer sowie der Gewerkschaften dabei. Sie alle sollten den Minister zur Lage und zu den Perspektiven kleiner und mittlerer Unternehmen beraten. Und da lief aus der Sicht Viola Kleins Ende der 1990er-Jahre noch einiges falsch. »Damals war ich noch viel radikaler«, sagt sie und lacht. »Die Ansprüche, die an den Mittelstand gestellt wurden und werden, sind zum Teil völlig weltfremd.«

Besonders die Rolle der Industrie- und Handelskammer (IHK) ist ihr ein Dorn im Auge. Ihr missfällt, dass sie dem Verbund als Unternehmerin einfach per Gesetz angehört. »Ich bin kein Freund von Zwangsmitgliedschaften«, sagt sie trocken. »So was hatte ich lange genug.« Außerdem sieht sie Interessenkonflikte. »Mit dem Geld, das die Unternehmen abgeben müssen, macht die IHK kleinen Unternehmen auch noch Konkurrenz.« Mit ihrer Streitlust in den Diskussionen machte sich Viola Klein nicht nur Freunde. Das war ihr egal. »In manchen Fragen denken viele einfach nicht zu

Ende. Man muss sich doch überlegen: Was bedeutet es für andere, wenn ich dieses oder jenes tue? Gerade für die kleinen Unternehmen und Mittelständler, die mit Selbstausbeutung versuchen, schier Unmögliches zu bewegen.«

Von den anderen Mitgliedern des Beirats kam zum Teil Zustimmung, zum Teil aber auch heftiger Gegenwind. Respektiert wurde sie von allen.»Ich habe mir diesen Status erarbeitet. Die anderen haben gemerkt: ›Die denkt wirklich nach.‹ Außerdem war ich immer sehr gut vorbereitet.« Wenn es sehr friedlich zuging, kam es vor, dass ihr der Minister einen vielsagenden Blick zuwarf – in der Hoffnung, dass Viola Klein ein bisschen Energie in die Runde bringt. »Zu viel Harmonie schadet jedem Ausschuss«, sagt sie. Sie sagt es sehr vergnügt. Es freut sie heute noch, dass es damals um die Sache ging, dass gestritten wurde, um etwas zu erreichen. Und vielleicht auch, dass dabei nicht immer nur Ost-West ein Thema war, dass sie zeigen konnte, was sie weiß und was sie kann.

Auch heute noch wird Viola Klein hin und wieder über ihre Herkunft aus dem Osten definiert. Doch das Mann-Frau-Klischee, sagt sie, sei hartnäckiger. Sie weiß, dass es noch ein langer Weg ist, bis sie nicht mehr eine Exotin in ihrer Branche sein wird. Ärgern tut sie sich nicht darüber, denn es wird ja besser. Eine ihrer Freundinnen ist im Vorstand eines großen Telekommunikationsausrüsters, eine andere in dem einer Bank. »Ich habe ein großes Netzwerk von tollen Frauen, das ich mir aufgebaut habe. Wir helfen uns gegenseitig. Es geht also.« Und Viola Klein wäre nicht Viola Klein, wenn sie nicht sicher wäre: Das wird schon. Selbst wenn es dauert und sie noch ein wenig kämpfen muss.

Über den Wolken

Als Kind stand Cornelia Leher auf dem Balkon eines Plattenbaus in Plauen und träumte von fernen Ländern. Nach der Wende eroberte sie den Himmel: als erste Pilotin bei Air Berlin.

Als Cornelia Leher in der zweiten Klasse war, konnte sie immer noch nicht schwimmen. Wenn die Schulklasse ins Schwimmbad ging, musste die Siebenjährige ins Nichtschwimmerbecken, während der Rest der Klasse im großen Becken tobte und tauchte. Sosehr sie es versuchte – mehr als zwei, drei Schwimmstöße gelangen ihr nicht. Eines Tages erzählte sie ihrem Großonkel davon. Sie vertraute ihm. Wenn sie Kummer hatte, wandte sich die kleine Cornelia oft an ihn. »Ich schaffe es nicht. Alle anderen können schwimmen, nur ich kann es nicht.« Der Großonkel hörte sich das Klagen seiner Nichte an, dann schüttelte er den Kopf: »Warum solltest du nicht können, was die anderen können?« Er riet ihr, es weiter zu versuchen. Sie solle sich erst fünf Schwimmzüge vornehmen, ganz nah am Beckenrand. Und beim nächsten Mal zehn Züge. Und dann 15. Und so weiter. Wenige Wochen später schwamm Cornelia Leher mit den anderen Kindern im großen Becken. »Warum solltest du nicht können, was die anderen können?« – Der Satz wurde zum Motto ihres Lebens.

Cornelia Leher sitzt im Garten ihres Hauses in Panketal nordöstlich von Berlin. Die Atmosphäre ist fast dörflich: kleine Straßen, Kopfsteinpflaster, hübsche Einfamilienhäuser umrahmt von grünen Hecken. Ab und zu stört die in der Ferne vorbeirauschende S-Bahn zwischen Bernau und Berlin die Idylle. Es ist einer der letzten warmen Abende Ende August 2018, tags zuvor ist Cornelia Leher noch für Ryanair als Pilotin unterwegs gewesen. Jetzt hat sie ein paar Tage frei, lehnt sich entspannt zurück, legt die nackten Füße auf einen Gartenstuhl und nippt an einem Glas Weißwein. Während des Gesprächs lacht sie viel und lächelt fast immer. Wenn sie von ihrer Kindheit erzählt, hört man noch einen leichten sächsischen Singsang in ihrer Stimme. Es ist der Klang ihrer Heimat.

Geboren wurde Cornelia Leher 1970 in Plauen. Sie wuchs in einem Frauenhaushalt auf, die Mutter war alleinerziehend, auch die Großmutter spielte eine wichtige Rolle in ihrem Leben. »Sie war das Familienoberhaupt. Wenn der Sonntagsbraten aufgetischt wurde, bekam immer sie das erste Stück«, sagt Leher. »Ich bin daran gewöhnt, dass die Frauen das Sagen haben.« Wahrscheinlich konnte es gar nicht anders sein, als dass aus ihr, die mit lauter starken Frauen aufwuchs, selbst eine starke Frau wurde. »Ich habe das jedenfalls verinnerlicht: dass man alles sein kann, wenn man wirklich will.« Dabei wurden ihr schon bei ihrem ersten Berufswunsch Steine in den Weg gelegt.

Als Jugendliche wollte sie Journalistin werden. Der Traum platzte schnell: Um zum Journalismusstudium zugelassen zu werden, hätte sie in die SED eintreten müssen. »Das«, sagt Cornelia Leher, »kam für mich nicht infrage.« Ihre Mutter arbeitete als Verkaufsstellenleiterin in einem Lebensmittelgeschäft der Handelsorganisation (HO). Die beiden Frauen planten, aus dem Laden einen Einzelhandel mit Kommissionsvertrag zu machen. Es war eine Möglichkeit, sich in der sozialistischen Handelsstruktur der DDR eine Art Selbständigkeit aufzubauen. Und ein Stück Selbstbestimmtheit in einem System, das alles kontrolliert. Doch die Tochter merkte bald, dass ihr das nicht reichen würde.

Es habe nicht, sagt Cornelia Leher, den einen Wendepunkt in ihrem Leben gegeben, an dem ihr klargeworden sei, dass sie in der DDR keine Perspektive hatte. »Es waren viele kleine Dinge, die mich haben zweifeln lassen.« Der erste Urlaub in Ungarn etwa, bei dem sie feststellte, dass niemand ihr hart verdientes Geld haben wollte. »Ich habe mich als DDR-Bürger wie ein Mensch zweiter Klasse gefühlt.« Die Beschränkungen, die sie im Alltag immer deutlicher spürte. »Ich habe schon als Kind auf dem Balkon gestanden, in den Himmel geschaut und von der Welt geträumt. Wir hatten ja

Westfernsehen, ich wusste, wie es da draußen aussieht.« Einmal nach New York – das war ihr großer Wunsch. Ein unerfüllbarer, wie es schien. »New York? Das schaffst du nie«, sagte ihr Vater. Das habe sie, sagt Leher, erst so richtig angespornt. »Dir zeige ich es!«, dachte sie sich. Als sie Jahre später als Flugbegleiterin nach New York reiste, schickte sie ihrem Vater eine Postkarte. Der kleine Triumph freut sie heute noch.

Damals, als Kind auf dem Balkon in Plauen, war die weite Welt noch fern. Ihre Heimat empfand sie hingegen als immer enger. Sie litt unter dem ständigen Zwiespalt: wenn im Staatsbürgerkunde-unterricht das Kriegsende anders dargestellt wurde, als es in der Erinnerung der Großeltern stattgefunden hatte. Wenn sich die Propaganda vom Klassenfeind nicht mit dem Bild deckte, das das Westfernsehen vermittelte. »Nach und nach wurde mir klar: Ich will hier raus. Ich muss hier raus. Ich will leben.« Es war, sagt sie heute, auch Abenteuerlust dabei, als sie ihre Flucht plante. »Viel-leicht muss man die haben – sonst wagt man es nicht.« Leichtfer-tig traf sie die Entscheidung nicht. Sie wusste, wie groß das Risiko war. Eine Bekannte von ihr wurde beim Fluchtversuch gefasst, sie kam ins Gefängnis Bautzen. »Als ich sie Jahre später wieder-gesehen habe, war sie eine gebrochene Frau.« Diese Begegnung hat Cornelia Leher tief erschüttert, ihr aber auch gezeigt, dass es keine Alternative zur Flucht gab. In einem Staat, der seinen Bür-gern so etwas antat, wollte sie nicht leben.

Von ihren Fluchtplänen erzählte sie niemandem. Auch ihrer Mutter nicht. »Ich wollte sie nicht in Gefahr bringen.« Also konnte sie sich nicht verabschieden – obwohl sie auch noch im Sommer des Jahres 1989 davon ausgehen musste, dass es ein Abschied für immer sein würde. Darüber zu sprechen fällt Cornelia Leher heute schwerer als früher. Ihre Tochter ist jetzt 18 Jahre alt – genauso alt wie sie, als sie beschloss, aus der DDR zu fliehen. Der Schieß-befehl war im Sommer 1989 an der ungarischen Grenze bereits ausgesetzt. Um ihr Leben zumindest musste Cornelia Leher nicht fürchten, als sie und ihr Freund mit einem Touristenvisum nach

Ungarn reisten und dann über Österreich in die Bundesrepublik flohen. Aber sie waren auf sich allein gestellt.

Die folgenden Jahre verbrachte Cornelia Leher in Viersen, einer mittelgroßen Stadt am Niederrhein. Sie fühlte sich fremd – auch wegen der Sprache. »Die Leute haben sich sehr über meinen sächsischen Dialekt lustig gemacht.« Und auch sonst. »Ich war ja ganz anders aufgewachsen. Ich musste mich an alles gewöhnen.« Im Rückblick ist sie überrascht, wie schnell das dann doch gegangen sei. »Ich glaube, es war ein Glück, dass ich so jung war. Ich habe mich schnell angepasst.« Die Demonstrationen für Freiheit in der DDR, die in ihrer Heimatstadt Plauen ihren Anfang nahmen, erlebte Leher nur am Fernsehbildschirm mit. Kurze Zeit später fiel die Mauer. In Viersen jobbte sie zunächst in einem Jeansgeschäft. Nach wenigen Monaten bot man ihr eine Stelle als Filialleiterin an. Leher lehnte ab. Stattdessen bewarb sie sich als Flugbegleiterin. »Ich wollte doch unbedingt die Welt sehen.« Leher wurde eingestellt – und schien ihr Ziel erreicht zu haben. Anderthalb Jahre lang arbeitete sie bei der Fluggesellschaft, reiste durch die Welt, sah fremde Länder – doch die Unruhe ließ nicht nach. Der Job sollte nur das Sprungbrett in die weite Welt sein. »Ich brauchte eine Perspektive.«

Der Zufall half ihr weiter. Der Onkel einer Freundin suchte für seine Software-Firma einen Produktmanager für Controlling-Systeme, um das Unternehmen in Ostdeutschland aufzubauen. »Die haben eigentlich einen Mann um die 30 gesucht, der BWL oder Informatik studiert hat.« Cornelia Leher konnte weder das eine noch das andere vorweisen. »Was ich aber konnte, war verkaufen. Das hat mein zukünftiger Chef im Vorstellungsgespräch gemerkt. Und außerdem hatte ich einen Bezug zum Osten.« Sie bekam die Stelle. Ein Jahr lang lernte Cornelia Leher neben der Arbeit, was sie über Informatik und Betriebswirtschaft wissen musste. Nach einem halben Jahr hatte sie die ersten Aufträge, nach zwei Jahren gehörte sie zu den erfolgreichsten Mitarbeitern der Firma. Sie hatte einen festen Kundenstamm, reiste durch die ganze Republik, verdiente 120 000 D-Mark im Jahr. Da war sie 22 Jahre alt.

Sie war sehr weit gekommen, seit sie das Mädchen war, das auf dem Balkon in Plauen gestanden und von der Welt geträumt hatte. Und trotzdem fehlte ihr etwas. Es zog sie wieder in den Himmel. Dank des gut bezahlten Jobs konnte sich Cornelia Leher ein exklusives Hobby leisten. In Amerika machte sie eine Ausbildung zur Fallschirmspringerin, besuchte Trainingslager und nahm an Wettkämpfen teil. »Jedes Wochenende und jeder Urlaub gingen dafür drauf. Der Traum vom Fliegen, vom Selber-Fliegen, ist eigentlich erst da richtig entstanden.« Konkret wurde er, als sie plante, zu ihrem damaligen Freund nach Spanien zu ziehen, der Pilot war und Fallschirmspringer absetzte. »Ich konnte mir nicht vorstellen, einfach zu einem Mann zu ziehen und von seinem Geld zu leben. Wie hätte das denn laufen sollen? Dass ich, wenn ich eine neue Jeans brauche, zu ihm hingehe und sage: ›Ich brauche mal hundert Mark.‹?« Diese Vorstellung findet Cornelia Leher sehr komisch, sie lacht darüber wie über einen guten Witz. Von einem Mann abhängig sein? Das kommt nicht infrage! Stattdessen wollte sie in sein Geschäft einsteigen.

In Fehrbellin, einer Kleinstadt nordwestlich von Berlin, machte Leher die private Pilotenlizenz, dann ging sie nach Amerika, um die nötigen Praxisstunden zu sammeln. Die Beziehung ging in die Brüche – »Die Entfernung war einfach zu groß«. Die Liebe zur Fliegerei blieb – und ließ sie auch nicht los, als sie längst wieder in Deutschland war. »So richtig glücklich war ich bei der Software-Firma nicht mehr«, sagt sie. Trotz des Geldes, trotz der vielen Freiheiten, die man der 25-Jährigen ließ. In diesem Alter beginnen andere gerade den ersten Job, Cornelia Leher hatte bereits drei Karrieren hinter sich – und war bereit für etwas Neues.

Beim Arbeitsamt bemühte sie sich um eine Förderung für die Ausbildung zur Verkehrspilotin. Der zuständige Sachbearbeiter lehnte erst einmal ab: Es gebe zurzeit zu viele arbeitslose Piloten auf dem Markt, da könne er sie nicht bevorzugen. Doch Leher ließ nicht locker. »Ich habe einfach immer weiter auf ihn eingeredet. Ich habe ihm gesagt, dass ich schon als Flugbegleiterin gearbeitet habe, dass ich mich auskenne in der zivilen Luftfahrt, dass ich viele Verbindungen habe und so weiter. So lange, bis er mich nach einer Stunde regelrecht vor die Tür gesetzt hat.« Ihre Hartnäckigkeit zahlte sich aus. Sie bekam eine Teilförderung. Und stürzte sich wieder in die Arbeit. Von 9 bis 16 Uhr war Leher täglich in der Flugschule, danach lernte sie für ein paar Stunden. An den Abenden kellnerte sie in einer Bar, bevor sie am nächsten Morgen wieder zur Schule musste. So ging das ein Jahr. Leher musste einen Kredit aufnehmen, denn das Arbeitsamt zahlte nur einen Teil der Ausbildung. Ihre Ersparnisse waren aufgebraucht; reiche Eltern, die sie unterstützen konnten, hatte sie nicht. Für ihre Abschlussprüfungen ließ sie sich deshalb die frühestmöglichen Termine geben. Sechs Wochen hatte sie nach Ende ihrer Ausbildung, um sich auf die Prüfungen vorzubereiten – die meisten ihrer Mitschüler nahmen sich mehr als ein halbes Jahr Zeit. »Aber ich musste möglichst bald Geld verdienen.« Sie lernte den ganzen Tag, am Wochenende, an Weihnachten und Ostern. Daran, es schaffen zu können, zweifelte sie nicht. Zwölf der 14 Prüfungen bestand Leher auf Anhieb, die anderen beiden bei der ersten Wiederholung. In der Ausbildung war sie eine von wenigen Frauen, meist sogar die einzige. Auf die Idee, dass sie sich auf ausgewiesenem Männerterrain bewegte, kam sie trotzdem lange gar nicht. »In der DDR war ja von der Kinderkrippe an alles immer gemischt. Und die Einteilung in Männer- und Frauenberufe war mir auch fremd.«

1997 fing Cornelia Leher bei Air Berlin als Pilotin an, als erste überhaupt bei der Fluggesellschaft. »Natürlich war ich da eine Exotin, die Männer waren schon neugierig. Aber im Großen und Ganzen war der Umgang sehr professionell.« Sie glaubt, dass das auch an ihrer Einstellung gelegen hat. »Ich bin völlig offen an die Sache rangegangen, ich habe mich ja nicht als Frau in einem Männerjob gesehen. Ich war nicht schüchtern, ich konnte mich schnell behaupten.« Doch sie weiß, dass es noch lange dauern wird, bis

Frauen in ihrem Berufsfeld die Regel sind. »Ich bin selbst noch erstaunt, wenn ich zum Beispiel eine Technikerin am Flugzeug sehe«, sagt die 48-Jährige. »Das ist einfach noch sehr selten.«

Ihre eigene Rolle habe sie nie als außergewöhnlich empfunden – auch nicht, als es darum ging, ihren Job als Pilotin mit dem Familienleben zu vereinbaren. Zweieinhalb Jahre nachdem sie bei Air Berlin angefangen hatte und kurz vor ihrer Beförderung zur Kapitänin wurde Cornelia Leher schwanger. Nach der Geburt ihrer Tochter blieb sie ein Dreivierteljahr zu Hause, dann kehrte sie in Teilzeit in ihren Job zurück. Zu diesem Zeitpunkt lebte sie wieder in Plauen, zum Arbeiten pendelte sie zum Dresdner Flughafen. Wenn sie flog, passte ihre Mutter auf die Kleine auf. Wieder ein Frauenhaushalt – so wie Leher ihn aus ihrer Kindheit kannte. Vom Vater ihrer Tochter lebte sie schon damals getrennt. Nicht wieder in die Luft zurückzukehren, war für sie keine Option. »Meine Mutter hat gearbeitet, meine Großmutter hat gearbeitet. Und für mich ist es das Normalste der Welt, dass ich arbeiten gehe. Ich kann mir überhaupt nicht vorstellen, etwa nur Hausfrau zu sein. Fliegen ist mein Beruf.« Wenn Cornelia Leher davon erzählt, klingt das so, als sei ihr das alles mühelos gelungen: die 14-Stunden-Tage, der Spagat zwischen Kinderbetreuung und Beruf, die Organisation des Alltags, die durchgearbeiteten Wochenenden. Weil sie so unbekümmert wirkt, so, als zweifele sie nie. Als denke sie immerzu an den Satz, den ihr Großonkel zu ihr gesagt hatte, als sie als Kind darüber verzweifelte, noch nicht schwimmen zu können: »Warum solltest du nicht können, was die anderen können?« Ja, warum nicht?

Auf Männer – das hat Leher mit der Zeit festgestellt – wirkte ihre Selbstsicherheit oft einschüchternd. »Ich war außerdem schon immer anspruchsvoll. Ich wollte jemanden, der meine Interessen teilt, der mir ebenbürtig ist, mit dem ich Spaß haben, aber auch tiefgründige Gespräche führen kann. Jemanden zum Anlehnen, der aber trotzdem auf Augenhöhe ist. Ich habe in einem Mann immer alles gesucht.« Den meisten, sagt sie, sei das zu anstrengend gewesen. »Ein Mann allein hält dich nicht aus«, habe mal ein Freund zu ihr gesagt. Sie ist ihm dann doch begegnet, dem einen, der stark genug für sie ist. »Auch wenn ich 40 Jahre alt werden musste, um ihn zu finden.« Sie lacht wieder, als sie das sagt. 2010 hat sie ihren Mann kennengelernt, in einem Hotel in Dresden. Er war dort, um mit Kollegen Geschäftliches zu besprechen, sie, weil sie eine Verabredung hatte. »Mein Begleiter hatte sich verspätet, ich saß allein an der Bar, als Patrick mit seinen Geschäftsfreunden hereinkam.« Er habe sich neben sie gesetzt. »Seine Kollegen hat er einfach stehenlassen«, sagt sie. »Es war der einzige mögliche Platz für mich«, behauptet er. Ihren Job verschwieg Cornelia Leher fast drei Wochen lang. »Ich habe gesagt, dass ich für eine Kosmetikfirma arbeite.« Sie weiß, dass sie schnell in eine Schublade gesteckt wird: Frau, hübsch, blond, Pilotin. Manchmal nervt sie das, manchmal nicht. »Ich will nicht immer über die Fliegerei reden. Mein Beruf ist immer noch exotisch genug, dass es sich in Gesprächen dann oft nur darum dreht.« Patrick ließ nicht locker. Vier Jahre nach ihrer filmreifen Begegnung in der Hotelbar zog Cornelia Leher mit ihrer Tochter zu ihm nach Berlin. 2016 heirateten sie.

Ihren Beruf liebt Cornelia Leher noch immer, obwohl er sich sehr verändert hat. Im August 2017 meldete Air Berlin Insolvenz an – 20 Jahre nachdem Leher bei dem Unternehmen ihre Karriere begonnen hatte. Für einen Fernsehbeitrag des RBB kommentierte sie gemeinsam mit einem Kollegen den allerletzten Flug einer Air-Berlin-Maschine, die am 27. Oktober 2017 in Berlin-Tegel landete. Wie nah ihr das Ende der Airline ging, ist ihr immer noch deutlich anzumerken. »Wir waren wie eine Familie.« Als das Ende der Fluggesellschaft bekannt gegeben wurde, hatte sie das Gefühl, man habe ihr den Boden unter den Füßen weggezogen, sagt Leher. »Es war ein bisschen so wie bei meiner Flucht aus der DDR – es war völlig ungewiss, was danach kommt.« Seit Februar 2018 arbeitet sie nun als Pilotin für Ryanair. Auch bei der Billig-Airline macht ihr das Fliegen Spaß. Aber es ist nicht mehr so wie früher.

»Ich bin seit 25 Jahren in der Fliegerei, in dieser Zeit hat sich sehr viel verändert. Heute geht es nur noch darum, dass alles möglichst günstig ist. Diese Geiz-ist-geil-Mentalität setzt sich immer mehr durch. Das ist nichts für mich.«

Inzwischen kann sich Cornelia Leher auch vorstellen, mit der Fliegerei aufzuhören. »Ich bin ja noch jung«, sagt sie. »Vielleicht mache ich wieder etwas ganz anderes.« Sie sagt das leichthin, und nicht für einen Moment besteht Zweifel, dass es ihr gelingen wird, sich abermals neu zu erfinden. Sie hat es ja schon so oft getan.

Mit weiblicher Feder

Es gibt eine Menge Journalistinnen, die aus dem Osten kommen, etwa Anja Maier, Sabine Rennefanz und Simone Schmollack. Sie mussten Hindernisse überwinden.

Es ist heiß draußen; das Thermometer zeigt bei sengender Sonne weit über 35 Grad. Und man könnte sagen, dass Anja Maier (auf dem Foto in der Mitte) heute auch sonst ein bisschen kocht. Denn sie sitzt in Raum 1404 der Bundespressekonferenz mal wieder an einer Ostgeschichte. Und die ist mal wieder nicht besonders erfreulich. 50 Bundesbehörden gebe es in Deutschland, zürnt die 53-Jährige – und nur drei davon im Osten, unter anderem das Bundespolizeipräsidium in Potsdam und das Umweltbundesamt in Dessau. Dabei gebe es in so einer Bundesbehörde jeweils »Tausende von Arbeitsplätzen« und Angestellte, die »ein Schweinegeld« verdienten. Wenn es schon nicht gelungen sei, Ostdeutschland ökonomisch zum Blühen zu bringen, dann müsse der Staat doch wenigstens an dieser Stelle für Ausgleich sorgen, findet Maier. Stattdessen seien in den Bundeshaushalt erneut 40 Millionen Euro für die Erforschung des DDR-Unrechts eingestellt worden. Nicht dass etwas dagegen einzuwenden sei, aber es reiche nicht, den Menschen im Osten vor Augen zu halten, wie schlimm es früher war, und zugleich Straßen zu bauen, »die dann nirgendwo hinführen«, beklagt sie. »Die Leute müssen mit der Freiheit was anfangen können. Sonst kommen sie schräg drauf.« Als die Erhitzung endet, sagt Maier etwas selbstironisch: »Oh Gott, rege ich mich schon wieder auf!« In solchen Momenten ist ein befreiendes Lachen nicht weit.

Anja Maier ist Parlamentskorrespondentin der linken *Tageszeitung,* die alle Welt als *taz* kennt. Sie ist Autorin mehrerer Bücher,[74] Mitglied im Vorstand der Bundespressekonferenz, des Zusammenschlusses der Berliner Parlamentskorrespondenten. Und eine ebenso mutige wie fröhliche Ostfrau ist sie noch dazu. Wenn Maier über ihren Job redet, dann tut sie das mit leidenschaftlichen Lobeshymnen, wie es sie wohl nur unter Journalisten gibt: »Wie toll! Es ist schön, dass ich das machen kann.« Das Wort Dankbarkeit fällt.

Mit der Kombination »Journalistin, erfolgreich und aus dem Osten« ist Maier wiederum nicht allein. Erfolgreiche ostdeutsche Journalistinnen gibt es mittlerweile dutzendfach. Sabine Adler vom *Deutschlandfunk* und Susanne Daubner von der *Tagesschau* gehören dazu, Kerstin Decker vom *Tagesspiegel,* Cerstin Gammelin und Renate Meinhof von der *Süddeutschen Zeitung,* Evelyn Finger, Jana Hensel und Jana Simon von der *Zeit,* Wiebke Hollersen von der *Welt,* Maybrit Illner vom *ZDF,* Regina Mönch von der *Frankfurter Allgemeinen (FAZ),* Anja Reich von der *Berliner Zeitung,* Jessy Wellmer von der *Sportschau,* Simone Wendler von der *Lausitzer Rundschau*, die 2002 als Chefreporterin den renommierten Wächterpreis der deutschen Tagespresse erhielt, sowie – last but not least – Karola Wille, Intendantin des *Mitteldeutschen Rundfunks.* Nicht nur Wendler ist preisgekrönt, zahlreiche ihrer Kolleginnen sind es ebenfalls. Zwar sind nicht alle ostdeutschen Journalistinnen als Ostfrauen erkennbar. Die wegen ihrer Fernsehpräsenz berühmteste unter ihnen, Maybrit Illner mit der gleichnamigen Sendung, thematisiert ihre Herkunft meist ebenso wenig wie die Kanzlerin – man darf vermuten, mit der Absicht, keine Nachteile zu erleiden. Andere jedoch haben ihr Ostdeutsch-Sein sehr bewusst reflektiert und beschrieben, zuerst Hensel in dem 2002 erschienenen Buch *Zonenkinder,* das sich mehr als 350 000 Mal verkaufte. Manche sind gerade durch diese Selbstreflexion zu Ansehen gelangt.

Eine, die auch zur Kategorie der »selbstreflexiven Ostfrauen« gezählt werden kann, ist Simone Schmollack (links im Bild auf Seite 132), die es zwischenzeitlich bis zur Chefredakteurin der Wochenzeitung *Freitag* gebracht hatte, ohne sich darum beworben zu haben. Sie wurde gefragt. Die 54-Jährige, die in Prenzlauer Berg nicht nur lebt, sondern auch dort geboren wurde, war nach dem Abitur 1983 zunächst für ein paar Monate redaktionelle Mitarbeiterin bei der *Jungen Welt*, hat anschließend Germanistik und Slawistik studiert und kam als Redakteurin zur *Jungen Welt* zurück, als die Friedliche Revolution die DDR hinwegfegte. »Ich bin eine totale Wendegewinnerin«, sagt Schmollack freimütig bei einem Wasser mit Eis und Zitrone in einem Café unweit ihrer Wohnung. »Ich bin nicht in die Versuchung gekommen, etwas schreiben zu müssen, was ich vielleicht nicht gewollt hätte, sondern genau in die großen Umbrüche reingekommen.«

Schmollack erlebte anschließend bewegte Zeiten. Sie arbeitete nach der *Jungen Welt,* als die alten Kader rausflogen und die Jungen »mehr oder weniger alles umkrempelten«, bei der einstigen Ost-CDU-Zeitung *Neue Zeit,* die ab 1990 dem FAZ-Verlag gehörte und wo einander siezende Westmänner mit Schlips und Kragen auf die Ostkolleginnen herabschauten. »Das war alles nicht meins, da bin ich nach einem halben Jahr wieder gegangen«, sagt Schmollack. Später ging sie zum *Neuen Deutschland,* das sich zwar wie die *Junge Welt* im Umbruch befand, in dem aber Männer über 50 dominierten. Und Schmollack war seinerzeit mit 27 Jahren die jüngste Redakteurin von allen. »Das war für mich auch schwierig.« Sie schlug sich als freie Journalistin durch, bekam eine Tochter, schrieb ein Buch, dann noch eins und noch eins, insgesamt fünf hintereinander, wechselte 2009 zur *taz,* wo sie mehr als 15 Jahre blieb, und landete schließlich auf dem Chefsessel des *Freitag.* Eine lange, an Windungen reiche Laufbahn.

Wenn man mit Simone Schmollack über ihr Ostleben spricht, äußert sie sich nachdenklich-tastend. Mitte der 1990er-Jahre – seinerzeit war sie beim *Neuen Deutschland* – fand sie die Berichterstattung über die neuen Länder zuweilen »überflüssig« und dachte: »Ist ja mal gut.« Den Ostdeutschen habe der Makel angehaftet: »Die können nichts, haben nichts, müssen erst mal neu lernen.« Schmollack bekennt: »Wenn ich mich verstecken konnte, habe ich mich gerne versteckt.« 2005 veröffentlichte sie das Buch

Deutsch-deutsche Beziehungen. Geschichten von der Liebe zwischen Ost und West. »Da hatte ich das Gefühl, dass das wieder ein Thema ist.« Vielleicht habe dies auch etwas damit zu tun gehabt, dass der Soziologe Wolfgang Engler die Ostdeutschen 2002 als Avantgarde beschrieb. »Das hat vielen Ostdeutschen eine emotionale Unterstützung gegeben.« Außerdem sei sie älter und selbstbewusster geworden und habe im Beruf größere Anerkennung erfahren. Darum habe sie mit größerer Selbstverständlichkeit sagen können: »Ja, ich komme aus dem Osten.« Seit der Bundestagswahl 2017 schließlich sei dieser Osten wieder unverkennbar relevant. Die Wahlerfolge der AfD machten manch Ungeklärtes sichtbar. So seien die Ostdeutschen in den Eliten immer noch unterrepräsentiert. Das müsse man ernst nehmen.

Kollegial machte Schmollack in all den Jahren unterschiedliche Erfahrungen. Bei der *Neuen Zeit* spielten Frauen ihrer Erinnerung nach keine entscheidende Rolle, auch wenn die Chefredakteurin eine Frau war. Beim *Neuen Deutschland* wurde in den Neunzigern ideologisch »mit lila Fahnen gewedelt«; es zeigte sich aber, dass diese Fahnen nicht echt waren. Bei der *taz* hingegen gab es Frauenredakteurinnen und mit Bascha Mika sogar eine Chefredakteurin, die sich als Feministin verstand. Und heute? »Heute haben alle Redaktionen erkannt, dass man mit den Frauen arbeiten muss und dass man sie nicht mehr umgehen kann.« Simone Schmollack will daher einen gewissen Stolz nicht verhehlen. Sie habe sich mit Tochter, aber ohne reiche Eltern, große Erbschaft oder wohlhabenden Mann »jeden Cent selbst erschrieben« – und sei damit nie hausieren gegangen.

Bei Sabine Rennefanz (rechts im Bild auf Seite 132), die während einer Mittagspause in einem türkischen Bistro unweit ihrer Redaktion Auskunft gibt, ist manches ähnlich – und manches nicht. Die Karriere der 44-Jährigen begann mit einer schweren Kränkung. Sie bewarb sich nämlich nach dem Abitur bei der renommierten Henri-Nannen-Schule in Hamburg. Rennefanz bestand alle Tests – was nicht leicht war. Am Schluss saß sie dem

Schulleiter Wolf Schneider gegenüber – einer wegen seiner Besserwisserei und Härte in der Branche gefürchteten Instanz. Die junge Ostfrau von 19 Jahren sagte dem alten Westherrn von 68 Jahren, dass sie schon mit 13 Journalistin habe werden wollen. Der antwortete, das sei doch gar nicht möglich gewesen, denn in der DDR habe es keine richtigen Zeitungen und deshalb auch keinen richtigen Journalismus gegeben. Rennefanz dachte an die ostdeutsche *Wochenpost*, die sie immer so gern gelesen hatte, und fühlte sich ebenso getroffen wie überfordert. Schließlich lief sie heulend raus und bekam den Platz an der Henri-Nannen-Schule, der später einen guten Medien-Job versprach, natürlich nicht. »Das hat mich viele Jahre lang total gequält«, sagt die Reporterin und heutige Kolumnistin der *Berliner Zeitung*. »Und ich habe gedacht, aus mir würde nie etwas werden.« Das Erlebnis prägt Rennefanz' Perspektive bis heute.

Wohl blieb die Brandenburgerin in den folgenden Jahren beharrlich – mit Erfolg. Rennefanz arbeitete als freie Journalistin für *Die Zeit,* die *Financial Times Deutschland* und den *Tagesspiegel.* 2001 wurde sie Redakteurin der *Berliner Zeitung* und – gefördert von der stellvertretenden Chefredakteurin Brigitte Fehrle – London-Korrespondentin des Blattes. Zurück in Deutschland, gewann Rennefanz 2010 den Theodor-Wolff-Preis. 2013 folgte der Durchbruch mit dem Buch *Eisenkinder* über »die stille Wut der Wendegeneration«, das zum *Spiegel*-Bestseller wurde. Zwei Jahre später erschien der Roman *Die Mutter meiner Mutter.* Kurzum, Rennefanz hat Wolf Schneider durch ihr Leben eines Besseren belehrt. Und doch bleibt ihre Bilanz ambivalent. »Meine ostdeutsche Herkunft macht mich produktiver, als ich es vielleicht mit einer westdeutschen Herkunft wäre. Sie zwingt mich stärker, über mich selbst und meine Umgebung nachzudenken«, sagt sie bei Bionade und Rührei, umgeben von Kollegen, die an benachbarten Tischen sitzen. »Ich finde es zugleich aber auch problematisch, als ostdeutsche Journalistin zu gelten. Denn ich wollte immer eine deutsche Journalistin sein.« Sie befinde sich so gesehen in einer ähnlichen

Zwickmühle wie Migranten, die sich einerseits in die deutsche Gesellschaft integrieren wollten, andererseits nicht umhin kämen, aus ihrer Sicht bestehende Probleme immer wieder anzusprechen. Dadurch blieben sie in der Wahrnehmung anderer dauerhaft Migranten – obwohl doch das Gegenteil ihr Ziel sei. Aus dieser Zwickmühle gebe es kein Entrinnen. In *Eisenkinder* heißt es: »Der Ostdeutsche wird wie der Türke zum Fremden gemacht. (...) Die Westdeutschen schauen jeweils aus der Distanz zu. Sie müssen nicht über sich selbst nachdenken.«[75]

»1990 habe ich mich überhaupt nicht ostdeutsch gefühlt«, erinnert sich Rennefanz. Was sie jetzt überdies viel mehr beschäftige: die Existenz als zweifache Mutter und was das mit ihrem Leben mache. »Für mich hat das alles auf den Kopf gestellt, was ich vorher dachte. Jemand hat mal gesagt: ›Das deutsche Paar geht gleichberechtigt in den Kreißsaal und als 50er-Jahre-Paar wieder raus.‹ Das habe ich vorher nicht für möglich gehalten.« Doch jetzt erlebe sie es exakt so. Freundinnen würden als Mütter »plötzlich verschwinden«. Im Selbstverständnis jüngerer Frauen gebe es landesweit ein Rollback. Überhaupt mag Rennefanz »die Überhöhung der Ostfrauen nicht so gerne«. Gleichwohl sei das Ostthema unabhängig von den Frauen immer noch da, und das in überwiegend negativer Weise. »Ich finde es problematisch für den Zusammenhalt Deutschlands, dass ein Teil des Landes nicht die Repräsentation hat, die er eigentlich braucht«, sagt Rennefanz. So habe Kai Gniffke, Chefredakteur von *ARD aktuell* und damit Chef von *Tagesschau* und *Tagesthemen*, erst kürzlich bei einer öffentlichen Konferenz erklärt, dass Ostdeutschland keine besondere Aufmerksamkeit mehr verdiene. »Tatsächlich«, sagt Rennefanz, »spielt der Osten nur eine Rolle, wenn wie in Sachsen jeder Dritte die AfD wählt.« Ansonsten gebe es keine medialen Foren, in denen der Osten zur Sprache gebracht werde oder sich zur Sprache bringen könne. »Daran hat sich nichts geändert. Ich sehe einzelne Bewegungen, aber keine großen strukturellen Verbesserungen.« Mit anderen Worten: Rennefanz »wäre froh, wenn ich nie wieder über den Osten sprechen müsste«. Doch so sei es eben nicht, bedauerlicherweise. Entsprechend nimmt sie auch die Kunde von den vielen erfolgreichen Ostjournalistinnen skeptisch auf. »Wenn man als ostdeutsche Journalistin wahrgenommen werden will, dann muss man über Ostdeutschland schreiben«, sagt Rennefanz. »Aber interessant wäre doch zu gucken, ob es ostdeutsche Autorinnen gibt, die mit anderen Themen von sich reden machen.« Ausschlaggebend sei im Übrigen, ob es ostdeutsche Journalistinnen in größerem Umfang in Leitungspositionen geschafft hätten. Das könne sie nicht erkennen.

Anja Maier hat diesbezüglich eine andere Perspektive. Vielleicht ist das auch eine Frage des Temperaments. Sie beginnt das Gespräch in ihrem Büro in der Nähe des Kanzleramts, in dem eine Ostfrau regiert, mit dem Bekenntnis, »dass ich eigentlich gar keine Journalistin bin«. Denn die Ost-Berlinerin studierte in der DDR Werbeökonomie und hatte, als die Mauer fiel, bereits eine Tochter, die Hanna heißt und inzwischen selbst schon zwei Kinder zur Welt gebracht hat. Was Maier damals nicht hatte: einen Mann. Sie war also alleinerziehend und machte sich plötzlich »große Sorgen«. »In der DDR war alleinerziehend zu sein gar kein Problem«, sagt Maier rückblickend. »Im vereinigten Deutschland galt es plötzlich als riesiges soziales Drama. Und ich galt als Opfer. Das fand ich schon mal ganz schwierig. Denn es stimmte für mich gar nicht.«

Maier landete ohne abgeschlossenes Studium bei der Ost-*taz*, die in der Oberwasserstraße am ehemaligen Zentralkomitee der SED eine eigene Redaktion unterhielt. Der Rat ihrer Mutter lautete: »Bleib um Gottes willen, wo du bist!« So arbeitete Maier als Korrektorin, als Redaktionsassistentin in der Kultur, im Leserservice, in der Abo-Abteilung, im Vertrieb und selbstredend in der Werbung. »Ich habe das Haus von oben bis unten kennengelernt«, sagt sie. »Aufgrund meines aufgeschlossenen Wesens wurde ich dann gefragt, ob ich Ticker-Knecht werden will.« Aus dem sogenannten Ticker kommen die Meldungen der Nachrichtenagenturen, aus denen in den Zeitungen je nach Länge einspaltige Nachrichten oder mehrspaltige Berichte werden. Den Nachrichten anderer folgten eigene Nachrichten aus Maiers Feder, denen wiederum Reportagen und Kommentare folgten. So wurde aus der Ostkorrektorin, die bald eine zweite Tochter bekam und einen westdeutschen Mann fand, eine Journalistin, die längst nicht mehr für die Ost-*taz*, sondern für die »richtige« *taz* schrieb. Und sie wurde Buchautorin. Das wohl bemerkenswerteste ihrer Bücher erschien 2014 und ist eine Co-Produktion von Mutter und Tochter mit dem humorvollen Titel *Als Oma bist du ja ganz nett. Wie meine Mutter ein Enkelkind bekam.*

»Das Ostthema hat ganz lange keine Rolle gespielt, weil ich versucht habe, das nicht raushängen zu lassen«, sagt Maier. »Ich dachte, das ist keine Kompetenz, mit der man positiv auffällt. Aus heutiger Sicht würde ich sagen: Ich habe überangepasst agiert.« Das änderte sich, weil es bei der *taz* einen sächsischen Kollegen gab, der den Osten »als einzige Klimakatastrophe beschrieben hat, an der die Menschen an Leib und Seele erstickt sind«. Aus Anlass des 40-jährigen Jubiläums des Festivals des politischen Liedes flachste Maier diesen Kollegen vor anderen Kollegen herausfordernd an. Plötzlich hieß es aus der Redaktion: »Dann mach du es doch!« Fortan schrieb Maier erst diesen Osttext in einem für die Zeitung neuen Ton – und hinterher ganz viele. »Ich will den Osten nicht schöner zeichnen, als er war«, sagt sie. »Aber ich hatte ein Leben in der DDR. Ich bin nicht bereit, zu sagen, das war nichts wert.« Auch habe der Osten viele Bewohner mit biografischen Brüchen und daher journalistisch interessantere Stoffe – »das muss man so kühl sagen«. Maiers Moral aus der Geschichte: »Das Ostthema kommt zu dir.«

Man würde Anja Maier missverstehen, hielte man sie für eine Frau mit ostalgischen Neigungen. Ohnehin ist sie vor allem neugierig. So schreibt die Korrespondentin, die »auf keinen Fall als Quotenostfrau durchgehen« möchte, oft über CDU und CSU, Parteien, die im Westen ihren Ursprung haben und in erster Linie dort stark sind. »Westdeutsche Geschichte ist interessant für mich«, sagt Maier, »denn es war nicht mein Land.« Auch wenn sie mit der Situation in Ostdeutschland und dem anhaltenden Gefälle zwischen Ost und West alles andere als zufrieden ist, betont Anja Maier: »Der Osten ist eine Kompetenz und ein Markenkern von mir.« Sie sagt das ohne jede Zerknirschung. Darin fühle sie sich durch ihre ältere Tochter Hanna bestärkt. »Zur Abi-Zeit hat sie immer gesagt: ›Mama, das interessiert keine Sau mehr! Lass das!‹«, erzählt die Mutter. »Doch als beim Studium in München herauskam, dass Hanna in Brandenburg Abitur gemacht hatte, war sie schon belegt mit Vorurteilen.« Bis auf Weiteres gilt: Einmal Osten, immer Osten.

Unter dem Strich sind die Leben der Ostjournalistinnen Anja Maier, Sabine Rennefanz und Simone Schmollack sehr verschieden. Trotzdem gibt es Gemeinsamkeiten. Alle drei haben sich durchbeißen müssen – und es getan. Da ist nichts glatt gelaufen. Alle drei haben Kinder bekommen und dennoch Karriere gemacht; das ist bei Westjournalistinnen in gleicher Position gelegentlich anders. Alle drei haben sich schließlich spät als Ostfrauen geoutet, um Ostthemen schlussendlich entschlossen zu ihrer Sache zu erklären und damit selbstbewusst an die Öffentlichkeit zu gehen.

Simone Schmollack sagt heute: »Wir sind gut, wir sind klug, wir können was und wollen euch erklären, wie das mit uns ist und war.« Die Ostfrauen hätten den Westfrauen die Emanzipation »einfach vorgelebt«. Sabine Rennefanz kennt viele Geschichten von »Ostfrauen, die sich neu erfunden haben«, und hat die Erfahrung gemacht, dass das Kinderbetreuungsnetz im Westen immer noch schlechter sei als im Osten und die Westmütter nicht selten sorgenvoller seien als in der alten Heimat. »Der Ost-West-Feminismus ist schon so eine Erfolgsgeschichte«, sagt sie gleichwohl, »ein erfolgreiches Joint Venture.« Anja Maier erinnert sich mit Grauen an den CDU-Politiker Jörg Schönbohm. Er hatte im Jahr 2005 nach dem Fund mehrerer Babyleichen im brandenburgischen Brieskow-Finkenheerd eine »erzwungene Proletarisierung«

zu DDR-Zeiten für Verwahrlosung und Gewaltbereitschaft im Osten verantwortlich gemacht. Das gesamte Wertesystem habe nicht gestimmt. Sie stellt klar: »Das Verständnis von Mutter- und Elternschaft hat sich durch die Ostfrauen enorm gewandelt« – zum Positiven wohlgemerkt. Durch den Osten habe sich auch viel beim Elterngeld oder bei den Erziehungszeiten getan. »Da sind wir gar nicht so schlecht.« Nicht zuletzt europäisch gesehen.

Anja Maier ist sich drei Jahrzehnte nach dem Mauerfall ganz sicher, wenn sie sagt: »Die Ostfrauen tun dem Westen gut. Sie tun uns allen gut.«

Unbeugsam noch immer

Thüringens einstige Stasi-Unterlagenbeauftragte Hildigund Neubert konzentrierte sich zunächst auf die Kindererziehung. Dann machte sie Karriere.

An einem Apriltag des Jahres 2016 zeigte Hildigund Neubert, dass sie noch immer unbeugsam ist. Jedenfalls, wenn es sein muss. Eine 14-köpfige Expertenkommission – eineinhalb Jahre vorher eingesetzt, um über die Zukunft der Stasi-Unterlagenbehörde zu beraten – machte an jenem Tag Vorschläge, die auf die Abwicklung der Einrichtung hinausliefen. Ihre führenden Vertreter waren in die Bundespressekonferenz gekommen, um die Vorschläge öffentlich zu unterbreiten: der einstige Ministerpräsident von Sachsen-Anhalt Wolfgang Böhmer (CDU) und Richard Schröder, SPD-Fraktionsvorsitzender in der ersten frei gewählten Volkskammer der DDR. Im Atrium des Gebäudes stand die heute 58-jährige Thüringerin, die Mitglied der männerdominierten Kommission war, verteilte Flugblätter mit ihrem Minderheitsvotum und gab bereitwillig Interviews. Ihre Botschaft ließ sich in einem Wort zusammenfassen: Nein. Hildigund Neubert war der Auffassung, dass die Behörde auch ein Vierteljahrhundert nach ihrer Gründung noch gebraucht werde und es ein Fehler wäre, die Stasi-Akten ins Bundesarchiv zu überführen.

Ein Jahr später ist Neubert erneut nach Berlin gekommen. Erneut geht es um die DDR-Vergangenheit. Auf dem Kalender steht der 9. November, der Tag des Mauerfalls. Es ist kalt und neblig. Führende Berliner Politiker strömen nach dem Gedenkgottesdienst aus der kleinen Kapelle auf dem einstigen Mauerstreifen an der Bernauer Straße, auf dem die Versöhnungskirche stand, die 1985 von der SED gesprengt wurde. Der Regierende Bürgermeister Michael Müller (SPD) ist dabei, der linke Kultursenator Klaus Lederer, die grüne Wirtschaftssenatorin Ramona Pop, die in Rumänien zur Welt kam. Auch ehemalige Bürgerrechtler fehlen nicht. Neubert ist eine von ihnen. Sie hält einen kurzen Plausch mit Freya Klier, der früheren Gefährtin des Liedermachers Stephan Krawczyk, und einigen anderen. Anschließend gehen wir zwischen Touristen aus aller Welt hindurch in ein nahe gelegenes Hipster-Café in der Brunnenstraße, in dessen Nähe die frühere Dissidentin Marianne Birthler wohnt. 90 Minuten hat Neubert Zeit zum Reden. Dann muss sie los. Während dieser anderthalb Stunden stellt sich heraus: Eine Feministin ist Hildigund Neubert nicht – aber eine Frau, die sehr selbstbewusst ihr Leben lebt.

Die Wurzeln dieses Lebens liegen in der evangelischen Kirche. Denn Neuberts Vater Heino Falcke war Pfarrer – und noch dazu einer der bekanntesten im Osten. Als die Tochter vier Jahre alt war, zog die Familie nach Gnadau bei Schönebeck an der Elbe, wo Falcke, Jahrgang 1929, Direktor des Predigerseminars wurde. Später stieg er zum Propst von Erfurt auf und 1974 zum Vorsitzenden des Ausschusses für Kirche und Gesellschaft des Bundes der Evangelischen Kirchen in der DDR. Unterdessen wurden die Falckes Paten eines Kindes aus Tansania. Das Elternhaus – kein Zweifel – war mit fünf Kindern kinderreich. Es war bildungsbürgerlich. Und es war international. »Das Christentum war keine abstrakte Haltung, sondern eine Lebensweise«, sagt Hildigund Neubert und rühmt »diese ganze gesättigte Tradition«. Zwar durften sie und ihr jüngerer Bruder trotz der kirchlichen Herkunft Abitur machen – laut Stasi-Akte, um den unbequemen Falcke durch Zugeständnisse weichzukochen. Aber unter dem Druck der sozialistischen Staatsmacht blieb ihr dann doch wenig anderes übrig, als Musik zu studieren, auch wenn sie ein Sprachenstudium vorgezogen hätte. Musik war von Beginn an zentraler Bestandteil von Neuberts kirchlich geprägtem Leben; teilweise sang sie in vier Chören gleichzeitig. Auf dem Land, sagt die Endfünfzigerin, habe sie von der staatlichen Repression wenig mitbekommen. In der Bezirkshauptstadt Erfurt war das plötzlich anders. »Wir waren in der Minderheit. Und die Mitchristen haben sich total versteckt.

Als ich im Konfirmandenunterricht auftauchte, saßen da plötzlich drei aus meiner Klasse. Die hatten sich vorher überhaupt nicht zu erkennen gegeben.« Während des Musikstudiums in Weimar lernte Hildigund Falcke Ehrhart Neubert kennen – einen couragierten Intellektuellen, der während der Wende Angela Merkel in den »Demokratischen Aufbruch« holte und nach der Wende maßgebliche Beiträge zur DDR-Aufarbeitung leistete. Neubert war rund 20 Jahre älter, Pfarrer der Evangelischen Studentengemeinde und veränderte ihr Leben entscheidend. Gemeinsam waren sie Teil der Bürgerrechtsbewegung, die in den 1980er-Jahren allmählich an Kraft gewann. Dabei tauschte das Paar im Laufe der folgenden Zeit die althergebrachten Geschlechterrollen.

Als ab 1984 die insgesamt vier Söhne kamen, stand für Hildigund Neubert fest, dass sie sich ganz um sie kümmern wollte – nicht wegen eines überkommenen Rollenverständnisses, sondern weil sie es wünschte und für richtig hielt. Zwar erhielt Neubert nach dem Studium als Sängerin am Weimarer Nationaltheater für den Erstgeborenen einen Platz in einer Wochenkrippe, denn ihre Dienste währten von zehn bis 14 Uhr und von 18 Uhr bis Mitternacht. »Auf der Bühne stehen, ist cool«, sagt sie. »Es macht Spaß, sich zu zeigen. Aber Familie und Theater, das ist wie Feuer und Wasser.« In der Krippe, so erinnert sich Neubert, machten sie ziemlich Druck, das Kind auch tatsächlich montags abzugeben und freitagabends wieder abzuholen. »Wenn Sie das Kind immer wieder rausreißen, dann kann es sich ja nicht eingewöhnen«, sagten die Erzieherinnen zornig. Doch Hildigund Neubert wollte gar nicht, dass es sich eingewöhnte. Es erfüllt sie bis heute mit Stolz, dass ihr Sohn in der Krippe nicht ein einziges Mal übernachten musste. Ja, Neubert wollte ihren Kindern das staatliche Erziehungssystem so gut es ging vom Leib halten. Ohnehin traute sie der Behauptung der DDR-Oberen, mit der Befreiung des Menschen selbstredend für die Befreiung der Frauen zu sorgen, so wenig wie dem gesamten System. »Für mich war das alles zu sehr mit Zwängen besetzt«, sagt Neubert. »Viele Frauen standen unter großem Druck, arbeiten zu gehen, und wurden vor allem für primitive Arbeiten dringend gebraucht. Wenn man sich dann aber mal die Hierarchien anguckte: Die waren männlich.« Sie wurde, als nach drei Jahren am Nationaltheater Schluss war, immer wieder gefragt, warum sie denn nicht arbeiten gehe. Ganz einfach: Neubert wollte nicht. Sie wollte für die Kinder da sein. Wie wichtig der Mutter Kinder sind, wird spätestens klar, als sie berichtet, kürzlich Großmutter geworden zu sein. Da wirft sie vor Freude strahlend den rechten Arm in die Luft und ballt die Faust.

Überhaupt: Was soll das in der DDR für ein Feminismus gewesen sein, wenn etwa männliche Kindergärtner als Berufsbild ebenso wenig vorkamen wie im Westen? »Männliche Kindergärtner waren wirklich etwas vollkommen Exotisches«, sagt Neubert. »Und dann diese Frauentagsgeschenke – das war die letzte Peinlichkeit. Das waren immer Hausfrauengeschenke, die man da kriegte – am Theater! Zum Beispiel eine in Holz gefasste Keramikfliese als Untersetzer für einen Blumentopf. Auf dem Niveau bewegte sich das. Am Frauentag wurde die große Neuigkeit verkündet: Heute kümmern sich mal die Männer ums Frühstück. Dabei war das der Beweis dafür, wie der Alltag lief.« Dass sie es sonst nie taten. Schon 1952 hatten die Genossen den monatlichen Haushaltstag für verheiratete Frauen eingeführt; aber erst ab 1977 konnten ihn auch Männer in Ausnahmefällen, nämlich wenn sie allein mit Kindern lebten, in Anspruch nehmen. »Warum kriegte der Mann nicht generell auch den Haushaltstag?«, fragt Neubert. Nein, das konnte es alles nicht sein.

Ende der 1980-Jahre zogen die Neuberts nach Berlin. Sie bewohnten eine fast 200 Quadratmeter große Wohnung in der Wilhelm-Pieck-, der heute quirligen Torstraße in Mitte, unweit der Volksbühne. Ehrhart Neubert verdiente 800 Ost-Mark. Aber es reichte für alle. Derweil blieb die Mutter, auch als die Söhne einen kirchlichen Kindergarten besuchten, was sie war: Hausfrau. Das änderte sich erst Mitte der Neunziger. Da kam CDU-Generalsekretär Peter Hintze, die rechte Hand Helmut Kohls, auf die Neuberts zu, die während der Wende in den »Demokratischen Aufbruch« eingetreten und später wegen dessen unklarer Haltung zum Thema Staatssicherheit wieder ausgetreten waren, und holte sie in die Partei. »Menschen sind fehlbar«, sagt Hildigund Neubert rückblickend zur Begründung. »Und Politik muss damit rechnen, dass sie fehlbar sind. Deshalb ist eine pragmatische Politik nötig – eine, die Fehler auffangen und korrigieren kann. Das haben wir am ehesten bei der CDU gesehen.« Von utopischen Ideen hat sie anders als ihr Vater, der ein Linker geblieben ist, genug. Heino Falcke unterzeichnete 1997 sogar die »Erfurter Erklärung« mit dem Ziel, die Koalition von CDU und FDP unter Kohl abzuwählen und durch ein Bündnis aus SPD, Grünen und PDS zu ersetzen. Gegensätzlicher geht es kaum.

Am 17. Juni 1996 zählten die Neuberts zu den Mitbegründern des »Bürgerbüro e.V.«. Er sollte das Erbe der Bürgerrechtsbewegung bewahren und die DDR-Geschichte bewältigen helfen. Herr Neubert übernahm mehr Hausarbeit, damit Frau Neubert langsam flügge werden konnte. »Das war eine ganz neue Chance«, sagt sie. Später ging es Schlag auf Schlag. 2001 kandidierte Hildigund Neubert in der chronisch intriganten Berliner CDU für die Wahlen zum Abgeordnetenhaus – vergeblich. 2003 tat sich, noch unter dem CDU-Ministerpräsidenten Bernhard Vogel, die eigentliche Chance auf: Hildigund Neubert wurde zur Stasi-Landesbeauftragten von Thüringen gewählt und kehrte zurück zu ihren Wurzeln. Der Zeitpunkt war günstig. Ehrhart Neubert wechselte in den Ruhestand hinüber, ihre Karriere endete zehn Jahre darauf vorläufig mit einem Anschlussjahr als Staatssekretärin in der Erfurter Staatskanzlei – bis die rot-rot-grüne Koalition unter dem linken Ministerpräsidenten Bodo Ramelow die Regierungsgeschäfte übernahm. Heute ist Neubert, die mit ihrem Mann mittlerweile nach Limlingerode, ein 250-Seelen-Dorf, aufs hügelige Thüringer Land gezogen ist, unter anderem Vizepräsidentin der Konrad-Adenauer-Stiftung. Fragt sich bloß: Ist diese Karriere noch in irgendeiner Weise DDR-typisch?

»Ich hatte in der DDR keine Durchschnittsbiografie«, sagt Neubert über das protestantische Herkunftsmilieu und wirkt begeistert. »Ich hatte absolut das Gefühl von Privilegierung. Das waren ein anderer Horizont, andere Denkmöglichkeiten, eine andere Freiheit.« Der Erzbischof von Canterbury sei bei ihren Eltern zu Besuch gewesen – und Richard von Weizsäcker, bevor er Bundespräsident wurde. Allerdings gab es in der Bürgerrechtsbewegung einige Frauen, die von der chauvinistischen Staatssicherheit oft unterschätzt wurden: Angelika Barbe, Marianne Birthler, Bärbel und Heidi Bohley, Almuth Falcke, Katja Havemann, Freya Klier, Irena Kukutz, Vera Lengsfeld, Ruth Misselwitz, Maria Nooke, Ulrike Poppe, Gabriele Stötzer, Bettina Wegner. Hildigund Neubert nennt einige von ihnen. Manche wurzelten wie sie in der Kirche, andere nicht. Viele behielten auch in den neuen Verhältnissen ihren eigenen Kopf. »Überall waren wichtige Frauen, die das einfach durchgezogen haben«, sagt sie. »Sie wollten mehr für ihre Kinder erreichen und haben für sich selbst weniger befürchtet.« Und: »Sie waren oft stärker und kontinuierlicher motiviert als die Männer. Ob sie weniger unter Druck standen, das weiß ich nicht.«

Im Übrigen fällt Neuberts Nachwendebilanz, was das Frauenthema anbelangt, gemischt aus. Einerseits bleibt sie dabei, dass der vordergründig emanzipatorische Charakter der DDR im Kern etwas Nicht-Emanzipatorisches gehabt habe. »Lange Zeit konnte man die Leute aus dem Osten daran erkennen, dass die Frau sagte: Ich bin Lehrer«, sagt Hildigund Neubert. »Und die Emanzipation bestand darin, dass die Frau ihren Mann stand. Das war eine stehende Redewendung. Da waren sie stolz drauf – ohne zu reflektieren, dass es vielleicht auch eine andere Qualität hat, eine Frau zu sein.« Emanzipation habe bedeutet, »genauso zu sein wie die Männer und nicht zu sagen: Dass ich anders bin, ist toll.« Ihre Mutter habe in dem Sinne späte Fortschritte gemacht, erzählt Hildigund Neubert. Sie habe in den 1980er-Jahren ein von der Kirche angebotenes Studium für Ehe- und Familienberatung absolviert, mit westlichen Lehrmaterialien und einem feministischen Ansatz.

Damals wurde zu Hause viel diskutiert. Und Heino Falcke, der Vater, der als Preuße mitunter autoritär gewesen sei, habe noch einiges dazugelernt – dazulernen müssen. »Meine Mutter hat sich da noch mal richtig emanzipiert«, sagt Hildigund Neubert. »Das war eine tolle Zeit. Sie war in Erfurt Teil der Bewegung ›Frauen für Veränderung‹. Da ging es um wirkliche Gleichberechtigung und wie man Partnerschaften lebt.«

Andererseits erinnert sich die Tochter an die Unterschiede zwischen Ost und West, die nach 1989 auch in frauenpolitischer Hinsicht sichtbar geworden seien. »Viele Frauen, die nach 1989 in den Westen gegangen sind, fielen aus allen Wolken«, sagt sie. »Die Kitas hatten von acht bis zwölf Uhr geöffnet. Und dann? Da gab es strukturelle Unterschiede. Ostdeutsche Frauen kamen auch nicht auf die Idee, zu Hause zu bleiben, bloß weil ein Kind da war. Da gab es eine ganz große Selbstverständlichkeit, dass Frauen arbeiten gehen. Als ich 1992 erfuhr, dass ich einen Haushaltsvorstand habe und viele Dinge gar nicht unterschreiben durfte, die uns beide betrafen, war ich empört.« Wenn man es recht versteht, hat sich für Hildigund Neubert die Perspektive auf das Thema zumindest teilweise verändert. Was sie vor dem Mauerfall ausschließlich kritisch sah, erscheint nach dem Mauerfall in einem etwas anderen Licht. Das will sie – bei aller Gegnerschaft zum real existierenden Sozialismus – nicht verhehlen. Doch es entschuldigt aus ihrer Sicht diesen Sozialismus kein bisschen.

Nach 90 Minuten, zwei Latte Macchiato und mehreren Gläsern Wasser muss Hildigund Neubert das Hipster-Café verlassen – nicht ohne noch rasch zu berichten, was aus den Söhnen geworden ist. Einer ist Pfarrer, einer Elektroniker, einer Mathematiker und einer gerade als Entwicklungshelfer in Ghana. Sie legt sich ihr rotes Tuch um den Hals, wirft den Mantel über, winkt an diesem trüben Novembertag ein Taxi heran und fährt davon. Später wird Hildigund Neubert den Zug nehmen und dreieinhalb Stunden lang heim ins Thüringische fahren, heim zu ihrem Mann.

Im Herbst des Ostfeminismus

Die Schauspielerin Walfriede Schmitt war 1989
Mitbegründerin des Unabhängigen Frauenverbandes.
Etwas wehmütig blickt sie auf diese Zeit zurück.

Der 3. Dezember 1989 war für Walfriede Schmitt, genannt Wally, einer der bedeutendsten Tage ihres Lebens. »Ich kriege gleich wieder eine Gänsehaut, weil so viel möglich schien«, sagt sie. »Ich möchte die Zeit nicht missen, weil alles so wach war.« An jenem Tag seien mehr als 1200 Frauen aus der zerfallenden DDR in die Berliner Volksbühne geeilt, um ihre Interessen kund zu tun. Sogar aus Karl-Marx-Stadt (seit 1990 wieder Chemnitz) und aus dem Vogtland strömten sie herbei. Und das nach einer Vorbereitungszeit von nur zwei Wochen. Zuvor hätten sie die Schriftstellerin Christa Wolf angesprochen und gefragt, ob sie helfen könne, im Frühjahr eine Veranstaltung auf die Beine zu stellen, erinnert sich Wally Schmitt. Das Vorbild vieler intellektueller Ostfrauen habe geantwortet: »Im Frühjahr erst? Das ist zu spät. Das müsst ihr sofort machen.« Schließlich seien die Dinge längst ins Rutschen gekommen. Die heute 76-jährige Wally Schmitt und ihre Mitstreiterinnen folgten Wolfs dringender Empfehlung. Und so erblickte an jenem 3. Dezember 1989 der Unabhängige Frauenverband (UVF) das Licht der Welt. Ein später ausgestrahlter Fernsehspot atmete dessen Geist. »Alle unter einem Dach. Wer sich nicht wehrt, kommt an den Herd. Mit Gefühl und Verstand – Unabhängiger Frauenverband.«

Rückblickend ist Wally Schmitt melancholisch: »Wenn wir gewusst hätten, wie man demagogisch ist statt ehrlich, dann würde der Frauenverband heute vielleicht noch bestehen.« Er sei zu wenig zielführend und zu wenig auf Macht aus gewesen. »Aber das ging nicht anders, weil wir nicht so waren. Verrückt, oder?« Seit mehr als 20 Jahren existieren nur noch lokale Gruppen wie der

Unabhängige Frauenverband Halberstadt im Harz, der, so Wally Schmitt, unverändert »großartige Arbeit« für Frauen und Jugendliche leiste. Man könnte auch sagen: Alles hat seine Zeit.

Wenn man Wally Schmitt treffen will, dann muss man entweder nach Tessenow fahren. Das ist ein kleines Dorf in Süd-Mecklenburg, wo sie in der Nähe ihres ältesten Sohnes ein kleines Haus bewohnt. Die zweite Möglichkeit ist, einen Termin in Berlin zu machen, wo Wally Schmitt die längste Zeit ihres Lebens verbracht hat und sich immer mal wieder ein paar Tage aufhält – eines Engagements am Theater wegen oder um Freunde zu treffen. So ist es auch diesmal. Wally Schmitt bittet ins Café »Engels-Brunch« in Weißensee. Sie bestellt Kaffee und ein Mineralwasser. Und sie hat sich Zeit genommen. Wally Schmitt ist, wie sie betont, keine Frauenrechtlerin im eigentlichen Sinne. Sie ist Schauspielerin und Autorin. Das merkt man auch. Dann und wann haben ihre Worte etwas Getragen-Poetisches. Überdies ist Wally Schmitt genau genommen keine Ostfrau, sondern in Neukölln geboren und zunächst in Charlottenburg aufgewachsen, also im Westen der geteilten Stadt. Gleichwohl ist sie Ostfrau durch und durch. Ja, sie verkörpert fraglos ostdeutsche Geschichte.

Das hat zunächst mit ihren Eltern zu tun, die sich – nachdem sie sich im Nationalsozialismus wie Millionen andere zeitweilig hatten verführen lassen – nach 1945 klar links positionierten. Ihr Vater machte Front gegen die Wiederbewaffnung Westdeutschlands und wurde dafür, erzählt Wally Schmitt, mehrfach inhaftiert. Seine Gegner riefen an und sagten: »Wenn du nicht aufhörst mit dem Scheiß, dann machen wir dich kalt.« Seine Tochter war zu jener Zeit zehn Jahre alt. Angesichts der Drohungen siedelte Walter Schmitt 1953 samt Frau und Kind in den Osten über. Wally Schmitts Verbundenheit mit dem Osten hat außerdem mit ihr höchstpersönlich zu tun. Als die Familie nach Ost-Berlin zog, war sie längst bei den Jungpionieren aktiv und trug mit Begeisterung das blaue Halstuch. Die Tochter hoffte auf »ein System, das Gerechtigkeit hat«. Sie hoffte auf eine Welt, »die nicht einteilt in Gewinner und Verlierer, nicht in Arm und Reich«. Und so verlief dann auch ihr Leben.

Wally Schmitt studierte in Leipzig und Ost-Berlin zunächst Sinologie und trat mit 19 Jahren in die SED ein. Der Studiengang wurde bald geschlossen, weil es mehr Sinologen gab, als gebraucht wurden. Sie sattelte um, besuchte die berühmte Hochschule für Schauspielkunst »Ernst Busch«, bekam nach einem kurzen Gastspiel am Deutschen Theater ein dauerhaftes Engagement an der Volksbühne, arbeitete mit Benno Besson, Heiner Müller, Frank Castorf und Christoph Schlingensief zusammen. Zufall war das nicht. Vater Walter Schmitt war Dramaturg, Mutter Elfriede Florin Schauspielerin. Rasch zeigte sich: Theater – das ist auch die Leidenschaft der Tochter. »Theater ist das Kollektivste, was es gibt«, sagt Wally Schmitt. Es biete »ein wildes, schönes Dasein«. Dem Staat blieb sie noch eine ganze Weile treu. Wally Schmitt wurde Schulsekretärin an der Schauspielschule, FDJ-Funktionärin, Mitglied der Parteileitung der Volksbühne, sagt von sich, »eine Bessere als Wally Schmitt konnten sie gar nicht finden«, bewunderte ehedem Hans Modrow »wegen seiner aufrechten Haltung« – und tut es noch.

Erste Zweifel kamen wie bei so vielen nach der gewaltsamen Niederschlagung des »Prager Frühlings« 1968. Sie wuchsen nach der Ausbürgerung Wolf Biermanns 1976 – in einer Zeit, in der die Kulturszene drangsaliert wurde und noch stärker ausblutete durch Abwanderung in den Westen als bislang ohnehin schon. Wally Schmitt fragte damals die ihr übergeordnete Parteisekretärin an der Volksbühne: »Wann sprechen wir denn mal darüber?« Doch diese lehnte Gespräche ab. Auch gab es eine Szene mit einer Regisseurin, die ihre Schauspielerinnen immer unterbrach, wenn die sich gerade freispielen wollten. »Warum machst du das?«, wollte Wally Schmitt wissen. »Weil ich Angst habe, die Kontrolle zu verlieren«, war die Antwort. So ähnlich sei das mit dem ganzen Land gewesen, sagt Wally Schmitt heute. Der Staat habe unter einem immensen Druck gestanden, politisch wie ökonomisch.

Doch statt selbst mal Druck aus dem Ventil zu lassen, habe die Obrigkeit den Druck durch Repression noch zusätzlich erhöht. Und so sei am Schluss alles explodiert. »Die hatten keine Lösungen für die Probleme dieses Landes mehr«, sagt Wally Schmitt. Die Jahre nach 1976 waren auch für sie Jahre der Resignation. Der ältere ihrer beiden Söhne sagte eines Abends: »Du bist ja in einer komischen Partei, Mutti!« 1988 oder 1989 – so genau weiß sie das nicht mehr, aber jedenfalls deutlich vor der Wende – trat Wally Schmitt aus der komischen Partei aus. »Ich musste mich von einem Traum, einer Hoffnung, einer Illusion verabschieden«, sagt sie. »Dadurch konnte ich wieder mit klaren Augen nach vorne gucken.«

Die Lethargie entwich, wenn man es recht versteht, erst, als sie aus dem ganzen Land entwich und der Umbruch dieses Land wieder in Wallung brachte. Wally Schmitt blieb noch ein paar Jahre an der Volksbühne, hatte dann bis 2003 zehn Jahre lang eine Rolle in der Sat.1-Serie *Für alle Fälle Stefanie,* trat im Ost-Berliner Theater unterm Dach auf und im Theater am Rand in Zollbrücke an der Oder, machte mit Gleichgesinnten Lyrik und Jazz, probierte sich aus. Vorher war da allerdings noch die Sache mit dem Unabhängigen Frauenverband. In den letzten Tagen der DDR gründeten sich nämlich überall Fraueninitiativen, erzählt Wally Schmitt, Fraueninitiativen, die jeweils ihre Programme hatten und dafür waren, dass es mit der DDR und ihren Frauenrechten irgendwie weiterging – auch wenn, wie Wally Schmitt sagt, die Lage der Frauen in der DDR stagnierte und das Politbüro »aus alten Säcken bestand«. Bald dräute ihr und anderen die Erkenntnis, dass es keinen Sinn hat, wenn überall Fraueninitiativen ausschließlich für sich kämpften. So kam es zur Idee des Unabhängigen Frauenverbandes als Dachorganisation, die sich am besagten 3. Dezember 1989 konstituierte. Zuvor nahmen Wally Schmitt und ihre Mitstreiterinnen Kontakt zu der Zeitschrift *Für Dich* auf. Diese verbanden sie mit der »Lila Offensive«, an deren Gründungsveranstaltung in der Ost-Berliner Gethsemanekirche Wally Schmitt teilnahm. »Die mussten nicht angefeuert werden«, sagt sie. »Die hatten ihr Programm und ihre Forderungen.« Auch im kirchlichen Bereich bewegte sich einiges.

Unmittelbar vor der Gründung fragte Wally Schmitt die Kulturwissenschaftlerin Ina Merkel, ob diese ein Manifest schreiben könne. Auch das geschah. Das Manifest trug den Titel: »Ohne Frauen ist kein Staat zu machen«. Am Tag der Gründung hing vor der Volksbühne ein Transparent mit dem Motto: »Hexen, Hexen, an die Besen, sonst ist unser Land gewesen«. Techniker betreuten die 200 Kinder. Wally Schmitt verlas Ina Merkels Manifest. Beide wurden als Vertreterinnen an den Zentralen Runden Tisch delegiert. »Das war so ein schönes Miteinander«, sagt sie. »Das war wirklich großartig.«

Aus Ina Merkels Manifest und dem Programm, das der UFV am 17. Februar 1990 verabschiedete, ergab sich zweierlei. »In einer an männlichen Normen orientierten Sicht auf Emanzipation und als Folge administrativ-bürokratischer Fremdbestimmung reduzierte sich Frauenpolitik auf Bevölkerungspolitik«, hieß es im Programm mit Blick auf die DDR.[76] »Mit dem Ziel, die Geburtenrate zu erhöhen, schrieb eine staatliche verordnete Sozialpolitik vorrangig den Frauen die Zuständigkeit für Familie und Hausarbeit zu.« Zugleich seien sie »aus Entscheidungsgremien in Politik und Wirtschaft weitgehend ausgegrenzt« worden. Es sollte fortan darum gehen, »Geschlechterverhältnisse als Rang- und Machtverhältnisse aufzuheben«. Der UFV wollte »eine Marktwirtschaft, die bei staatlicher Rahmenplanung Ökologie, Demokratie und progressive Sozialpolitik verbindet« – etwas, das es in der Bundesrepublik nicht gab. Ina Merkel schrieb: »Wollen wir uns etwa mit den Herren in Bonn wiedervereinigen, die Diktatur des Politbüros durch die Diktatur des Bundeskanzleramts ersetzen? Wiedervereinigung hieße in der Frauenfrage drei Schritte zurück – es hieße überspitzt gesagt: Frauen zurück an den Herd. Es hieße: wieder kämpfen um das Recht auf Arbeit, kämpfen um einen Platz für den Kindergarten, um die Schulspeisung. Es hieße, vieles mühsam Errungene aufzugeben, statt es auf eine neue qualitative Stufe zu heben.«[77] Sie plädierte »für einen modernen Sozialismus auf deutschem Boden in einem gemeinsamen europäischen Haus«.[78] Der Verband sah sich in einem Zwei-Fronten-Kampf: gegen die Gegenwart der DDR – und gegen die befürchtete Zukunft eines vereinten Deutschlands.

Wie auch immer: Es tat sich was in dieser Zeit, die »wie ein Zwischenraum war«,[79] wie Wally Schmitt 25 Jahre später resümierte. Und es ebbte wieder ab. »Wir haben versucht, Geschichte zu machen, und die Geschichte ist immer vor uns her gerannt.«[80] Bei der Volkskammerwahl am 18. März 1990 ging der Verband zwar mit der neu gegründeten Grünen Partei in der DDR ein Wahlbündnis ein. Sie errangen zusammen zwei Prozent der Stimmen, was acht Sitzen entsprach, und wollten eine Sozialcharta für beide deutsche Staaten. Die CDU triumphierte, Lothar de Maizière wurde Ministerpräsident. Doch nach der Wahl platzte das Wahlbündnis, weil die Grünen alle acht errungenen Mandate für sich behielten und sich weigerten, dem UFV auch nur eines abzutreten. Es herrschte Wettbewerb. Die Mitgliederzahl des Verbandes blieb mit 3030 bescheiden, weil sich die Idee des Dachverbands nicht durchsetzte. So beschloss der UFV schon 1991 auf seinem dritten außerordentlichen Kongress in Weimar die Umwandlung in einen Verein und löste sich 1998 auf. Der Unabhängige Frauenverband erlitt das Schicksal, das fast alle während der Wendezeit entstandenen politischen Organisationen erlitten, wenn sie sich nicht mit westdeutschen Organisationen verbündeten: Sie verschwanden. Mit der DDR wiederum verschwanden vorerst größere Teile der dort errungenen Frauenrechte. Die Aktiven landeten oft in Gleichstellungsverwaltungen, quer über die einstige Deutsche Demokratische Republik verstreut.

Während Ina Merkel, die seit vielen Jahren als Professorin im hessischen Marburg arbeitet, schweigt, nimmt die ebenso warmherzige wie humorvolle Wally Schmitt das Scheitern mehr als ein Vierteljahrhundert danach mit Gelassenheit. Neben den beschriebenen Umständen, sagt sie, sei mehr und mehr ein männerfeindlicher Geist in den Verband eingezogen. Teilweise seien Männer zu Veranstaltungen nicht zugelassen oder anders schikaniert worden. Das ist nicht der Geist, den die Schauspielerin gepflegt wissen will. »Es ging uns nicht darum, dass Frauen auf Teufel komm raus ihr Ding machen«, sagt sie. »Es ging uns um Gemeinsamkeiten.« Auch störten Wally Schmitt die Versuche der Einflussnahme aus Westdeutschland. »Die westdeutschen Frauen wollten uns erklären, wie es geht«, sagt sie. Es fällt der Name Alice Schwarzer. »Die konntest du eigentlich nur stoppen, wenn du sie gefragt hast: ›Was habt ihr denn erreicht in 40 Jahren Demokratie und Freiheit?‹ Da konnten sie nichts auf die Liste setzen.« Ohnehin hat sich Wally Schmitt nie als Feministin verstanden. Ihr frauenpolitisches Engagement war nicht zuletzt durch die Lektüre des Buches *Männerphantasien* von Klaus Theweleit motiviert, von dem sie lernte, dass die Schwierigkeiten, die Frauen und Männer in der DDR miteinander hatten, seit Langem »ganz tief« verwurzelt waren. »Das ist ein Erbgut.«

Mittlerweile betrachtet Wally Schmitt vieles aus einer anderen, man könnte sagen: höheren Warte – aus der des Alters. »Ich habe meinen Weg gesucht«, sagt sie und meint das rein persönlich. »Ich habe innerlich geprüft: Was ist mir anerzogen worden? Was ist auf Druck entstanden? Was ist mein eigenes Wollen und Werden? Ich bin mir relativ sicher, dass ich das jetzt weiß.« Politisch ist es zwar so, dass sich Wally Schmitt über mancherlei in der Gegenwart ärgert – die materielle Abhängigkeit vieler Frauen von ihren Männern zum Beispiel, von denen sich einige anders als zu DDR-Zeiten keine Scheidung mehr leisten könnten –, zugleich sieht sie das Land wie die Welt im Ganzen auf eine Krise zusteuern, »gegen die der Untergang der DDR ein Klacks war«. Dann wird sie philosophisch. »Es geht um den Geist einer Gesellschaft«, findet Wally Schmitt, »und damit meine ich nicht den zänkischen, sondern den Geist des Lebens, des Wachsens, des Werdens, des Erneuerns und nicht den Geist der Vernichtung. Das ist der männliche Geist, der Kriege macht, der Waffen liebt, der den Kampf liebt. Ich bin auch dafür, dass es richtige Männer gibt und richtige Frauen und nicht alles eins ist. Aber der Mann soll das andere Prinzip achten, das Sanfte, das Verträgliche, das Liebevolle, das Leben schützende.«

Fragt man Walfriede »Wally« Schmitt nach ihrer Quintessenz, fällt diese erfrischend aus: »Die Weiber sind das Beste und Schönste, was die DDR hervorgebracht hat – in allen Facetten.« Sie hätten ein anderes Durchsetzungsvermögen und ein anderes Selbstvertrauen als die Westfrauen. Dabei herrschten heute gesamtdeutsch oft Fragen vor wie: »Ist mein Busen zu groß? Ist mein Busen zu klein? Wo kriege ich die beste Faltencreme her? Die Verunglimpfung des Alters bei Frauen und der Sieg der Kosmetikindustrie sind für mich faschistoid. Ich möchte in Ruhe und Würde alt werden.« Über sich selbst sagt Wally Schmitt noch: »Ich bin hineingeglitten in mein eigenes Leben.« Aus dem verwalteten Leben heraus. Dieser Satz ist ihr im Zweifel der wichtigste.

Die Unbeschwerte

*Machtpolitikerin, Nervensäge, Hoffnungsträgerin:
Manuela Schwesig, Ministerpräsidentin in Mecklen-
burg-Vorpommern, wurden viele Titel aufgedrückt.
Die SPD-Frau blieb unbeirrt.*

Am Ende gelang es Manuela Schwesig sogar, ihre Nachfolgerin als Bundesfamilienministerin auszusuchen – besser gesagt: ihre Nachnachfolgerin. Zumindest half sie kräftig dabei. Als in Berlin Anfang 2018 nach großen Mühen endlich die große Koalition gebildet wurde, fiel auf, dass auf der Kabinettsbank kein Mensch aus Ostdeutschland Platz nehmen sollte, außer Angela Merkel natürlich. Es war die neue Ministerpräsidentin aus Mecklenburg-Vorpommern, die öffentlich sagte, dass das so nicht gehe – »Ein Ostdeutscher oder eine Ostdeutsche muss im Kabinett vertreten sein«, – und die sich gegen innerparteiliche Widerstände durchsetzte. Denn einige Zeit später saß nach Katarina Barley Franziska Giffey auf Schwesigs altem Platz, die bisherige Bezirksbürgermeisterin von Berlin-Neukölln. Eine Ostdeutsche, die überdies in derselben Stadt geboren wurde wie Schwesig: in Frankfurt (Oder). Eine Ostspitzenfrau half einer anderen Ostspitzenfrau beim Aufstieg. Das ist selten. Aber es passt ins Bild. Manuela Schwesig überlässt ungern etwas dem Zufall.

Es gibt nur wenige deutsche Politikerinnen, über die in den letzten Jahren mehr berichtet wurde als über Schwesig, was wiederum mit ihrer Karriere in der SPD und der Euphorie zu tun hat, die mit diesem Erfolg verbunden sind. Sie hat ja auch ein ungewöhnlich hohes Tempo vorgelegt. Erst 2003, mit 29 Jahren, trat Manuela Schwesig in die SPD ein. Nur wenig später war sie Mitglied im Kreisvorstand der Partei in Schwerin. Schnell rückte sie zur stellvertretenden SPD-Fraktionsvorsitzenden in der Stadtvertretung von Schwerin auf, dann zur Fraktionsvorsitzenden. Im Oktober 2008 ernannte der damalige Ministerpräsident Erwin

Sellering sie zur Landesministerin für Soziales und Gesundheit. Wieder fünf Jahre später war Manuela Schwesig Bundesministerin für Familie, Senioren, Frauen und Jugend – und wäre es wohl noch, hätten die Umstände nicht einen erneuten Kurswechsel verlangt. Im Mai 2017 kündigte Erwin Sellering an, wegen seiner Krebserkrankung vom Amt des Ministerpräsidenten zurückzutreten, und schlug Schwesig als seine Nachfolgerin vor. Sie wurde die erste Ost-Ministerpräsidentin nach Christine Lieberknecht in Thüringen. Bald wurde die 44-Jährige als SPD-Kanzlerkandidatin für das Jahr 2020 gehandelt. Kein Zweifel: Schwesig hat für neue Energie gesorgt in einer Partei, in der spätestens seit der Bundestagswahl 2017 die Krisenstimmung fast zum Normalzustand geworden ist. Aber zum Glück gibt es diese junge Frau. Die Hoffnungsträgerin. Und aus dem Osten ist sie auch.

Fast könnte man vergessen, dass das nicht alles von selbst kam, dass Manuela Schwesig nicht einfach nur auftauchen musste, dass ihr die Ämter und die damit verbundene Verantwortung nicht in die Hand gedrückt wurden. Sie hat hart für ihren Erfolg gearbeitet. In beinahe jedem Artikel, der in den letzten Jahren über Manuela Schwesig erschienen ist, kann man zwischen den Zeilen eine gewisse Verblüffung lesen, wird im Subtext gerätselt, wie es dazu kommen konnte, dass ihr der vergleichsweise schnelle Aufstieg in der Politik gelang. Sie wird in den Artikeln als durchsetzungsfähig beschrieben. Als fleißig. Willensstark. Hartnäckig. Als müsste das extra betont werden, als gehörten diese Eigenschaften nicht ohnehin fast immer zu einer außergewöhnlichen Karriere dazu, egal, ob bei Frau oder Mann.

Man könne ja als Frau froh sein, sagt Manuela Schwesig, wenn es nur jene Eigenschaften seien, mit denen man beschrieben wird. »Wenn einem diese Attribute zugeschrieben werden – willensstark, durchsetzungsfähig –, dann hat man wirklich was geschafft.« Sie sagt das nüchtern und analytisch, so, als beobachte sie sich selbst. Diese Art interpretieren viele Journalisten als Kälte, als Unnahbarkeit. Dabei ist es nicht schwer, die feine Ironie und den trockenen Humor in ihren Aussagen zu bemerken, wenn man genau hinhört und zuschaut. Das leise Amüsement, das sie in ihre Worte legt. Es ist ihre sehr zurückhaltende Art, so etwas wie Triumph zu zeigen. Natürlich kann sie sich durchsetzen. Warum sollte sie es stören, wenn das jemandem auffällt?

Sie wurde ja auch schon ganz anders genannt. Statt als willensstark hat man sie als nervig bezeichnet, statt als hartnäckig galt sie als penetrant. Geradezu symbolisch steht dafür die Konfrontation mit dem ehemaligen Unionsfraktionschef Volker Kauder im Jahr 2014, als es um Einzelheiten bei der Durchsetzung der Frauenquote ging. Die Pläne für eine 30-Prozent-Quote für die Aufsichtsräte der 108 größten deutschen Unternehmen standen bereits im Koalitionsvertrag von Union und SPD. Der Ministerin ging das nicht weit genug. Sie wollte Unternehmen, die die Quote nicht einhalten, zusätzlich zur Angabe von Gründen verpflichten. Das wiederum wollte Kauder nicht. Der CDU-Mann hielt den bürokratischen Aufwand für zu groß, fürchtete, man würde die Wirtschaft damit zu sehr belasten. Im ZDF-*Morgenmagazin* ätzte er, die Frau Familienministerin möge doch »nicht so weinerlich« sein. Schließlich werde die Quote ja durchgesetzt. Sei mit dem zufrieden, was du bekommst, und gib Ruhe, meinte er wohl damit. Kanzlerin Angela Merkel war es schließlich, die sich bei Manuela Schwesig für die unqualifizierte Bemerkung entschuldigte.

Es gibt, abgesehen von ihrer Ostherkunft, nicht vieles, worin sich die beiden Frauen ähneln, die 64 Jahre alte Kanzlerin und die 20 Jahre jüngere Kollegin von der SPD. Was sie verbindet, ist das Wissen um die Widerstände, die sie beide überwinden mussten. Dass sie beide gegen die gleichen Vorurteile kämpfen mussten. »Natürlich gab es da diese Vorstellung: Die ist doch nur im Amt, weil sie jung und aus dem Osten ist«, sagt Manuela Schwesig. »Als Frau muss man ja immer zwei Hürden überwinden: erst die, dass man ständig unterschätzt wird. Und wenn man dann liefert und die Erwartungen übertrifft, dann muss man auch noch schaffen, dass das fair widergespiegelt wird. Es ist ja ein Unterschied, ob es heißt, eine Frau kämpft und ist hartnäckig – oder: Die ist eine Zicke und verbissen. Frauen müssen immer beide Stufen nehmen.« Ein Ost-West-Ding, glaubt sie, sei das nicht. »Eher ein typisches Mann-Frau-Ding.« Angela Merkel hat das erlebt, Manuela Schwesig auch. An Merkel, so wird oft behauptet, perle die Kritik, die nicht selten aus persönlichen Attacken besteht, einfach ab. Vielleicht stimmt das, wahrscheinlich aber ist Angela Merkel nur sehr gut darin, sich nicht in die Karten gucken zu lassen – genau wie Manuela Schwesig.

Vielleicht ist das auch typisch Ostfrau: das Sich-nicht-mit-Oberflächlichkeiten-Aufhalten, das Sich-besser-abgrenzen-Können. Schwesig hat nicht durchblicken lassen, ob die machohafte Bemerkung Kauders sie verletzt hat. Man ist aber geneigt, es zu bezweifeln – nicht nur, weil sie sich inhaltlich im Recht sah. Ein Jahr nach Einführung der Quote im Januar 2016 zog die Ministerin das erste positive Fazit. Ein Vierteljahr später kündigte sie Verschärfungen an, sollten diejenigen Unternehmen, die sich laut Gesetz noch eigene Ziele setzen können, die Quote nicht konsequenter umsetzen. »Schwesig droht Industrie mit härterer Frauenquote«, gruselte sich das *Handelsblatt* am 8. März 2017. Aus der etwas ungnädigen Formulierung spricht auch der Respekt, den Manuela Schwesig sich erarbeitet hat. Weinerlich? Von wegen. Und letztlich wusste sie auch, dass Kauders entnervtes Poltern ihm im Zweifel schaden und ihr selbst nützen würde. Präsentierte Kauder sich damit doch als rückwärtsgewandter Traditionalist, sodass Schwesig im Vergleich noch moderner und kämpferischer erscheinen musste, als ihr Ruf ihr ohnehin schon attestierte.

Was Schwesig kränkt, ist die Kritik an ihrer Arbeit, nicht die an ihrer Person. Sie ist – das merkt man – der ewigen Bezugnahme auf ihr Äußeres müde. Befeuert wurden die Klischees auch durch eine frühere Rede ihres jetzigen Innenministers Lorenz Caffier (CDU), in der er sie unüberlegt als »Küsten-Barbie« bezeichnete. Diese Beleidigung wird immer wieder hervorgekramt, wenn es um Schwesig geht. Sie selbst hat hinter diese Äußerung längst einen

Haken gemacht, mit einer Mischung aus Souveränität und Resignation. Es sei ja so, dass das eigentlich jede Frau durchmachen müsse. »Ich habe so viele Gespräche mit erfolgreichen Frauen geführt, in Ost und West – eigentlich hatte es jede von ihnen erlebt, dass sie anfangs über ihr Äußeres definiert wurde.« Es ist, wie es ist, soll das wohl heißen. »Der politische Alltag ist zu hart, als dass man sich solchen Befindlichkeiten aussetzen sollte.« Stattdessen hat sie als Ministerin unbeirrt die Pläne vorangetrieben, die ihr wichtig sind. Sie hat das »Elterngeld Plus« durchgeboxt, aber auch die Frauenquote und ein Gesetz für mehr Lohngerechtigkeit. Sie strebt eine Politik an, die Frauen helfen soll, die fortwirkenden Diskriminierungen in Wirtschaft und Gesellschaft zu überwinden. Nun ist die Landespolitik ihr Metier. Als Ministerpräsidentin arbeitet sie daran, das Tourismusland Mecklenburg-Vorpommern als attraktiven Wirtschaftsstandort zu etablieren. Keine weniger herausfordernde Aufgabe. Auch hier legt sie ein hohes Tempo vor, lässt sich nicht von Selbstzweifeln aufhalten. »Ich glaube, das kommt daher, dass ich von dem, was ich tue, wirklich überzeugt bin. Man ist immer stark, wenn es um eine Sache geht, von der man überzeugt ist.« In ihrer Stimme ist eine leise Mischung aus Verwunderung und Ungeduld, wenn sie Sätze wie diese sagt. Verwunderung darüber, dass es anders sein könnte – weil sie es sich für sich selbst gar nicht anders vorstellen kann. »Es ist meine Beobachtung, dass gerade die Ostfrauen oft so eine Art Furchtlosigkeit haben, vielleicht sich selber mehr zutrauen und weniger Selbstzweifel haben.« So wie sie.

Manuela Schwesig wurde als Manuela Frenzel am 23. Mai 1974 in Frankfurt (Oder) geboren, wuchs mit ihrem Bruder in der brandenburgischen Kleinstadt Seelow auf. Die Eltern waren beide berufstätig, natürlich. Der Vater war Schlosser, die Mutter arbeitete in der Verwaltung. Trotzdem war das Geld immer knapp. »Vieles ging eher nicht«, sagt Schwesig. Es hat sie nicht gestört. »Das hat mich auch geprägt: dass nicht allein das Materielle zählt, sondern der Zusammenhalt in der Familie. Wir waren mit wenig glücklich.« Sie hat aber, so viel ist klar, auch die andere Seite gesehen, die im Schatten. Als die Mauer fiel, taten sich für die damals 15-Jährige neue Welten auf. Gleichzeitig brachen Welten zusammen. Manuela Schwesig erlebte das in ihrer eigenen Familie, als ihr Vater seine Arbeit verlor, weil die Firma, in der er beschäftigt war, Insolvenz anmelden musste. Zahlreiche Anstellungen auf dem Bau und etliche Umschulungen später war seine Gesundheit ruiniert, der Körper konnte nicht mehr. Schwesigs Vater musste mit Anfang 60 vorzeitig in Rente gehen.

Anders als bei anderen Politikern ist der Satz »Den Menschen im Osten wurde mit der Wende viel abverlangt« aus Manuela Schwesigs Mund weder Worthülse noch Wahlkampfslogan. Sie war dabei, sie hat es miterlebt. Vieles, womit die Bürger sie bei ihren Reisen durch Mecklenburg-Vorpommern konfrontieren, versteht sie besser als andere. Dazu gehört auch die Flüchtlingsdebatte. »Dieses Gefühl: Andere Menschen kommen in unser Land und bekommen vermeintlich alles, ohne es sich erarbeitet zu haben – ich teile diese Ansichten nicht, aber ich verstehe, warum solche Diskussionen geführt werden.« Und warum selbst Menschen so argumentieren, denen es wirtschaftlich besser geht als zu DDR-Zeiten. Dass es sich bei vielen Themen wie der Forderung nach Angleichung der Ostrenten weniger um Geld dreht als um Respekt.

Für Schwesig und ihre Altersgenossen brach mit dem Mauerfall eine Zeit der neuen Chancen und Perspektiven an, aber auch eine der Unsicherheit – weil es keine Vorbilder mehr gab, niemanden, dem man nacheifern, an dem man sich orientieren konnte. »Weder unsere Eltern noch unsere Lehrer noch sonst irgendjemand konnte uns sagen: ›Mach es so oder so. So ist es richtig.‹ Die Eltern waren mit sich selbst beschäftigt.« Doch auch für die jüngere Generation im Osten ging das Leben nicht so weiter, wie es ursprünglich geplant war. »Wenn man jemanden in meiner Generation fragt, der damals wie ich an dem Punkt stand, sich zu entscheiden: Heute macht kaum einer das, was er früher mal machen wollte oder angefangen hat.« Sie ebenfalls nicht. Ursprünglich hatte Schwesig Erzieherin werden wollen. Nach der Wende gab es ihren Ausbildungsplatz nicht mehr. Bei der Berufsberatung legte man der mathematisch begabten Abiturientin eine Karriere beim Finanzamt nahe. Also studierte sie an der Fachhochschule für Finanzen in Königs Wusterhausen, arbeitete nach ihrem Abschluss als Diplom-Finanzwirtin erst bei den Finanzämtern von Frankfurt (Oder) und Schwerin, später im Finanzministerium Mecklenburg-Vorpommern. Gemessen an ihren ursprünglichen Berufsplänen war das eine 180-Grad-Drehung. Trotzdem kam sie nicht auf die Idee, mit ihrem Schicksal zu hadern. Im Gegenteil. Sie hat die persönliche Wende als Chance begriffen. Auch das stelle sie immer wieder fest bei Frauen und Männern aus dem Osten, die zur Wendezeit in ihrem Alter waren, sagt sie. »Sie zweifeln nicht so viel. Vielleicht, weil sie so aufgewachsen sind, dass sie die Dinge selbst in die Hand nehmen müssen.«

Von Manuela Schwesig wird – wie eigentlich von jeder Politikerin und jedem Politiker aus der ehemaligen DDR – erwartet, dass sie den Osten erklären kann, dass sie die Menschen versteht, die dort leben und von dort kommen. Schwesig kann das. Sie hat aber auch – vor allem durch ihre Zeit als Bundesfamilienministerin – gelernt, den Westen besser zu verstehen, gerade in diesem Punkt, der für sie selbstverständlich ist: Sie hat gesehen, was es mit Frauen macht, die dafür kritisiert werden, als Mutter berufstätig zu sein – was der »Rabenmutter«-Vorwurf angerichtet hat.

Das war neu für sie. Sie ist ja damit aufgewachsen, dass Mütter selbstverständlich arbeiten gehen. Und – vielleicht ist das sogar noch ein bisschen wichtiger – auch ihr Mann ist so aufgewachsen. Kennengelernt haben sie sich bei einer Fortbildung, seinetwegen zog Schwesig im Jahr 2000 von Frankfurt (Oder) nach Schwerin. Nikolaus Voss, langjähriger Staatssekretär im Sozialministerium Mecklenburg-Vorpommern, berichtete später, die beiden seien ihm sofort aufgefallen, damals bei einer Sitzung des SPD-Ortsvereins Schwerin-Paulstadt. »So ein junges Paar in diesem verrauchten Lokal. Die machten mich neugierig«, sagte Voss. Manuela und

Stefan Schwesig, beide Ende 20, seien so aufgeschlossen und interessiert gewesen.[81] Sie waren schon damals ein Team, und sie sind es immer noch. Natürlich auch, wenn es um die Arbeitsteilung zu Hause geht. »Es war für uns beide immer ganz selbstverständlich, dass man zusammen den Haushalt schmeißt, dass man sich die Kindererziehung teilt. Dass beide berufstätig sind.« Sie weiß, dass das bei Frauen, die im Westen aufwuchsen, oft noch anders ist. »Ich glaube, an dieser Stelle haben wir es als Ostfrauen leichter, weil wir nicht diesen moralischen Druck haben, den viele Westfrauen erleben, wenn sie arbeiten gehen und ihre Kinder in die Kita geben. Meine Mutter und meine Schwiegermutter sagen: Wir finden das toll, was du machst, und wir unterstützen dich.« Man merkt, wie sehr sie das schlechte Gewissen ärgert, der Druck, der auf Frauen ausgeübt wird, und der oft genug auch aus dem privaten Umfeld kommt. Schwesig gehört zu der Generation von Frauen, die direkt von dem Selbstverständnis profitiert, mit dem ihre Mütter aufwuchsen.

Für sie selbst, sagt Manuela Schwesig, wäre auch ein Mann aus dem Westen als Partner infrage gekommen. Theoretisch. »Ich habe mich in meinen Mann verliebt, unabhängig davon, woher er kommt. Ost oder West, das hat keine Rolle gespielt.« Einerseits. Andererseits ist es wohl kein Zufall, dass doch kein Westmann an ihrer Seite ist. »Wenn der Alltag eine Beziehung erreicht, mit den Fragen nach Berufstätigkeit und Kindern, dann stellt sich automatisch die Frage, wie man als Paar in diesem Alltag zurechtkommt. Mein Mann und ich mussten über diese Dinge nicht diskutieren.« Es war klar, dass sich beide um die Kinder Julian und Julia kümmern. Dass, nachdem sie nach Julians Geburt Elternzeit genommen hatte, Stefan Schwesig bei Julia an der Reihe war – nicht nur, weil es mit ihrem Amt als Ministerin gar nicht anders funktioniert hätte. Man kann es als Ironie bezeichnen, dass sich ihr öffentliches Leben lange so intensiv um eine Frage drehte, die privat kein Problem darstellte. Als bekannt wurde, dass Manuela Schwesig in ihrem Amt als Bundesfamilienministerin ein Kind erwartete, stand ihre Familienplanung im Mittelpunkt des öffentlichen Interesses.

Natürlich wäre es naiv gewesen, zu glauben, dass sich niemand dafür interessiert, wenn eine Familienministerin im Amt schwanger wird; und der Umgang damit gehörte zu ihrer politischen Agenda. Genauso wie die Tatsache, dass sich Stefan Schwesig die ersten Monate als Vollzeit-Vater um die gemeinsame Tochter kümmern würde. In unzähligen Interviews gab Manuela Schwesig, manchmal mit ihrem Mann an ihrer Seite, dazu Auskunft. Mehr noch als über die schwangere Ministerin, so scheint es, staunten die Journalisten über Stefan Schwesig. Ob er nicht Angst habe vor Nachteilen im Job, wurde er gefragt. Ob ihn die Kollegen nicht komisch angeguckt hätten, als bekannt wurde, dass er ein Jahr lang Elternzeit nehmen möchte. Es waren immer die gleichen Fragen, auf die das Ehepaar Schwesig immer die gleichen Antworten gab.

Dass sie beim ersten Kind Elternzeit genommen habe, während er beruflich durchstarten konnte, sagte sie. Dass er sich freue, dass nun er dran sei, sagte er. Dass ihr Mann das natürlich genauso gut könne, sagte sie, er sei schließlich – auch das ist einer ihrer Standardsätze – der Vater und keine Mutter zweiter Klasse. Sie wiederholen das häufig. Nicht alle verstehen es wirklich. Das öffentliche Interesse an ihrem Privatleben habe zwei Seiten gehabt, sagt Manuela Schwesig. »Ganz oft kam die Frage: ›Wie kriegen Sie das hin mit dem Beruf und den Kindern?‹ Ich habe dann gesagt: ›Heiko Maas fragt das keiner – mich fragt es jeder.‹ Auf der anderen Seite verstehe ich, dass die Frage gestellt wird. Weil es interessiert. Und es ist ja leider noch nicht selbstverständlich.«

Sie hat als Familienministerin einiges angestoßen, damit sich das ändert. So wie das »Elterngeld Plus«, das Familien seit 2015 in Anspruch nehmen können. Das Modell sorgt dafür, dass Mütter und Väter während der Elternzeit in Teilzeit arbeiten gehen und trotzdem vom Elterngeld profitieren können. Für ihr erklärtes Ziel, die Vereinbarkeit von Job und Familie zu erleichtern, gab es immer wieder Kritik. Von einer »DDR 2.0«, die die Ministerin einführen wolle, war die Rede. Sie spreche den Eltern die Erziehungskompetenz ab. Da konnte sie noch so oft betonen, dass es ihr um Alternativen für die Familien gehe – und vor allem um die für Frauen. Bei diesem Thema mischt sich zum ersten Mal so etwas wie Ärger in ihre Stimme. »Es ist ja fast egal, was eine Frau macht: Ist sie berufstätig, ist sie die Rabenmutter. Entscheidet sie sich gegen Kinder, ist sie die eiskalte Karrierefrau. Und bleibt sie der Kinder wegen zu Hause, dann ist sie das Hausmütterchen.« Dabei geht es ihr gerade darum, dass Familien eine Wahl haben. Sie selber hatte die eigentlich nicht. Beim zweiten Kind selbst Elternzeit zu nehmen, kam nicht infrage. »Mir war immer klar, dass ich in meinem Amt als Familienministerin nicht sagen kann: ›Ich bin jetzt ein halbes Jahr nicht da.‹« Ihr persönliches Modell musste also funktionieren. Es war, das weiß sie selbst, auch viel Glück dabei. Nicht nur, weil sie einen Mann an ihrer Seite hat, der ihre Idee von Familie teilt, sondern ebenso, weil es ihr gut ging während der Schwangerschaft. Sie habe sogar »noch mehr Energie als sonst« gehabt. »Alles ist so gut gelaufen.« Es musste gut laufen. Als Familienministerin durfte sie mit ihrer Familienrolle ja nicht scheitern. Wie hat sie diesen Druck ausgehalten?

»Ich verstehe die Frage«, sagt Manuela Schwesig. »Aber ich hatte und habe diesen Druck nicht. Ich bin mit mir und mit dem, was ich tue, im Reinen. Ich habe den Job als Familienministerin unglaublich gern gemacht, genauso wie meinen jetzigen als Ministerpräsidentin. Für mich war immer klar: Ich will gute Arbeit leisten. Und ich will eine Familie.« Vielleicht ist es das, was man als Allererstes verstehen muss: dass beide Welten, die eigentlich eine sind, zu ihr gehören. Weil sie sich ihr Leben ohne einen der beiden Teile gar nicht vorstellen kann. Dass sie tatsächlich diese moderne Frau ist, die vielen immer noch wie ein Zukunftskonstrukt erscheint. Dass es funktionieren kann, wenn es Frauen und Männern leichter gemacht wird. Wenn Familie als Familie gedacht wird, nicht als Frau und Kind plus Mann.

Natürlich ist es manchmal schwierig, sogar für Manuela Schwesig. »Nur zwei Monate nach der Geburt von Julia wieder ins Auto zu steigen und nach Berlin zu fahren – das war hart.« Sie sagt das wieder ganz ruhig, ganz nüchtern, wie es ihre Art ist. Es ist ihr aber wichtig, es zu sagen. Weil sie eben doch manchmal die Zerrissenheit spürt. Und weil sie weiß, dass das normal ist, dass sie dieses Gefühl mit vielen anderen Müttern teilt. Und mit den Vätern. Egal, ob in Ost oder West.

Die Freiheit jenseits des Westens

Als Kind wollte Luise Steinwachs die Welt sehen. Als Entwicklungsexpertin leitet sie heute ein Referat bei »Brot für die Welt« und kämpft für eine gerechtere Gesellschaft.

Die Welt war nur ein paar Ziffern entfernt. Nach Westdeutschland konnte Luise Steinwachs nicht anrufen, als sie noch ein Kind war – aber nach New York oder nach Peking. »Im Telefonbuch lag ein Heft mit internationalen Vorwahlen. Manchmal habe ich einfach eine davon gewählt und wenn jemand abhob, der Stimme zugehört und dann wieder aufgelegt. Die Vorstellung, wie groß die Welt ist und dass ich da hinauswill – die habe ich schon sehr lange.« Die Chancen, dass ihr das gelingen würde, standen denkbar schlecht.

Als jüngste von drei Schwestern wurde Luise Steinwachs 1969 in einem Dorf in der Lausitz geboren. Sie und ihre Schwestern wurden dazu erzogen, unangepasst zu sein, ohne um jeden Preis die Konfrontation zu suchen. »Wir wurden ermutigt, zu sagen, was wir denken. Und befähigt, überhaupt anders denken zu können.« Ihr Elternhaus war ein politisches Pfarrhaus, wenn auch kein explizit widerständiges. »Es gab immer wieder auch Situationen, da war klar: Darüber können wir zu Hause reden – in der Schule aber möglichst nicht.« Luise Steinwachs lernte sehr früh, dass sie besonders wahrgenommen wurde – nicht nur von den Lehrern, deren politische Ansichten sie gruselig fand, sondern auch von Bekannten und Gemeindemitgliedern, die im Pfarrhaus ein- und ausgingen. »Dahinter stand diese alte Vorstellung: Die Pfarrfamilie muss Vorbild sein. Ich hatte eine ganze Kirchengemeinde vor der Nase, die mich und meine Schwestern immerzu beobachtete: Wie werden die Pfarrerskinder groß? Grüßen sie freundlich? Sind sie sauber angezogen? Unser Haus wurde nie abgeschlossen, die Leute kamen und gingen. Damit hatte ich auch immer einen Außenblick auf mich selbst.« Es war eine Kindheit unter Aufsicht:

durch die Gemeinde – und durch den Staat. Galt die Familie doch ohnehin als potenzielle Opposition. »Kirche hatte in der DDR ja eine ganz andere politische Rolle. Sie hat als Institution den geistigen Freiraum verteidigt.« Und das nicht erst, als sich in den 1970er- und 1980er-Jahren politisch oppositionelle Kräfte in der Kirche sammelten. Die Familie von Luise Steinwachs war seinerzeit zusätzlich verdächtig, denn die halbe Verwandtschaft lebte im Westen. Die Familie hielt Kontakte zu Verwandten und Partnergemeinden im kapitalistischen »Feindesland«.

Die Rolle, anders zu sein und aus dem Rahmen zu fallen, hatte Luise Steinwachs immer schon. »Es ging in der DDR um vergleichsweise banale Sachen, es reichte schon, eine kritische Haltung zu haben, Dinge zu hinterfragen.« Mit dieser Haltung eckte sie in der Schule immer wieder an. »Ich habe diese Oppositionsrolle aber auch sehr angenommen, soweit ich das konnte. Ich habe alles infrage gestellt, habe Stress gemacht – und dadurch Stress gehabt.« So fanden sich in Zeugnisbeurteilungen Sätze wie: »Luise hat zu allen Problemen eine eigene Meinung und vertritt diese offen und kritisch.« Bald galt Luise Steinwachs auch dann als Unruhestifterin, wenn sie mal nicht querschlug. »Irgendwann kursierte an unserer Schule der Text von Udo Lindenbergs Lied ›Sonderzug nach Pankow‹. Der war verboten. Und natürlich hieß es dann von der Direktorin sofort, ich sei dafür verantwortlich.« Dieses Mal war sie es nicht gewesen. Aber wenn man Luise Steinwachs 30 Jahre später in ihrer Berliner Küche gegenübersitzt, klingt es fast, als fände sie es selbst ein wenig schade, dass nicht sie den verbotenen Text verbreitet hatte. Man spürt die Freude über die Lust am Ungehorsam. Dabei lernte sie auch sehr früh, abzuwägen und zu unterscheiden, wie weit sie gehen und was sie wo äußern konnte, ohne in allzu große Schwierigkeiten zu geraten. Schwieriger, als sich das anzueignen, war, es wieder loszuwerden. »Nach der Wende hat es fünf Jahre gedauert, bis ich diese Instanz in meinem Kopf verloren habe, die prüft, ob ich etwas sagen darf oder nicht.«

Dass Luise Steinwachs heute beim kirchlichen Hilfswerk »Brot für die Welt« arbeitet, ist vielleicht Zufall, vielleicht Fügung. Jedenfalls passt es ins Bild. Als Referatsleiterin in der Abteilung Politik hat sie die Möglichkeit, sich für Gerechtigkeit einzusetzen, die ganze Welt mitzudenken. Sie steht in Kontakt mit Ministerien und Abgeordneten, referiert auf entwicklungspolitischen Konferenzen, war mehrfach Mitglied der deutschen Delegation bei der jährlichen UN-Konferenz zur Agenda 2030 in New York, deren Ziel die nachhaltige Entwicklung der globalen Gesellschaft ist. Luise Steinwachs mag an ihrem Job, dass sie politisch Verantwortliche in gewisser Weise beeinflussen kann. Dieser Zugang liegt ihr, auch das kennt sie von früher: »Im Grunde genommen hat die Ostkirche in der DDR das auch gemacht, sich aufgelehnt mit basischristlichen Argumenten. Ich fühle mich da sehr hingehörig: weil das der Bereich ist, in dem ich so agieren kann, wie ich das für richtig empfinde.« Vermutlich ist es das, was sie selbst ihre »ostsozialisierte Haltung« nennt – jedenfalls bescheinigt man Luise Steinwachs, dass sie es anders macht als viele Kollegen aus dem Westen. »Vielleicht ist das eine Osthaltung: Ich sage, was ich für richtig halte – ohne zu überlegen, was jemand von mir denken könnte, oder ob es meinen Vorgesetzten gefällt.«

Dass sie angstfrei reden kann und darauf vertraut, dass es richtig ist, was sie sagt, das hat eben mit dem langen Prozess zu tun, der nötig war, um die Schranke in ihrem Kopf loszuwerden, die Angst zu verlieren, zur falschen Zeit das Falsche zu sagen. »Es ist viel Arbeit gewesen, dahin zu kommen, wo ich jetzt bin. Das ist nicht von allein passiert.« Es ist, sagt Luise Steinwachs, eine ganz bewusste Entwicklung gewesen, die Erfahrung der geistigen Unterdrückung abzuschütteln und zu der Überzeugung zu gelangen: Ich bin eine freie Person, ich kann sagen, was ich will. Die Wertschätzung dafür ist etwas, was sie mit anderen teilt. »Es gibt unter Ostdeutschen inzwischen ein völlig anderes Selbstbewusstsein. Auch, weil es immer mehr gibt, die sagen: ›Ich habe diese Erfahrung, ich habe mich damit auseinandergesetzt, ich habe etwas zu sagen.‹« Der Prozess war auch notwendig, um anzukommen im neuen Deutschland. »Ich habe nicht mehr die Haltung, dass ich denke: ›Das ist der Westen.‹ Das ist längst auch meins. Mein Deutschland. Mit aller Kritik, die dabei eine Rolle spielt.«

Luise Steinwachs war 19, als die Mauer fiel. Wenige Monate zuvor war sie mit ihrem damaligen Freund über Ungarn und Österreich in den Westen geflohen. Ein sorgfältig gefasster Entschluss, keine überhastete Aktion. Und die logische Konsequenz aus einer Jugend, in der sie viele Hindernisse überwinden musste. Inzwischen war die Familie nach Halle (Saale) gezogen. Eine Zeit lang hat sie sich in der DDR irgendwie noch arrangieren können. Es gab ja auch Gleichgesinnte: in der kirchlichen Jugendbewegung, in Gesprächszirkeln, die sie intellektuell forderten, in der Musikszene, in der sie Klavier und Geige spielte. »Ich habe mich da sehr zu Hause gefühlt. Dort haben sich all die zusammengefunden, die auf die gleiche Art isoliert waren wie ich.« Es blieb eine Parallelwelt.

Eine wirkliche Perspektive, so viel war klar, hatte sie, die aufmüpfige Pfarrerstochter, in der DDR auf keinen Fall. Zum Abitur an der erweiterten Oberschule hätte man sie nicht zugelassen. »Da hat meine Schuldirektorin gleich gesagt: ›Vergiss es!‹« Das Abitur machte Luise Steinwachs dann doch, in Kombination mit einer Berufsausbildung als »Maschinen- und Anlagenmonteur im Kombinat Pumpen und Verdichter« in Halle. Es war kein unüblicher Weg zum Abitur für die, die den regulären nicht gehen durften oder wollten. »Unterirdisch« sei diese Zeit gewesen, sagt Luise Steinwachs heute. Fast alle Jungs ihrer Klasse, und die waren die deutliche Mehrheit, entschieden sich für eine Berufsoffizierslaufbahn bei der Nationalen Volksarmee. Dafür war das Abitur Voraussetzung. Ob die Mitschüler dafür wirklich geeignet waren, daran zweifelt sie. Irgendwie hielt Luise Steinwachs die drei Jahre in dieser Klasse durch. Immer mit einem Ziel vor Augen: »Ich will hier raus.«

Sie kann nicht erklären, warum sie es war, die in ihrer Familie am meisten mit dem DDR-Regime gehadert hat, warum sie wegwollte und ihre Schwestern nicht. Die älteste studierte Musik in Dresden, Abitur brauchte sie dafür nicht. In Dresden lebt sie noch heute, dort arbeitet sie als Klavierlehrerin. Die mittlere Schwester ging nach dem Mauerfall sofort in den Westen – und kam schnell wieder zurück. Heute ist sie wieder in Halle. »Sie haben den Osten als nicht ganz so problematisch empfunden wie ich«, sagt Luise Steinwachs. Sie kamen auf ihre Weise irgendwie zurecht mit dem System, an dem sich die Jüngste abarbeitete und das ihr die Luft zum Atmen nahm.

Von ihrem Entschluss, das Land zu verlassen, erzählte sie ihren Schwestern nichts. »Je mehr davon wussten, desto mehr Menschen gefährdete man. Was wir vorhatten, war ja illegal.« Ihre Eltern und die ihres Freundes waren die Einzigen, die in die Fluchtpläne eingeweiht waren. »Sie haben nicht versucht, uns zurückzuhalten.« Obwohl sie auch noch im Sommer 1989 damit rechnen mussten, ihre Kinder nicht wiederzusehen. »Ich habe später mit meiner Mutter und meinem Vater darüber geredet, wie das für sie war«, sagt Luise Steinwachs. »Sie haben beide gesagt, dass sie das Gefühl hatten, sie dürften mich nicht zurückhalten. Natürlich war es schwer für sie. Aber sie wussten, dass ich im Osten keine Perspektive hatte. Sie haben mich gehen lassen.«

Luise Steinwachs und ihr Freund warteten noch, bis sie das Abitur bestanden hatten. Im August 1989 reisten sie nach Ungarn. In einem Lager in Budapest harrten sie mit Hunderten anderen »Republikflüchtigen« aus. »Wir saßen da mit unseren Rucksäcken und dachten die ganze Zeit: Hoffentlich machen sie die Grenze wirklich auf. Vor ging nicht – und zurück ging ja auch nicht.« Zwei Wochen warteten und bangten sie – dann war es so weit. Über Österreich fuhren sie weiter nach Stuttgart. Es war ein zufälliges Ziel, eine Freundin, die vier Jahre früher mit ihrer Familie ausreisen konnte, lebte dort. Lange hielt es Luise Steinwachs nicht im beschaulichen Schwabenland. »Am Anfang gab es uns Flüchtlingen gegenüber noch ein großes Willkommen. Aber je mehr es wurden, desto mehr kippte die Stimmung.« Es zog sie nach Hamburg. Die internationale Stadt im Norden fühlte sich offener an – unter den Zuwanderern aus so vielen verschiedenen Ländern, die in Hamburg ihr Glück suchten, fielen die Flüchtlinge aus dem anderen Deutschland nicht auf. Die romantische Vorstellung davon, dass im Westen alles besser sei, hat Luise Steinwachs nie gehabt. Es war ja auch eigentlich nicht Westdeutschland, das sie fasziniert hat, sondern die Welt. So ist das immer gewesen, so ist es geblieben. Der Westen war eher Mittel zum Zweck.

Ernüchtert war sie trotzdem, als sie 1991 in Hamburg ihr Musikwissenschaftsstudium, das sie 1990 in Tübingen begonnen hatte, fortführte. Es kostete viel Zeit, sich in dem neuen System zurechtzufinden. Sie war ganz anders aufgewachsen, niemand hatte sie vorbereitet.»Ich habe mich da am Anfang sehr fremd gefühlt.« Auch weil sie das, was sie vom Westen tatsächlich erwartet hatte, nicht fand: Freiheit im Denken – etwa bei den Kommilitonen.»Es drehte sich sehr viel um Status und Herkunft. Diese Art von Gesprächen kannte ich nicht.« Zusätzlich spürte sie die Skepsis der anderen Studenten.»Es ist schwer zu erklären. Aber immer, wenn klar wurde, wo ich herkomme, dann hieß es: ›Hm, okay, du bist also aus dem Osten ...‹ Und da schwang Unterschiedliches mit. Was aber nie mitschwang, war Interesse oder Neugierde zu erfahren, wie es bei uns im Osten war oder wie es mir im Westen geht. Das habe ich nie erlebt. Da war eher die Haltung, dass aus dem Osten zu sein etwas Defizitäres ist.« Darin, sagt Luise Steinwachs, hätten sich auch die sogenannten Intellektuellen nicht von der schwäbischen Nachbarschaft unterschieden.»Ich fand es sehr eng und piefig.« Natürlich gab es auch im Westen Freigeister und Unangepasste. Die fand sie zum Beispiel beim Evangelischen Studienwerk Villigst, wo sie – wie schon ihr Vater in den 1950er-Jahren – als eine der ersten Ostdeutschen Stipendiatin wurde.

Die Freiheit fand Luise Steinwachs erst im Ausland. 1994 reiste sie das erste Mal nach Afrika – nach Simbabwe. Diese Reise weckte ihre Neugier für die Frage, wie Menschen zusammenleben. Sie begann ein Zweitstudium in Soziologie. Nach ihrem Abschluss in Musikwissenschaften ging sie 1997 für ein Jahr nach Tansania, um an einer Musikschule für Erwachsene zu unterrichten. Dort lernte sie Suaheli. Nach ihrer Rückkehr konzentrierte sie sich auf Entwicklungssoziologie, zog dafür nach Bielefeld und wurde 2004 in Soziologie promoviert. Insgesamt lebte sie 16 Jahre in Westdeutschland. 2005 zog sie nach Berlin. Der Westen, sagt Luise Steinwachs, sei ihr fremd geblieben in dieser Zeit. In Berlin fand sie die richtige Mischung aus Ost und West, hier wohnt sie noch immer, länger als an jedem Ort zuvor.

Und Afrika ließ sie nicht los. Noch während des Studiums gründete sie Tanzania-Network, einen Verein, der verschiedene Initiativen in der Entwicklungszusammenarbeit koordinierte und den sie lange Zeit leitete. Danach baute sie Schulpartnerschaften zwischen Berliner und Windhoeker Schulen auf, reiste dafür nach Namibia, knüpfte Kontakte. Parallel arbeitete sie immer wieder als Beraterin in der Entwicklungszusammenarbeit in afrikanischen Ländern. Seit 2013 ist Luise Steinwachs bei »Brot für die Welt«, seit Dezember 2017 zusätzlich Vorstandsmitglied im Verband Entwicklungspolitik und humanitäre Hilfe deutscher Nichtregierungsorganisationen (VENRO). Sie hat festgestellt, dass ihre Ostherkunft auch bei ihrer Arbeit eine Rolle spielt. Tansanier hätten ihr oft erzählt, dass sie bei ihr eine andere Haltung wahrnähmen als bei Westdeutschen. Für Luise Steinwachs hat das einen einfachen Grund: »Im Westen weiß man nicht, wie das ist, von fremden Geldgebern abhängig zu sein. Wir aus dem Osten wissen das.«

Sie hat es in ihrer Jugend selbst erlebt. Das Gehalt der Eltern reichte nicht aus, um die fünfköpfige Familie zu versorgen. Sie alle waren angewiesen auf das Geld, das Partnergemeinden im Westen sammelten, auf die Westpakete mit gebrauchter Kleidung, Kaffee und Süßigkeiten, die Verwandte schickten, den Trabant, den eine Tante für D-Mark über Genex, den staatlichen »Geschenkdienst«, kaufte. Luise Steinwachs weiß, wie sich diese Mischung aus Dankbarkeit für die Hilfe und Frustration, weil es aus eigener Kraft nicht geht, anfühlt. »Viele Afrikaner kennen dieses Gefühl ebenfalls. Das verbindet. Man kann eine andere Beziehung zueinander aufbauen. Weil es für mich nie ein Problem war, dass ich, bei allen Freundschaften, die sich entwickelt haben, immer auch als potenzielle Geldquelle betrachtet wurde. Ich nehme das nicht persönlich. Weil ich weiß, wie es ist, von Entwicklungshilfe abhängig zu sein. Ich fand meine Westverwandten auch sympathisch und habe gleichzeitig erwartet, dass sie uns etwas abgeben von ihrem Wohlstand, zum Beispiel, indem sie Sachen schickten, die es bei uns nicht gab.« Über diese Erfahrungen ist Luise Steinwachs im Nachhinein froh. Denn sie schützen sie davor, in ihrem Beruf eine überlegene Haltung einzunehmen. »Die Helfende zu sein, das führt automatisch zu einer Hierarchie. Man hat eine gewisse Macht, weil man in der Lage ist, zu helfen. Im Westen war man ja per se meistens in der Position, helfen zu können. Diese Überlegenheit, manchmal sogar gepaart mit Besserwisserei, begegnet mir in meiner Arbeit immer wieder. Das ist eine Haltung, die ich explizit nicht habe.«

Gerade in kirchlichen Institutionen sei es mitunter schwer zu vermitteln, das eigene Handeln auch mal kritisch zu betrachten, sagt Luise Steinwachs. Gleichwohl fühlt sie sich genau richtig da, wo sie jetzt ist. »Ich begreife Kirche als eine weltweite Gemeinschaft. Als eine Institution, die einen Wertebezug hat, den ich teile. Wenn man das politisch anwendet, dann ist das ein wunderbarer Zugang. Ich habe den Eindruck, dass ›Brot für die Welt‹ einer der politischsten Bereiche innerhalb des Kirchenkontextes ist, den es gibt.« Auch, wenn es ihr oft zu langsam geht, wurde sie doch so viele Jahre in ihrem Drang behindert, die Welt zu verändern – und nun hat sie keine Zeit zu verlieren. Die evangelische Kirche ist ihr oft zu träge. Sie äußert sich für ihren Geschmack zu wenig und zu zaghaft zu den wichtigen Themen der Zeit, zu Flucht und Migration und dem Rechtsruck in der Gesellschaft. Luise Steinwachs wird nicht lockerlassen. »Ich schiebe auch das auf meine Ostbiografie. Dieses politische Wachsam-Sein, das ist etwas, womit ich aufgewachsen bin.« Sie hat erlebt, dass alles von einem auf den anderen Tag ganz anders sein kann, dass Systeme entstehen und stürzen können. Und sie hat am eigenen Leib erfahren, was Unfreiheit bedeutet. Auch was Flucht bedeutet, hat sie ja selbst erlebt. »Ich will das nicht vergleichen. Ich habe nie um mein Leben gefürchtet, das ist eine völlig andere Qualität. Aber was ich kenne, ist das Gefühl, etwas zurückzulassen, mit dem Bewusstsein, es wohl nie wieder zu sehen, auch meine Familie und meine Freunde nie wieder zu sehen. In dem Bewusstsein sind wir damals losgezogen. Ich kenne die Angst, nicht zu wissen, was kommt, und zu hoffen, dass es irgendwie gut gehen wird. Und ich weiß auch, wie es ist, in einem Land zu sitzen und nicht rauszukommen.«

Die Freiheit, gehen zu können, wohin man will, den Ort, an dem man leben möchte, frei zu wählen – das war für Luise Steinwachs schon immer ein Menschenrecht. »Dass das Territorium eines Landes das Eigentum der Bevölkerung dieses Landes ist – das war für mich eine schwierige Vorstellung.« Sie sagt das mit Nachdruck, mit der Kompromisslosigkeit, die notwendig war, um mit 19 Jahren den Entschluss zu fassen, ein Land zu verlassen, das ihren Körper und ihren Geist gefangen hielt. »Mich hat damals nur beschäftigt, wie ich aus der DDR rauskomme. Wie viele andere kannte ich das Schlussdokument der Konferenz für Sicherheit und Zusammenarbeit in Europa, das 1975 das Recht auf Ausreise garantierte und das ja auch die DDR unterschrieben hatte.« Ein Recht, auf das sich DDR-Bürger nie berufen konnten. »Dass ich irgendwo nicht reingelassen würde, konnte ich mir nicht vorstellen. Ich war damals in einer sehr privilegierten Situation. Heute scheitern die Perspektiven und Lebensentwürfe vieler Menschen nicht an der Ausreise, sondern der verweigerten Einreise.«

Wenn Luise Steinwachs ihr Leben betrachtet, dann sieht sie, dass eine Erfahrung sie besonders prägt: dass das, was eigentlich unmöglich war, doch passierte – der Fall der Mauer, die neu gewonnene Freiheit. »Diese Erfahrung gibt mir Kraft und Zuversicht, Dinge, die erst mal unmöglich scheinen, trotzdem zu versuchen. Wer weiß, vielleicht klappt es ja.«

Im Olymp der Männlichkeit

Hiltrud Werner ist Mitglied im achtköpfigen Vorstand des Wolfsburger VW-Konzerns. Sie ist das einzige Mitglied mit ostdeutscher Herkunft – und die einzige Frau.

Ganz am Schluss, als Hiltrud Werner sich ein bisschen frei gesprochen hat und die Zurückhaltung dem Gesprächspartner gegenüber gewichen ist, lässt sie für einen Moment Leidenschaft aufblitzen. »Ich war schon immer Auto-affin«, sagt die Thüringerin und strahlt. »Und ich hätte nie außerhalb der Automobilindustrie glücklich werden können.« Sie fährt dann, weiterhin tief von innen heraus sprechend, fort: »Ich bin wirklich ein Car-Girl. Ich fahre am liebsten Autos, bei denen das Hinterteil kurz überm Asphalt ist und in denen ein paar PS drin sind. Das macht mir Spaß.« Beim Abschied und schon im Stehen berichtet Werner von ihrer weit verstreuten Familie, den Eltern, den fünf Geschwistern, von denen nur noch eins im Osten lebt, den zwei Kindern und zwei Enkelkindern, bevor sie den hellen Konferenzraum in einem der oberen Stockwerke verlässt, von dem aus man auf Wolfsburg blicken kann. Wobei Wolfsburg in weiten Teilen identisch ist mit dem größten deutschen Automobil- und damit dem größten Unternehmen in Europa überhaupt: Volkswagen.

Werners Leidenschaft kommt nicht von ungefähr. Denn die 52-Jährige ist Mitglied im Vorstand ebendieses Konzerns mit fast 650 000 Mitarbeitern rund um den Globus und etwa 60 000 davon in Wolfsburg. Sie ist in dem achtköpfigen Gremium das einzige Mitglied mit ostdeutscher Herkunft. Und sie ist die einzige Frau. Wenn man überdies bedenkt, dass die Automobilindustrie ohnehin eine klassische Männerdomäne ist, dann muss man sagen: Wow, das gibt's nicht alle Tage.

Mindestens ebenso bemerkenswert ist, dass Werner ihre Herkunft nicht versteckt, wie es andere ostdeutsche Erfolgsfrauen tun. Sie steht vielmehr dazu, unverstellt. Die *Zeit* hat sie sogar mit Angela Merkel verglichen.[82] Beide hätten sich im Stillen hochgearbeitet, schreibt das Blatt. Und beide habe eine Krise nach oben gespült. Im ersten Fall sei es die CDU-Spendenaffäre gewesen, im zweiten Fall der Dieselskandal. Ganz abwegig ist das nicht. Werner ist im Vorstand seit 2017 zuständig für Integrität und Recht und muss das stark erschütterte Vertrauen in das Unternehmen wiederherstellen – so wie Merkel das Vertrauen in die CDU wiederherstellen musste. Sogar im Biografischen gibt es eine Parallele. Während Merkels Vater bekanntlich Pfarrer war, war Werners Vater Diakon in einem Altenheim. Allerdings ist Merkel zwölf Jahre älter. Und sie hat keine Kinder.

Hiltrud Werner wurde am 16. April 1966 in Bad Doberan an der Ostsee geboren, als eines von vier Mädchen und zwei Jungs der Familie. Noch bevor sie in die Schule kam, wurde ihr Vater versetzt, und zwar ins thüringische Apolda, das seiner Tochter zur Heimat wurde. Weil Werner zur erweiterten Oberschule unter anderem wegen der kirchlichen Tätigkeit des Vaters keinen Zugang erhielt, ging sie einen Umweg und absolvierte eine Berufsausbildung mit Abitur. Die Berufsausbildung machte sie in einem Textilbetrieb im thüringischen Mühlhausen. Werner nähte 200 Pullover am Tag – ein Bild, das zu der Frau von heute nicht so recht passen will.

1985 begann sie ein Studium an der Martin-Luther-Universität Halle-Wittenberg. Das Fach hieß: Mathematische Methoden und Datenverarbeitung in der Wirtschaft und entsprach dem, was man heute Wirtschaftsinformatik nennt. Im dritten Studienjahr ging sie für ein Semester an die Staatliche Universität von Woronesch in der Sowjetunion. Im vierten Studienjahr hielt sie sich in den bei Halle gelegenen chemischen Werken Buna auf, um ihre Diplomarbeit zum Thema »Software zu dezentraler Lagerhaltung in chemischen Betrieben« zu schreiben. »Buna war damals noch extrem dreckig«, sagt Werner. »Man konnte teilweise nicht 100 Meter weit schauen bis zum nächsten Karbidschornstein.« Dabei ähnelte das Werk dem VW-Werk – in seiner räumlichen Ausdehnung und der

Masse an Beschäftigten. Noch vor dem Examen im Juli 1989 heiratete Werner und bekam mit Anfang 20 einen Sohn. »Die Gleichberechtigung von Frauen hat eigentlich nur in der Politik nicht geklappt«, sagt sie heute. »Da standen die greisen Männer auf der Bühne. Ansonsten war ein deutlich höheres Maß an Respekt und Gleichberechtigung erreicht.« Trotz Distanz zum realsozialistischen System fährt sie fort: »Es gab mehr gemeinsame Zeit, mehr Kommunikation und am Endes des Tages viel Menschlichkeit. Die einen haben zum System gehört; und die anderen haben automatisch zusammengehalten. Das hatte was Verbindendes und was Schönes.«

Als die Mauer fiel, war auch für Werner alles anders. Eigentlich wollte sie promovieren. Noch vor dem Mauerfall zeichnete sich ab, dass man sie lassen würde. Die heutige linke Bundestagsabgeordnete Petra Sitte, seinerzeit FDJ-Sekretärin an der halleschen Universität, gab ungeachtet der fehlenden SED-Nähe den Ausschlag. Diese sei etwas »toleranter unterwegs« gewesen, sagt Werner. Doch nach dem 9. November 1989 war nicht mehr klar, ob ihr Doktorvater die sich abzeichnende Evaluation an der Hochschule überstehen würde. Und ebenso rasch tat sich ein zweites Hindernis auf: Der Betrieb von Werners Mann wurde nach einer Treuhand-Entscheidung als einer der ersten Betriebe von einem westdeutschen Unternehmen übernommen. Dieses Unternehmen kaperte die Kundenkartei – und machte den unliebsamen Konkurrenten umgehend dicht. Plötzlich wurde die Frage dringlich, wer fortan die Familie ernähren sollte. Auf der Cebit in Hannover bot sich schließlich die Gelegenheit zu einem, wie Werner sagt, sehr interessanten Vorstellungsgespräch bei der Firma Softlab in München. Es verlief erfolgreich. Und so zog sie 1991 in die bayerische Landeshauptstadt. Die Anstellung bei Softlab, seinerzeit ein IT-Dienstleistungsunternehmen mit circa 1000 Mitarbeitern, war der Start einer großen Karriere.

Hiltrud Werner fing im Service an, war relativ bald im Projektmanagement aktiv, betreute internationale Kunden in Österreich, den Niederlanden, den USA und England – wobei ihr die englische Sprache nach eigener Aussage keine Probleme machte, was für ihre Generation nicht selbstverständlich ist. 1996 wechselte die damals 29-Jährige in ein internationales Management-Trainee-Programm des BMW-Konzerns und bekam wenige Monate darauf in der BMW-Bank ein Jobangebot, das sie annahm. Im Jahr 2000 hatte Werner das erste Mal mit der Konzernrevision zu tun; die prüfte eines ihrer Projekte. Doch sie hatte keine Angst davor, im Gegenteil, sie interessierte sich für deren Arbeit, bewarb sich und wurde erneut genommen. »Der Revisionsleiter berichtet an den Vorstandsvorsitzenden«, sagt Werner. »Das ist insofern eine Abteilung mit einer sehr hohen Sichtbarkeit und gibt die Möglichkeit, nicht im eigenen Saft zu schmoren, viel dazuzulernen und sich zu entwickeln.« Im Februar 2003 wurde sie in Oxford Leiterin der Revision für Großbritannien und Irland, verantwortlich für die Marken Rolls-Royce und Mini, und blieb mit ihrer Familie vier Jahre auf der Insel. 2007 kehrte Hiltrud Werner nach München zurück und leitete die weltweite Finanzdienstleistungsrevision des BMW-Konzerns. 2011 warb ein Personaldienstleister sie zum Nutzfahrzeughersteller MAN ab. 2014 folgte der Wechsel zum Automobilzulieferer ZF und 2016 der zu VW, wo sie anfangs Leiterin der Gesamtkonzernrevision und 2017 in den Vorstand berufen wurde, im Zuge des Dieselskandals nun verantwortlich für Integrität und Recht. »Wir arbeiten täglich unterm Mikroskop; viele Augen ruhen auf uns«, sagt Werner. »Es ist keine normale Situation. Wir arbeiten daran, das Vertrauen zurückzugewinnen.« Egal wie heikel die Aufgabe sein mag: 26 Jahre nach dem Start ist sie im fünften Stock des VW-Vorstandsgebäudes und damit im Olymp der deutschen Automobilindustrie angekommen. Man könnte auch sagen: Im Olymp der Männlichkeit.

Hiltrud Werner ist keine, die prahlt. »Heute sieht es so aus, als wäre das alles Teil eines großen Masterplans gewesen«, sagt sie. »Das war's aber nicht.« Sie habe sich vielmehr jeweils interessiert für die Sache und die nächste Herausforderung. Und: »Ich habe

Vertrauen in meine eigene Leistung; das fehlt anderen Frauen leider manchmal.« Werner ist auch keine, die klagt. »Ich bin nie härter zu anderen, als ich zu mir selbst bin«, sagt sie. »Klar, bin ich ehrgeizig. Ich will im Beruf jeden Tag alles geben und wollte vor allem Gestaltungsspielraum. Ohne Führungsverantwortung gibt es keinen Gestaltungsspielraum – außer vielleicht in Start-up-Kulturen.« Im Übrigen finde sie »die Work-Life-Balance-Diskussion nicht passend«. Man müsse stattdessen von Work-Life-Integration sprechen. Gemeint ist die Möglichkeit, beides unter einen Hut zu bringen. Doch ein paar besondere Erfahrungen hat sie fraglos gemacht, als Ostdeutsche wie als Frau.

In einem Bewerbungsgespräch kam Hiltrud Werners Abiturdurchschnitt von 1,0 zur Sprache. Da hieß es, die Note habe sie vermutlich hinterhergeschmissen bekommen. Das macht die Vorstandsfrau von heute wütend. »Uns ist auch nichts geschenkt worden«, sagt sie. Als ihr Porträt in der *Zeit* erschien, sah sie sich mit Leserkommentaren konfrontiert, wonach Ostdeutsche keine Ahnung von Wirtschaft und Führung haben könnten, weil sie die DDR zugrunde gerichtet hätten. Ansonsten ist das Handicap, ostdeutsch zu sein, in Hiltrud Werners Erzählung kleiner als das Handicap, eine Frau zu sein. Als 1998 nach ihrem Sohn die Tochter auf die Welt kam, habe man bei BMW von Familienfreundlichkeit nur träumen können. Dafür hätten noch in jedem Besprechungsraum Aschenbecher auf den Tischen gestanden. »Ich habe damals gestillt, und mir ist regelmäßig schlecht geworden«, sagt Werner. Überhaupt sei der Versuch, mit zwei Kindern voll zu arbeiten, die »wirkliche Hürde« gewesen. Das habe in ihrer Straße in einem Münchner Vorort keine andere Frau getan. »Nachbarinnen haben gepiekst«, erinnert sich die Mutter. »Da musste ich mich wirklich beweisen. Das war eine schwere Zeit.« Sie habe 60 bis 70 Prozent ihres Gehalts für die Kinderbetreuung ausgegeben, ein Au-pair-Mädchen und eine Tagesmutter – »einfach um im Job zu bleiben. Für mich war immer klar: Ich muss mich selbst organisieren.«

Auch als Vorstandsfrau wurde es nicht leichter. »Wir Frauen haben die Verantwortung, Männern die Angst zu nehmen, mit uns über technische Sachverhalte zu diskutieren«, sagt sie. »Denn die Themen verändern sich, wenn Frauen mit am Tisch sitzen. Sie werden banaler, sie werden nicht so konkret, sie werden intellektuell abgespeckt. Da muss man als Frau bewusst gegensteuern, sich extra gut vorbereiten auf die Meetings und zeigen, dass man die Sachverhalte durchdringt.« Am schwersten sei es auch im VW-Vorstand, wenn sie mal eine andere Meinung habe. Das werde im Zweifel als Verstärkung des Stereotyps von Frauen verbucht – nach dem Motto: »Zicke«. Werner sagt: »Ich muss dann ab und zu mal erklären, dass wenn da noch eine zweite oder eine dritte Frau säßen, diese möglicherweise auch eine andere Meinung hätten als ich.« Dazu wird es jedoch nach Lage der Dinge nicht so schnell kommen. Bei der Überprüfung von Frauenförderprogrammen quer durch die Hierarchieebenen hat sich unternehmensintern nämlich herausgestellt, dass die Repräsentanz von Frauen zwar zunimmt, doch extrem langsam. Mitunter ärgert sich Hiltrud Werner auch über Journalisten. Von denen werde sie zuweilen »in die Ecke der Compliance-Tante gerückt«, allein weil sie jetzt für Integrität und Recht verantwortlich sei. »Dass 27 Jahre Automobilindustrie-Erfahrung dahinterstehen, muss man immer wieder selbst ins Gespräch bringen; man wird nie danach gefragt.« Werner tritt deshalb für mehr personelle Vielfalt und für Frauenquoten in der Wirtschaft wie im öffentlichen Dienst ein – wobei sie glaubt, dass die Quoten besser von den Unternehmen selbst festgelegt werden sollten. »Die Entscheidung gegen Frauen ist auch Ausdruck eines Mangels an Toleranz.«

Den Grund dafür, dass Ostdeutsche in Spitzenpositionen der Wirtschaft zu wenig vertreten sind, sieht Hiltrud Werner darin, dass es »keinen einzigen DAX-30-Konzern« gebe, »der auf dem Gebiet der ehemaligen DDR seinen Hauptsitz hat. Ich glaube, das ist ein Problem, das man lösen könnte. Es müsste mehr Anreize dafür geben, dass große Firmen ihr Headquarter nach Ostdeutschland verlegen. Dann würde sich dieses Thema von selbst erledigen.« Werner hat die Erinnerung an ihre Herkunft nicht an der Garderobe der Konzernzentrale abgegeben.

Haften bleibt der Eindruck einer Frau, die mit 16 ins Internat kam, die bei fünf Geschwistern frühzeitig lernen musste, sich durchzusetzen, die, wie sich während des Gesprächs zeigt, durchaus verletzlich ist – und die trotz allem Übung darin hat, sich Widrigkeiten anzupassen. Wodurch sie wiederum und ein letztes Mal an Angela Merkel erinnert. Symptomatisch für Anpassungsfähigkeit und Frustrationsresistenz zugleich ist jene Episode von Ende der 1990er-Jahre, als Werner ein halbes Jahr in Mutterschutz ging, ihren Vertreter währenddessen mit Tipps versorgte und hinterher nicht mehr auf ihren alten Posten zurückkehren konnte, weil der Vertreter ihre Tipps nach Ansicht des gemeinsamen Vorgesetzten zu gut umgesetzt hatte. »Ich habe dem Kollegen seinen Erfolg gerne gegönnt und mich in ein neues Projekt gestürzt«, sagt Werner, nach dem Motto: einmal schütteln – und weiter. »Das Einzige, was ich gedacht habe, war: Da hättest du auch ein Jahr Erziehungsurlaub einreichen können.«

Über ihren Umzug von Ost nach West im Jahr 1991 sagt Hiltrud Werner: »Wir dachten, wir arbeiten jetzt mal drei, vier Jahre in München, bevor unser Sohn in die Schule kommt, und dann sind wir wieder zurück in Apolda. Das war der Plan.« Der Plan ist – in beruflicher Hinsicht, glücklicherweise – gründlich schiefgegangen. Die Ostdeutsche, die jetzt in Braunschweig wohnt, fährt auch keinen Wartburg mehr wie Anfang der 1990er-Jahre in München, an dem eines Tages ein Zettel prangte: »Fahrt doch wieder nach Hause und räumt erst mal euren Saustall auf.« Sie fährt einen RS4 aus dem Haus der VW-Tochter Audi. Der liegt relativ tief. Und er hat eine Menge PS.

Ihrer Zeit voraus

Sie war eine der erfolgreichsten Eiskunstläuferinnen der Welt und wurde schon während des Kalten Krieges verehrt. Seit 1990 ist Katarina Witt eine gesamtdeutsche Sportikone.

Als sich im November 1989 die deutsch-deutsche Grenze öffnete, starb Katarina Witt auf dem Eis. Im spanischen Sevilla stand sie für den Film *Carmen on Ice* vor der Kamera – die Geschichte nimmt für die Titelheldin bekanntlich kein gutes Ende. Für die Eiskunstläuferin, die sich von der DDR-Führung erst kurz zuvor das Recht erstritten hatte, eine internationale Profikarriere zu starten, war es ein Freudentag, den sie aus der Ferne miterleben musste. Sie konnte nicht einfach unterbrechen, um in die Heimat zu fliegen: The show must go on. Erst Tage später gingen die Dreharbeiten in Berlin weiter, in der Stadt, in der die neue Zeit mehr als an jedem anderen Ort in Deutschland sichtbar war. Für Katarina Witt war es zunächst eine schwierige Zeit. Das lag auch an einem Satz, den sie 1990 in einem Interview über die DDR gesagt hatte: »Die Menschen dort sind so schutzlos. Warum lässt man ihnen denn nicht mal Zeit, richtig wach zu werden?« Sie wurde für diesen Satz kritisiert, so wie sie es kurz nach dem Mauerfall ohnehin kaum jemandem recht machen konnte, weil sie, die lange ein Aushängeschild der DDR war, sich nach Ansicht vieler nicht eindeutig genug von ihrer sozialistischen Heimat distanzierte. Besonders die Boulevardpresse stürzte sich mit Genuss auf ein neues Feindbild: Witt bevormunde ihre Landsleute, hieß es, sie, die doch in der DDR so viele Freiheiten gehabt und so viele Privilegien genossen habe. Nach dem Mauerfall wurde innerhalb weniger Monate aus »unserer Kati« die »SED-Ziege«.

Fast 30 Jahre später ist klar, wie recht der Eiskunstlaufstar damals hatte. Rätselte man einige Jahre nach dem Mauerfall noch, wie lange es wohl dauern würde, bis aus zweimal Deutschland tatsächlich eines geworden sein würde, so stellt sich nun heraus: Es ist noch längst nicht so weit. Katarina Witt ist deshalb so etwas wie der lebende Beweis und ein Symbol für das Gelingen des deutsch-deutschen Experiments gewesen – weil sie alle Widersprüche in sich vereint, die die DDR und die Bundesrepublik zu bieten hatten. Sie wurde schon zu DDR-Zeiten international gefeiert – und nach der deutschen Vereinigung zum Sündenbock gemacht. Sie wurde in der DDR gefördert und mit allen Möglichkeiten unterstützt – und gleichzeitig von der Stasi seit ihrer Kindheit bespitzelt.

Inzwischen gehört Katarina Witt längst zum gesamtdeutschen Sportinventar – und das, obwohl ihr Abschied vom Eis schon mehr als zehn Jahre zurückliegt. Regelmäßig tritt sie bei Wintersportwettkämpfen als Expertin im deutschen und auch im amerikanischen Fernsehen auf. Ihren Namen kennen in Deutschland auch jene, die zur Zeit des Mauerfalls noch nicht einmal geboren waren. Nach der Wende tourte sie mit großen Eislauf-Shows durch die USA und Kanada. Sie spielte in Hollywood-Filmen mit, machte Werbung für Coca-Cola, war Unicef-Sonderbotschafterin und gründete die Katarina-Witt-Stiftung, die Kinder mit körperlichen Behinderungen weltweit unterstützt. 2010 nutzte Witt ihre Popularität als Kuratoriumsvorsitzende der deutschen Olympiabewerbung »München 2018«. Sie hat sich, wenn man so will, mit dem Westen versöhnt, oder: der Westen sich mit ihr. Sie hat dem anderen Deutschland ohnehin nie feindselig gegenübergestanden – auch nicht, als die Bundesrepublik noch der (kapitalistische) Klassenfeind war. Dort galt sie auch zu Zeiten der deutschen Teilung als deutscher Star – wenngleich »nur« als ostdeutscher. Nach dem Mauerfall wurde Katarina Witt eine gesamtdeutsche Sportikone.

Obwohl sich ihr vereinigtes Heimatland zunächst schwer mit ihr tat – nicht wenige Menschen nahmen ihr übel, dass sie nicht bereit war, sich nachträglich von der DDR abzuwenden. Wie aber hätte sie sich lossagen sollen von einem Land, für das sie ihre größten sportlichen Erfolge erkämpfte und das sie bis heute als ihre Heimat bezeichnet? Eine Wand in Katarina Witts Büro in Berlin ist mit gerahmten Fotos bedeckt. Die Bilder zeigen sie mit Robert de Niro, Siegfried und Roy, Pamela Anderson, Udo Jürgens. Sie nennt die Sammlung scherzhaft ihre »Wall of Fame«. Auf den Fotos ist sie ein Weltstar unter Weltstars. Aber wenn sie im Gespräch über den Osten und die Wende »bei uns« sagt, dann meint sie die DDR. Sie weiß, was sie ihrem Heimatland zu verdanken hat, dass ihre sportliche Karriere ohne die staatliche Förderung nicht möglich gewesen wäre. Seit der deutschen Vereinigung musste sie sich an die Gratwanderung gewöhnen, die es bedeutet, über die DDR zu sprechen. Sie hat – neben ihrer Bemerkung, man möge den Menschen aus dem Osten Zeit geben – im Laufe der Jahre sehr viel mehr über den Osten gesagt, hat versucht, zu vermitteln und zu erklären. Sie hat auch Kritik am SED-Regime geäußert, differenziert allerdings, und manchem war sie wohl zu leise. Auch Naivität hat man ihr vorgeworfen – eine Naivität, die sie selbst nie abgestritten hat. Sie habe, schrieb Witt in ihrer 1994 erschienenen Autobiografie, in der DDR in ihrer eigenen Welt gelebt, »gut abgeschottet von den Problemen, die es für mich hätte geben können«. Dabei war die Vereinigung für sie persönlich ein größerer Schock, als man es von jemandem erwarten sollte, der bereits als Jugendlicher ins kapitalistische Ausland gereist war, all seine Verführungen und auch die Abgründe, etwa in Form von sozialer Ungleichheit, gesehen hatte.

Die Mauer sei für sie zu einem »perfekten Zeitpunkt« gefallen, sagte Witt später. Die damals 23-Jährige hatte gerade ihre internationale Profikarriere gestartet. Das Olympia-Gold von Calgary, ihr zweites nach dem in Sarajevo 1984, war die Voraussetzung dafür, dass die DDR ihr Auslandstourneen erlaubte. Wie lange die Vereinbarung allerdings Bestand haben würde, das war nicht abzusehen. Nach dem Mauerfall stand Witts Profikarriere nichts mehr im Wege. Sie konnte in die Welt hinaus, musste nicht »immer hoch bis zur Staatsführung und um Erlaubnis bitten«. Sie hat aus ihrer Freude über die neue Freiheit nie einen Hehl gemacht.

Bei der deutschen Vereinigung, schrieb sie in ihrem Buch, sei sie auch aus egoistischen Gründen erleichtert gewesen. »Nun darf jeder das, was ich schon seit Jahren kann: reisen. Ich habe das für mich immer als Privileg betrachtet.« Das gilt heute noch. »Ich habe es immer für das größte Problem gehalten, dass die Menschen in der DDR nicht einfach dorthin reisen konnten, wohin sie wollten«, sagt Katarina Witt. »Sie waren eingeschlossen und deshalb auch viel zu wenig mit dem Fremden konfrontiert. Daher kommt wohl auch wieder die Angst, dass ihnen etwas weggenommen wird.« Sie will damit nichts rechtfertigen, schon gar nicht die rechtsradikalen Ausschreitungen, die ihre Heimatstadt Chemnitz im Sommer 2018 erschütterten. Aber sie kann die Unzufriedenheit vieler Ostdeutscher verstehen, die einsetzte, kaum dass die Euphorie nach dem Mauerfall verflogen war. Sie selbst hat viele dieser Schwierigkeiten nicht gehabt. »Ich hatte ja in jungen Jahren schon so viel von der Welt gesehen.« Natürlich, sagt Witt, sei ihre Situation mit der der meisten DDR-Bürger nicht vergleichbar gewesen. Ihre Eislaufkarriere hat ihr viel ermöglicht, was für den Durchschnittsbürger unerreichbar war. Es war aber immer auch ein Tauschgeschäft, denn der Staat investierte viel in die Karriere der jungen Eisläuferin. Dafür wurden im Gegenzug Erfolge erwartet. Witt hat sie geliefert.

Mit fünf Jahren stand sie das erste Mal auf dem Eis, in ihrer Heimatstadt, die damals Karl-Marx-Stadt hieß. Als sie neun Jahre alt war, übernahm Erfolgstrainerin Jutta Müller die Regie und blieb 20 Jahre an ihrer Seite. Es heißt, mit der als besonders streng und fordernd geltenden Trainerin verbinde Witt eine Hassliebe. In ihrer Autobiografie finden sich viele Anekdoten, die das komplizierte Verhältnis beschreiben. Sie erzählen vom Training, in dem Müller ihren Schützling bis zur absoluten Erschöpfung trieb, von verletzenden Worten, weil das Wettkampfgewicht mal wieder nicht stimmte, von Momenten geteilter Freude und grenzenloser Unterstützung. »Ich verdanke ihr alles«, sagt Katarina Witt heute. Bereits 1981 gewann sie ihren ersten DDR-Meistertitel; sie verteidigte ihn bis zum Jahr 1988. 1983 wurde sie zum ersten Mal Europameisterin, da war sie 17. Fünf weitere Europa- und vier Weltmeistertitel folgten. 1984 und 1988 brachte sie die olympische Goldmedaille heim. Witt hat von der berühmten Trainerin und von der DDR profitiert – und der Staat von ihr.

Während des Gesprächs in ihrem Büro sagt sie nun mit Nachdruck, es sei »ein großes Glück«, dass das Land eins geworden, dass die Mauer gefallen sei. »Es ist gut, dass alle Menschen die Chance haben auf ein freies Leben, auf die Demokratie.« Sie habe aber immer auch die andere Seite gesehen. »Die Wende hat sehr vielen Menschen den Boden unter den Füßen weggezogen. Man vergisst dies allzu oft, weil wir jetzt *ein* Deutschland sind. Aber mehr als 16 Millionen Menschen haben erst mal in einer DDR gelebt. Das war unsere Heimat. Und die war auf einmal weg. Unsere Kindheit war weg, unsere Hymne. Das ist viel zu wenig thematisiert worden. Die Anfangseuphorie hat alles übertönt. Dabei sind die Menschen in der DDR ja auf die Straße gegangen, weil sie eine andere DDR wollten. Dass es dann ein vereintes Deutschland wurde, ist auf jeden Fall richtig. Aber man hätte viel genauer zuhören müssen und herausfinden: Was wollen diese Menschen denn?«

Auch diese Seite ist Teil ihrer Geschichte. Ihr Vater verlor nach der Wende seinen Job in einem landwirtschaftlichen Betrieb. Das sei alles »ziemlich furchtbar« gewesen, sagt Witt. Ihren Eltern gehe es heute gut, »weil ich sie zumindest wirtschaftlich komplett auffangen konnte.« Die gefühlte Ungerechtigkeit wird dadurch nur gelindert, nicht beseitigt. »Die Generation meiner Eltern ist eine Generation, deren Biografien man mit der Wende gewissermaßen vom Tisch gewischt hat, nach dem Motto: ›Sei doch dankbar, sei doch froh, dass hier die Freiheit und die Demokratie kommen.‹ Und man hat tatsächlich damals die Menschen viel zu wenig an die Hand genommen.« Das Thema ist emotionaler, als ihr lieb ist. Also lächelt Witt es weg, wischt ein paar Tränen aus den Augen und scherzt: »Das müssen Sie rausstreichen, das war jetzt viel zu privat.« Dabei müsste sie gar nicht über ihre eigene Familie reden; Millionen Menschen ging es doch genauso. »Die Menschen haben ihr Leben lang fleißig gearbeitet, waren selten oder nie krank, haben sich beruflich voll eingesetzt und sich mit vielen Unwägbarkeiten arrangiert – und dann wird ihnen einfach gesagt: ›Du hast auf der falschen Seite gelebt!‹ Man muss verstehen, dass viele Menschen dann irgendwie trotzdem ihre persönliche Wahrheit mitnehmen müssen. Ansonsten bedeutet es ja, dass sie 40 Jahre lang umsonst ihr Leben gelebt hätten. Ich glaube, das sind Dinge, die man etwas gedankenlos ignoriert hat. Man kann eben nicht so einfach das etwas ›überdrüssige‹ Zwiebelmuster-Service durch ein neues und prunkvolleres Rosenthaler ersetzen. An manch brüchiger Tasse hängen wertvolle Erinnerungen.«

Katarina Witt selbst war nie eine Verliererin, weder im Osten noch im Westen. Sie ist dankbar dafür, für alle Chancen und Erfolge, für die sie aber auch hat kämpfen müssen, vor und nach der Wende. Doch auch sie prägt, dass sie hat miterleben müssen, wie Menschen, die sie liebt, ein großes Stück ihrer Würde genommen wurde. Das wiederum habe ihre eigene Generation geprägt, die von der Wende profitiert habe, für die sich Chancen auftaten, im Vergleich zu denen der Verlust des alten Wertesystems als ein fairer Preis erschien, den man zahlen musste.

Weit weg von ihrer neuen, alten Heimat hatte Katarina Witt es nach dem Mauerfall viel leichter. In den USA wurde sie schon zu DDR-Zeiten als »das schönste Gesicht des Sozialismus« verehrt. Nach dem Mauerfall feierte man sie als Freiheitssymbol, als vom SED-Regime gegängelte Sportlerin, die endlich hinter dem Eisernen Vorhang hervorkommen und ihre Traumkarriere verfolgen konnte. 15 Profitourneen absolvierte sie zwischen 1988 und 2003 allein in den USA und Kanada, sie trat in Shows auf, drehte TV-Specials – und sie begeisterte die Amerikaner wieder. Die Annäherung an die alte Bundesrepublik dauerte länger. Sie begann zwar schon, als Witt sich ihr Comeback erkämpfte, bei den Olympischen Winterspielen 1994 in Lillehammer für Deutschland den siebten Platz erreichte – und das Publikum, wenn auch nicht mit waghalsigen Sprüngen, so doch mit ihrer künstlerischen Ausdruckskraft und Eleganz verzauberte. Doch bis zur vollständigen Versöhnung verging eine Weile. Dass sie inzwischen vollkommen gelungen ist, zeigt auch Witts Berufung an die Spitze des Kuratoriums der Olympia-Bewerbung »München 2018«. 2010 übernahm sie die Aufgabe von Willy Bogner – und wurde von der Presse gefeiert. »Das Ass im Ärmel von München 2018«, nannte die *Süddeutsche Zeitung* sie.[83] Sie hat sich in diese Aufgabe gestürzt, wie sie früher ihre Wettkämpfe anging: mit Haut und Haaren. Und mit der Überzeugung, dass sie es schaffen würde, die bis zu diesem Zeitpunkt noch nicht so recht Olympia-begeisterte Bevölkerung mitzureißen – so wie sie es auch mit dem Eislauf-Publikum immer wieder geschafft hatte. Je schwieriger ein Wettkampf gewesen sei, je größer der Druck, desto besser. »Am besten war ich, wenn ich mit dem Rücken zur Wand stand«, sagt sie.

Dass sie eine Frau aus dem Osten ist, spielte dabei offiziell keine große Rolle, weil die Beförderung zur Frontfrau der Olympia-Bewerbung zeigte, dass Katarina Witt nicht nur ein internationaler, sondern auch ein gesamtdeutscher Star war. Aber natürlich hat ihr Erfolg nach all den Jahren mit ihrer Herkunft zu tun. In ihrer Überzeugung, dass sie Großes bewegen kann, gleicht sie vielen Ostfrauen. »Wir sind damit aufgewachsen, dass man aus wenig das Beste macht. Wenn man heute fragt, warum gerade wir das Gesicht des heutigen Deutschlands mitprägen, dann glaube ich, dass das mit der Art zusammenhängt, wie wir aufgewachsen sind, mit unserer ganzen Mentalität. Es gehört auch eine gewisse Unaufgeregtheit dazu. Wir zeigen einfach, dass wir was können. Wir machen unser Ding. Und wenn etwas nicht gelingt, dann machen wir eben anders weiter, ohne vollmundig mit Rückschlägen zu hadern.« Das Scheitern der München-Bewerbung traf sie trotzdem hart, und ironischerweise zeigte sich in diesem Scheitern besonders deutlich, dass Katarina Witt die Idealbesetzung als Kuratoriumsvorsitzende war. Als im Juli 2011 in Durban verkündet wurde, dass das südkoreanische Pyeongchang die Winterspiele 2018 ausrichten darf, war die Enttäuschung bei allen München-Unterstützern groß. Niemandem aber schien das so nahe zu gehen wie Katarina Witt. Während die Worte des damaligen Präsidenten des Deutschen Olympischen Sportbundes Thomas Bach ernüchtert-sachlich klangen, konnte Witt ihre Tränen im ZDF-Interview kaum zurückhalten. Nicht wenige äußerten später die Vermutung, Münchens Chancen wären deutlich größer gewesen, hätte man die Olympiasiegerin schon früher ins Boot geholt. Dass Witt damals gar nicht versuchte, ihre Enttäuschung zu verbergen, zeigt einerseits, wie sehr sie sich mit dem olympischen Gedanken identifiziert. Andererseits ist Witts Gabe, ihre Emotionen zu zeigen, auch immer Teil ihres sportlichen Erfolges gewesen. Wer sie einmal auf dem Eis gesehen hat, schwärmt dauerhaft von ihrer Ausstrahlung.

Erstaunlich unverstellt reagierte Katarina Witt auch, als Anfang der 1990er-Jahre die Boulevardpresse über sie herfiel und ihr unterstellte, ein Spitzel der Staatssicherheit gewesen zu sein. Statt sich zurückzuziehen, wählte sie die Flucht nach vorn. Witt wühlte sich durch Tausende Seiten ihrer Stasi-Akte, aus der sie überhaupt erst erfuhr, wie minutiös sie seit frühester Kindheit überwacht worden war – und schrieb dann ihre Autobiografie. Wenn man das Buch der damals 28-Jährigen heute liest, beeindruckt vor allem die Offenheit, mit der sie aus ihrem Leben erzählt. Ihre Auseinandersetzungen mit Trainerin Jutta Müller beschreibt sie ebenso genau wie das Verhältnis zu ihren Eltern oder die Gewichtsschwankungen, die den Trainingserfolg zu ruinieren drohten. Die Freimütigkeit, mit der Witt im Buch auch von ihren Liebesbeziehungen erzählt, überrascht vor allem deshalb, weil die 53-Jährige schon seit Jahren kein Wort mehr über ihr Privatleben verliert und jede Journalistenfrage zu dem Thema charmant umschifft. Das Buch, sagt Witt, würde sie heute auf keinen Fall mehr so schreiben. »Aber es war auch eine andere Zeit damals.« Eine, in der die Klatschblätter mit Genuss in ihrem Privatleben wühlten und ihr immer neue Liebesaffären mit anderen Promis – von Tennisstar Boris Becker bis zum Journalisten Stefan Aust – andichteten. Witts Stasi-Akte offenbart, dass in der DDR selbst die privatesten Gespräche der jungen Sportlerin abgehört wurden, auch jede intime Begegnung mit einem Mann ist darin dokumentiert. Die Stasi war akribisch bei der Überwachung ihres Vorzeigestars. Schließlich lebte die Staatsführung in ständiger Angst, Witt könne bei einer ihrer zahlreichen Wettkampf-Reisen in den Westen dem Ruf des Kapitalismus erliegen und nicht mehr in die DDR zurückkehren. »Die Stasi hatte mich schamlos bis ins kleinste private Detail beobachtet. Und die Medien haben einfach geschrieben, was sie wollten.« Sie war »die Kati«, erst das ost-, dann das gesamtdeutsche Allgemeingut. »Ich hatte damals das Gefühl, dass ich meine eigene Sicht der Dinge schildern muss.«

Heute schützt Witt ihr Privatleben sehr sorgfältig. Ihre Familie taucht bei offiziellen Veranstaltungen nicht auf, ihre Eltern meiden die Presse. »Das Internet hat viel verändert. Früher stand etwas in der Zeitung oder in einem Buch – und das war's. Heute verfolgt einen alles ständig. Wenn ich mich googele, und auf einmal sehe ich mich nackt – das kommt dann sehr unvorbereitet.« Dabei hat einer der zahlreichen Superlative ihrer Karriere explizit mit Nacktheit zu tun. 1998 erschien eine Fotostrecke mit Katarina Witt im amerikanischen *Playboy*. Die Ausgabe war weltweit ausverkauft – zum ersten Mal in der Geschichte des Magazins seit 1953, als Marilyn Monroe auf dem Cover zu sehen war. Witt ist stolz auf diesen Rekord. Trotzdem sagt sie: »Auch die *Playboy*-Fotos würde ich heute nicht mehr machen lassen. Damals war da so eine Art Schutz: Die Bilder sind in diesem Hochglanz-Heft. Wenn jemand sich das Heft privat kauft, dann sicherlich nicht wegen der Interviews.« Inzwischen muss sie immer wieder darum kämpfen, dass Nacktfotos von ihr aus dem Internet entfernt werden. Dabei hat Witt mit Nacktheit grundsätzlich nie ein Problem gehabt, auch darin ist sie typisch Osten. »Für uns war FKK normal und Nacktheit nicht gleich Sexualität. Deshalb habe ich bei dem Shooting auch darauf bestanden, eher in der freien Natur fotografiert zu werden und nicht lasziv posierend zwischen den Bettlaken. Es sollte nicht so aufgesetzt sexy sein.«

Nicht nur was ihren vergleichsweise unbekümmerten Umgang mit Sexualität angeht, war Witt damit vielen Frauen im Westen ein Stück voraus. »Da, wo die Frauen jetzt sind, da stand ich vor 30 Jahren. Die Rolle der Frau war im Westbild nach der Wende noch anders. Ich verstand überhaupt nicht, warum sich Frauen unterordnen und für ihre weibliche Freiheit und Gleichberechtigung kämpfen mussten. Die Generation meiner Eltern lebte mir ganz selbstverständlich diese Gleichberechtigung zwischen Mann und Frau vor, und so war es für mich schon immer Normalität, dass man sich auf Augenhöhe begegnet. Ich bin mir sicher, dass gerade diese Selbstverständlichkeit einen mit Selbstbewusstsein ausstattet und prägt.« Auch das, denkt sie, hat sie der DDR zu verdanken. »Es gibt Länder und Systeme, in denen ist es schwerer als bei uns, Frau zu sein«, schrieb sie schon in den 1990ern.

Katarina Witt bereut ihre Autobiografie nicht, auch wenn sie sie heute so nicht mehr schreiben würde. »Sie ist inzwischen so etwas wie ein Tagebuch für mich. Vieles, was passiert ist, hätte ich sonst wohl schon vergessen. Außerdem – es gibt das Buch nun mal, warum sollte ich das bereuen? Das nützt ja ohnehin nichts mehr.« Es ist nicht ihre Art, mit der Vergangenheit zu hadern. »Ich schaue nicht zurück.« Ohnehin gibt es nicht vieles, das Katarina Witt heute anders machen würde. Deshalb sieht sie auch in der Frage, was wohl im Westen aus ihr geworden wäre, keinen Sinn. »Dieses Was-wäre-wenn hat mich nie interessiert. Daran verschwende ich keinen einzigen Gedanken.« Es ist ja auch ihr Deutschland, schon längst, ihre Heimat – so, wie die DDR für sie Heimat geblieben ist: »Für einige war es vielleicht eine Tragik, in der DDR geboren zu sein, für mich war es ein Glück.« Nicht zuletzt für alles, was danach kam.

Die Erbin

Anne Wizorek ist nach Einschätzung vieler dabei, Alice Schwarzer abzulösen, die fast 40 Lebensjahre mehr zählt. Dabei sieht die Ostfeministin ihre Vorbilder nicht im Westen.

——————————

Der Ritterinnenschlag kam im Januar 2016. Er war überschrieben mit dem Satz: »Ich möchte nicht deine Erbin sein«. Der *Spiegel* hatte Anne Wizorek und Alice Schwarzer zu einem Streitgespräch eingeladen.[84] Anlass waren die sexuellen Übergriffe von Migranten in der Kölner Silvesternacht, die die Republik erschütterten. Im zweiten Teil ging es allerdings um das, was im ersten Teil längst mitschwang: die Frage, ob Wizorek, 37 Jahre alt, so etwas wie die legitime Erbin Schwarzers sei, die schon 76 Lebensjahre auf dem Buckel hatte. Die beiden schenkten sich nichts. Der *Spiegel* fragte zum Beispiel: »Frau Wizorek, warum stellen Sie sich nicht auf die Schultern von Alice Schwarzer?« Die antwortete: »Weil sie mich in meiner feministischen Entwicklung gar nicht geprägt hat.« Später sagte Schwarzer: »Es kann gar keine Nachfolgerin geben, der Feminismus ist eine Basisbewegung.« Wizorek gab den Satz zurück, der schließlich als Überschrift diente: »Ich möchte auch nicht deine Erbin sein.« Schwarzer beendete den Schlagabtausch einstweilen mit dem Stoßseufzer: »Da bin ich aber erleichtert ...«

Zwar sprachen die Frauen einander mit dem Vornamen an, nachdem Schwarzer zwischenzeitlich ins Sie zurückgefallen war und Wizorek angemerkt hatte: »Wir wollten uns doch duzen.« Die Redakteure des Magazins notierten gleichwohl, dass die Kontrahentinnen während des Gesprächs stets »eine Armlänge Abstand« hielten. Auch sonst war die Spannung zwischen beiden mit Händen zu greifen. Selten wurden die Schmerzen eines Generationswechsels so offen ausgestellt. Und gemessen an den 1990er-Jahren war es eine regelrechte Sensation, dass sich eine

Ostdeutsche herausnahm, zu sagen, der Westen sei für sie gar kein Bezugspunkt gewesen.

Die machtbewusste Schwarzer hat Mühe, die Deutungshoheit abzugeben, die sie in jahrzehntelangen Kämpfen unter Inkaufnahme vieler Wunden über den deutschen Nachkriegsfeminismus errang. Es geht um das Loslassen-Können nach einem langen Leben. So verwies die Wuppertalerin darauf, dass Wizorek aufgrund ihres Alters und ihrer Geburt in der DDR »bestimmte Dinge nicht mitbekommen« haben könne, während sie sich »seit 1975« gegen Sexismus wende und seinerzeit »auch geglaubt« habe, »wir seien die Ersten«. Schwarzer wurde mit der Französin Simone de Beauvoir groß und verehrt sie. Ihr Blick ist nach Westen gerichtet. Die nicht minder starke Wizorek kommt aus einer anderen, einer ostdeutsch geprägten Welt, aus der sich für sie ein »anderes Selbstverständnis« ergibt. Sie beklagt, dass es »ausschließlich die westdeutsche Perspektive auf geschlechterpolitische Entwicklungen« gebe, und nennt es »wichtig, darauf hinzuweisen, dass ich ostdeutsch sozialisiert bin. Denn ich merke, dass dieser Teil meiner Identität sonst unsichtbar gemacht wird.« Und Wizorek ist, wenngleich von Schwarzer einst zur »Berliner Szenefeministin« degradiert, gesamtdeutsch betrachtet tatsächlich das bekannteste Gesicht der neuen deutschen Frauenbewegung, die vor #Aufschrei begann und mit dem Namen Rainer Brüderle verknüpft ist.

Als wir uns im hinteren Teil des Neuköllner »Okay Café« begegnen und Wizorek in aller Seelenruhe ihren Tee umrührt, muss sie zwar abermals einige Mühe darauf verwenden, zu erklären, dass der Hashtag und der FDP-Politiker zunächst gar nichts miteinander zu tun gehabt hätten. Der Online-Aufschrei über sexuelle Belästigungen aller Art sei zuerst da gewesen. Brüderle hatte demnach das Pech, zum prominentesten Vertreter der Täterseite zu werden. So floss eher zufällig zusammen, was zusammengehört, und ging eine explosive Mischung ein. Es war aber unbestreitbar jener Brüderle, der den Hashtag bekannt machte, was dazu führte, dass Anne Wizorek eines Abends im Jahr 2013 unversehens in der

ARD-Talkshow von Günther Jauch saß und damit einem Millionen-publikum ansichtig wurde. Seitdem ist die Netzfeministin eine öffentliche Person und – das hat sie auf jeden Fall mit Schwarzer gemein – öffentlichem Ruhm und öffentlichen Angriffen gleicher-maßen ausgesetzt.

Geboren wurde Wizorek in Rüdersdorf, einer Kleinstadt öst-lich von Berlin. Der Vater war Diplomchemiker, die Mutter Ma-schinenbau-Ingenieurin. Und auch wenn Wizorek erst 1981 zur Welt kam und ins vereinigte Deutschland hineinwuchs, sind die Ost-West-Unterschiede in gewisser Weise grundlegend für ihre feministische Karriere. Die ersten Erinnerungen an den Westen sind schön. Weihnachten 1989 etwa – also bald nach dem Mauer-fall – fand ein Familientreffen im schleswig-holsteinischen Kellen-husen statt. »Das war schon super, dass so viele Verwandte aus West und Ost an einem Ort zusammengekommen sind, inklusive der Kinder«, sagt Wizorek. »Ich hatte mir ein Barby-Traummo-bil gewünscht, das war damals der letzte Schrei. Meine Mutter wusste gar nicht, was das ist, und hat den Wunsch einfach wei-tergereicht an meine Tante, die die Geschenke organisiert hat. Und die hat das Traummobil tatsächlich besorgt. Ich war natür-lich auf Wolke sieben.« Beim Kind langfristig haften geblieben ist die Wahrnehmung, dass die Ostfrauen überwiegend berufstätig waren, zum Teil auch in naturwissenschaftlich-technischen Beru-fen wie Mutter Wizorek, und die Westfrauen überwiegend nicht. »In Westdeutschland habe ich gemerkt, dass es viele Hausfrauen gab«, sagt die immer noch junge Frauenrechtlerin. »Das kannte ich bis dahin gar nicht – bis auf meine Oma, die in Rente war.« Auch habe es stets geheißen, dass »die Frauen den Männern den Rücken frei halten. Da habe ich mich gefragt: Wer hält denn den Frauen den Rücken frei?«

Dass sie zur Frauenrechtlerin geworden sei, habe sich in erster Linie aus einem bestimmten Gerechtigkeitsempfinden ergeben, fährt Wizorek fort. So störte sie, dass ihr Bruder bestimmte Sachen machen durfte, die sie nicht machen durfte. Und im Kindergarten hatte sie einen besten Freund, der ein bisschen schmächtiger gewesen sei als die anderen Jungs und gehänselt wurde. »Ich habe mich dann mit den großen Jungs geprügelt, weil ich ihn verteidigen wollte. Daraufhin kam eine Erzieherin und sagte: ›Mädchen machen so was nicht.‹ Ich habe das gar nicht verstanden. Denn ich wollte nur der Ungerechtigkeit begegnen.« Ihr höchstpersönlicher Feminismus hat sich Wizorek zufolge weniger theoretisch entwickelt als vielmehr aus Erfahrungen ergeben – aus besagtem Gerechtigkeitsempfinden und der Erkenntnis, dass Menschen weiblichen Geschlechts oft ungerecht behandelt werden im Vergleich zu denen männlichen Geschlechts. Sie sagt: »Ich bin nicht zur Feministin geworden; ich habe irgendwann erkannt, dass ich eine bin.«

Die Bühne für den weiteren Fortgang der Dinge war nicht Rüdersdorf, sondern Berlin. Nach dem Abitur im Jahr 2000 fing Wizorek an, in der nahe gelegenen Metropole zu studieren. Sie begann mit Romanistik und Anglistik, stellte aber fest, dass das für sie »nicht so das Richtige ist«, und wechselte zu Neuerer deutscher Literatur, Vergleichenden Literaturwissenschaften und Skandinavistik – gleichzeitig an der Ost-Berliner Humboldt-Universität und der West-Berliner Freien Universität. »Das ging damals noch.« Während des Studiums, das sie nicht abschloss, probierte Wizorek 2006 das Bloggen und las selbst immer mehr feministische Blogs – vor allem aus den USA, weil die, wie sie sagt, »schon viel weiter waren«. Eine dieser Bloggerinnen war die Aktivistin Jaclyn Friedman, die neben anderem sexuelle Aufklärung als Prävention gegen sexualisierte Gewalt empfiehlt. »Ich fand das so cool, was die gemacht hat«, sagt Wizorek rückblickend. »Und da sie sich Feministin nannte, dachte ich: Ich will auch so cool sein. Dann nenne ich mich jetzt mal ebenfalls so und besetze das mit mir und meinen Positionen.« Von Simone de Beauvoir jedenfalls keine Spur.

Wizoreks Bezugspunkt war nicht der mit der 1968er-Bewegung gewachsene westdeutsche Feminismus, für den Schwarzer steht, sondern der zeitgenössische US-amerikanische. Das ist das eine. Das andere ist, dass die einschlägigen Kampagnen zunehmend online gefahren wurden. Als sie 2013 bei Jauch saß, habe sie schnell gemerkt, »dass ich wahrscheinlich die Einzige bin, die weiß, was Twitter ist und was da überhaupt passiert«, sagt Wizorek. Das Internet und dessen Beherrschung waren das, was die Jüngeren den Älteren voraushatten oder vorauszuhaben meinten und was auch deswegen für diese Generation identitätsbildend wirkte. So organisierte Wizorek am Anfang des folgenden Jahrzehnts die erste Re:publica mit, die Konferenz der Netzaktivisten. Ihr Twitter-Account @marthadear hatte fast 22 000 Follower, die von Schwarzer herausgegebene Zweimonatszeitschrift *Emma* erreicht eine Auflage, die nur rund 6000 Exemplare darüber liegt. Zum Offline-Meilenstein wurde ein »Slutwalk«, den Wizorek 2011 initiieren half und der sich als Demonstrationszug mit mehreren Stationen gegen sexualisierte Gewalt richtete. Der »Slutwalk«, aus Kanada kommend, fand in Deutschland in fünf Städten gleichzeitig statt. Allein in Berlin reihten sich unter anderem dank Wizoreks Mithilfe 3500 Menschen ein. »Das auf die Straße zu bringen und etwas Konkretes daraus zu machen – das war toll«, sagt sie. »Das war ein einschneidender Moment, um zu sagen: Okay, ich bin so etwas wie eine Aktivistin.« #Aufschrei stand da noch aus.

Der setzte damit ein, dass die Autorin Maike Hank in dem von Wizorek kurz zuvor initiierten Gemeinschaftsblog *Kleiner Drei* über ihre Erfahrungen mit sexueller Belästigung auf der Straße berichtete. »Sie hat beschrieben, wie sie das nervt, wie sie gedacht hat, sie müsse das aushalten, und irgendwann realisierte, dass nicht *sie* ihr Verhalten ändern müsse – sondern dass die Männer aufhören müssten, die Frauen sexuell zu belästigen.« Das habe viele andere Frauen angesprochen, sagt Wizorek. Hank habe auf andere Hashtags verwiesen und gesagt, wie cool es wäre, wenn es so einen Hashtag auch auf Deutsch gäbe. Irgendwann sei Nicole von Horst, eine andere Aktivistin, eingestiegen und habe bei Twitter ihre Erfahrungen geteilt. »Mich hat das sehr bewegt«, sagt Wizorek. Und so habe sie vorgeschlagen, die Erfahrungen unter dem

Hashtag #Aufschrei zu bündeln. Vielleicht wäre all das zu anderen Zeiten schlichtweg im Sande verlaufen und von größeren Teilen der Republik nicht weiter wahrgenommen worden, hätte nicht gleichzeitig die *Stern*-Journalistin Laura Himmelreich in einem Artikel unter der Überschrift »Der spitze Kandidat« Brüderles sexuelle Belästigungen enthüllt, die in der Bemerkung gipfelten, sie könne »ein Dirndl auch ausfüllen«. Von außen wirkte #Aufschrei plötzlich wie die Kampagne zum Brüderle-Skandal, obwohl er das nicht war – und Anne Wizorek wie ihre Urheberin. Daraufhin war – man kann das so sagen – für ein paar Tage der Teufel los.

Am Morgen, nachdem Wizorek den Hashtag erfunden hatte, kamen die ersten Interviewanfragen von Journalistinnen, die den Hashtag sahen und aufgreifen wollten – die *Süddeutsche Zeitung*, das *Handelsblatt* und *Spiegel online*. Auch die Redaktion von Günther Jauch war bald in der Leitung. Zunächst wollte sie mit Wizorek nur einen kleinen Einspielfilm drehen, war von dem Ergebnis aber augenscheinlich so angetan, dass sie der damals 32-Jährigen einen Auftritt in der Talkshow selbst zutraute. Die überlegte kurz und dachte: Okay, dann springen wir mal ins kalte Wasser. Und siehe da: Plötzlich war Anne Wizorek neben dem Theaterkritiker Hellmuth Karasek, den Journalisten Thomas Osterkorn und Wibke Bruhns, der liberalen Europaparlamentsabgeordneten Silvana Koch-Mehrin und der besagten Alice Schwarzer – lauter Berühmtheiten – in unzähligen deutschen Wohnzimmern zu Gast. »Ich wusste nicht, ob im Scheinwerferlicht die Schockstarre einsetzt«, sagt die mit Abstand jüngste der sechs Studiogäste heute. »Das war dann Gott sei Dank nicht so. Ich glaube, für mein Debüt ist es ganz gut gelaufen.« In der Tat: Wizorek machte es souverän – wie sie überhaupt meist souverän wirkt. Und die mediale Prominenz revolutionierte ein wenig ihr Leben.

Da sind nicht allein Dutzende andere Interviews, ein weiterer ARD-Auftritt bei *hart aber fair* zwei Jahre später und das Buch *Weil ein #Aufschrei nicht reicht,* das Anne Wizorek 2014 auf Wunsch eines Verlages veröffentlicht hat. Der #Aufschrei brachte darüber hinaus zwei durchschlagende Veränderungen. Er hatte zur Folge, dass die Brandenburgerin, die freiberuflich als Online-Beraterin arbeitet, mittlerweile überwiegend von feministischen Vorträgen lebt – und das bedeutet: leben kann. Sie reist zu Vorträgen, Podien und Workshops quer durch die Republik. »Das hätte ich vorher nie gedacht. Mir macht mein Job immer noch Spaß. Das können ja nicht alle Menschen von sich sagen.« Dies wiederum fußt auf dem Umstand, dass sie mehr und mehr als das neue Gesicht des deutschen Feminismus und dabei im Kontrast zu Schwarzer wahrgenommen wurde, was 2016 in dem *Spiegel*-Streitgespräch seinen Ausdruck fand. Dass Wizorek Ostdeutsche ist, wird dabei – wenn überhaupt – lediglich am Rande erwähnt. Sie hat die gesamtdeutsche Deutungshoheit übernommen. Die Schattenseite der Popularität sind der Hass, der Wizorek von überwiegend männlichen »Hatern« entgegenschlägt, und die Gefahr, von der Popularität wie von einem schleichenden Gift abhängig zu werden. Sie wolle »nicht um jeden Preis stattfinden« müssen, sagt die Ostfrau, die bis vor fünf Jahren kaum jemand kannte. So wie Schwarzer, die als Beobachterin des Kachelmann-Prozesses für die *Bild*-Zeitung schrieb.

Wie so viele andere ist auch Wizorek der Ansicht, dass der Feminismus zu jenen Projekten zählt, bei denen sich Ost und West am nächsten stehen. Dass die Feministinnen hier wie dort von unterschiedlichen Punkten ausgehen, ändert daran nichts. Und doch gibt es neben der formalen Frage, wer die Deutungshoheit hat, zwischen Wizorek und Schwarzer bedeutende inhaltliche Differenzen. Der Umgang mit dem Islam und der Frage, wie groß dessen Sexismusproblem sei, trennt die beiden deutlich. »Schwarzer sagt, das Kopftuch sei die Flagge des Islamismus. Das finde ich unfassbar«, sagt Wizorek. Während die Westdeutsche die Meinung vertritt, sexuelle Gewalt in der muslimischen Community sei besonders herausragend und müsse daher besonders bearbeitet werden, findet es die Ostdeutsche »falsch, dass wir nur dann über sexualisierte Gewalt reden, wenn sie von Migranten oder Geflüchteten ausgeht«. Dieser Streit ist prototypisch für die gesamte Gesellschaft.

Eine weitere Differenz existiert beim Thema Pornos. Während Schwarzer bereits vor Jahren eine Kampagne betrieb mit dem Titel »PorNO«, kommentiert Wizorek: »Pornos an sich sind nicht das Problem. Das Problem ist, wenn sie ein bestimmtes Geschlechterbild oder Gewalt auf eine bestimmte Art und Weise darstellen.« Sprich: wenn Frauen darin lediglich als Objekte vorkommen. Die dritte Differenz zwischen der Ost- und der Westdeutschen betrifft das Thema Prostitution. Wizorek sagt: »Schwarzer behauptet, Sexarbeit könne nicht freiwillig sein. Dabei wird Frauen aus meiner Sicht Selbstbestimmung abgesprochen.« Ihr selbst gehe es hingegen darum, die gesellschaftlichen Bedingungen so zu verändern, dass Sexarbeit nicht zur einzigen Überlebenschance werde, damit sich Frauen autonom dafür oder dagegen entscheiden können. Schwarzers Feminismus, so scheint es unter dem Strich, hat einen strengen Zug, Wizoreks nicht. Konfliktfähig ist die eine wie die andere.

In dem *Spiegel*-Gespräch wurde Anne Wizorek übrigens gefragt: »Ist die Dominanz von Alice Schwarzer ein Problem für Ihre Generation?« Sie antwortete: »Wir werden ständig damit konfrontiert und sollen uns an ihr abarbeiten. Aber Feminismus ist nicht die Position einer einzigen Person, er hat viele Facetten und Perspektiven.« Und später: »Sie macht ihr Ding, ich mache meins.« Mehr Selbstbewusstsein geht kaum.

»Ich dachte, darüber wären wir hinweg«

Monika Naumann und ihre Tochter Juliane sind froh über die deutsche Einheit. Aber was die Situation von Frauen anbelangt, nehmen sie manches als rückschrittlich wahr.

———————

Wenn man Mutter und Tochter gegenübersteht, ist die Ähnlichkeit nicht zu übersehen. Auch sonst haben Monika Naumann, die 1947 in Aue zur Welt kam, und Juliane Naumann, geboren 1976 in Lutherstadt Wittenberg, vieles gemeinsam. Beide haben technische Berufe ergriffen. Beide sind der evangelischen Kirche verhaftet. Beide haben jeweils zwei Kinder. Beide leben in sehr schönen ostdeutschen Städten, die Mutter in Wittenberg (Sachsen-Anhalt), die Tochter in Bautzen (Sachsen). Beide leben überdies mit Männern zusammen, die öffentliche Positionen innehatten oder noch haben. Monikas Mann Eckhard Naumann war 25 Jahre lang Oberbürgermeister von Wittenberg. Julianes Mann Christian Tiede ist Pfarrer in der lutherischen Gemeinde St. Petri, die mitten in Bautzen liegt. Und schließlich folgen beide Frauen demselben pragmatischen Familienspruch: »Von nüscht wird nüscht.« Sehr frei übersetzt bedeutet das so viel wie: Nicht so viel reden, sondern tun! Allerdings gibt es auch Unterschiede. Ein vergleichsweise kleiner Unterschied ist, dass Juliane Naumann im Ausland studierte und später zehn Jahre im britischen Manchester lebte, während Monika Naumann stets nur in Ostdeutschland zu Hause war. Ein vergleichsweise großer Unterschied ist, dass die Mutter geboren wurde, als die DDR noch gar nicht existierte, während die Tochter zu reifen begann, als die DDR schon wieder in sich zusammenfiel. Daraus ergeben sich andere Erfahrungen und andere Blickwinkel.

Da Juliane Naumann in Bautzen Bürgermeisterin und dort für alle Bauangelegenheiten zuständig ist, treffen wir uns am Brunnen vor dem Rathaus und ziehen anschließend zum Gespräch in ihr Büro um. Am Ende wollen beide wissen, ob der Fragesteller aus Berlin etwas gelernt hat.

Monika, Sie wurden zwei Jahre nach Kriegsende geboren. Ihr Vater ist früh gestorben, Ihre Mutter war Hausfrau. Wie hat Sie das geprägt?

Monika Naumann: Es war nicht ganz einfach. Ich habe im Grunde nur eine Erinnerung. Meine Mutter sagte immer: »Sei leise, dein Vater hat Schmerzen.«

Er ist an Lungenkrebs gestorben.

Monika Naumann: Ja, er kam aber außerdem magenkrank aus dem Krieg zurück. Er war immer krank. Als ich acht war, kam er dann ins Krankenhaus. Und als ich neun war, ist er gestorben. Für meine Mutter war das der Zusammenbruch, auch weil sie jetzt dringend arbeiten musste.

Hatten Sie Geschwister?

Monika Naumann: Ja, ich hatte eine Schwester. Aber die war wesentlich älter als ich und ist bald aus dem Haus. Meine Mutter musste mich irgendwie über die Runden bringen. Sie hat dann angefangen, Nachtschicht zu arbeiten, damit sie tagsüber da ist. Das war auch finanziell schwierig. Ich bin in sehr bescheidenen Verhältnissen aufgewachsen. Das merkt man mir manchmal noch an. Ich kann so schnell nichts wegwerfen. Das prägt einen schon.

Ihre Mutter war ab 1957 alleinerziehend. Galt das damals als Makel?

Monika Naumann: Nein, denn Alleinerziehende gab es viele. Es gab Mütter mit fünf oder sechs Kindern, deren Männer im Krieg gefallen waren oder erst nach Jahren aus der Gefangenschaft zurückkamen. Als ich noch sehr klein war, mussten meine Eltern mehrfach umziehen, da die Häuser von der SDAG Wismut *(SDAG steht für Sowjetisch-Deutsche Aktiengesellschaft)* gebraucht wurden. Freier Wohnraum war sehr knapp. Eine Zeit lang wohnten wir mit einer fremden Familie mit vier großen Kindern in einem halben Siedlungshaus. 1953 bekamen wir eine Neubauwohnung mit Badezimmer und Badeofen. Vier der sieben Wohnungen unseres Eingangs wurden von Umsiedlerfamilien bewohnt. Es war auch nicht so, dass wir das Gefühl hatten, dass wir arm und die anderen reich sind. Das gab's gar nicht. Die einen hatten halt acht Kinder und die anderen bloß drei. Ansonsten gab's keine großen Unterschiede.

Wie lange ging das so?
    Monika Naumann: Das hat meine ganze Schulzeit geprägt.

Die DDR hat frühzeitig das Ideal der selbständigen, berufstätigen Frau propagiert. Galt das auch für Ihre Mutter?
    Monika Naumann: Ich denke nicht, dass es ihre Erfüllung war, berufstätig zu sein. Sie musste arbeiten, damit wir was zu essen hatten. Deshalb musste sie das nehmen, was sie kriegen konnte. Das hat sie gut gemacht. Sie hat später in einer Kinderkrippe gearbeitet. Aber das war nicht ihr Traum, überhaupt nicht.

Das heißt, mit diesem sozialistischen Leitbild hatte sie nichts zu tun?
    Monika Naumann: Nein.

Woran hat sie sich orientiert?
    Monika Naumann: Da muss ich weiter ausholen. Wir hatten eine weitläufige Verwandtschaft. Aber die war fast durchweg vor dem Krieg geboren. Nachkriegsgeborene gab es ganz wenige. Diese Verwandtschaft hat sich gegenseitig beigestanden. Denn meine Mutter hatte ihren Vater im Ersten Weltkrieg verloren. Er hinterließ vier kleine Mädchen. Und da hat die Verwandtschaft geholfen.

Wo war Ihr Vater im Krieg, in Russland?
    Monika Naumann: Ja, und in Gefangenschaft. Aber so genau weiß ich das gar nicht. Ich habe ja niemanden mehr, den ich fra-

gen kann. Meine Mutter hat sich nicht beklagt. Aber als die Entscheidung anstand, ob ich zur Oberschule gehen sollte – ich war Arbeiterkind und die Noten stimmten auch –, sagte meine Mutter: »Das geht nicht. Wie lange willst du noch deine Füße unter meinen Tisch stellen?« Damit war das entschieden. Es war auch nicht so, dass ich wochenlang geheult hätte. Das war so, und fertig.

Wie ging es weiter?

Monika Naumann: Ich habe dann die zehnte Klasse abgeschlossen und durch einen Lehrer erfahren, dass es die Möglichkeit einer Berufsausbildung mit Abitur gab. Ich hätte sonst drei Möglichkeiten gehabt: Ich hätte Industrienäherin, Krankenschwester oder Verkäuferin werden können. Aber das war alles nicht das Richtige. Ich dachte: Oh, nee. Aber Chemie hat mich interessiert. Und ich habe wirklich geglaubt, Chemie gibt Brot, Wohlstand und Schönheit. Und etwas davon stimmt tatsächlich. In Wittenberg-Piesteritz gab es ein großes chemisches Werk. Ich wusste nicht, wo Piesteritz liegt. Ich habe mich trotzdem beworben, auch weil ich im Lehrlingswohnheim wohnen konnte. Ich brauchte keine Wohnung und kein Zimmer. Im Lehrlingswohnheim gab es jeden Abend eine Zimmerkontrolle. Da wurde unters Bett geleuchtet und geguckt, ob man Staub gewischt hatte. Anschließend wollte ich studieren, habe aber im Bewerbungsgespräch etwas »Falsches« gesagt. Ich habe von der Sowjetischen Besatzungszone gesprochen. Das kannte ich so von früher und ist mir einfach rausgerutscht. Doch das durfte man jetzt nicht mehr sagen. Deshalb sollte ich mich erst mal in der Produktion bewähren. Ich bin dann nach Schwedt gefahren, ohne Geld für eine Rückfahrkarte, und wollte mich im Chemiewerk Schwedt bewähren. Ich habe mich dann dort bewährt. Das Chemiewerk war noch im Aufbau. Da habe ich in drei Schichten gearbeitet. Das war spannend, aufregend und anstrengend. Anschließend habe ich mich noch mal fürs Studium beworben, wurde in Magdeburg genommen und bin dort Ingenieurin für chemische Technologie geworden.

Sie haben als Frau einen technischen Beruf ergriffen. Das gab es öfter in der DDR.

Monika Naumann: Das war gar kein Thema. Es wurde nicht überlegt, ob das Mädchen können oder nicht. Es war völlig normal. Ich selbst fand es auch nicht besonders. Ich habe erst jetzt von einer Bekannten Julianes, die genauso alt ist wie ich, erfahren, dass sie ihren Mann fragen musste, wenn sie arbeiten wollte.

Julianes Bekannte ist Westdeutsche?

Monika Naumann: Ja. Das zu fragen wäre mir gar nicht eingefallen. Bei uns haben fast alle Frauen gearbeitet. Ein Gehalt reichte ja auch nicht. Ich habe mich dann aber doch entschieden, sieben Jahre zu Hause zu bleiben, weil es nicht anders ging, denn unser Sohn war zwar ein properes Kind, aber nach zwei Tagen in der Krippe hatte er immer 40 Grad Fieber. Das ging eine ganze Weile hin und her. Und irgendwann habe ich gesagt: »Das mache ich nicht mehr mit.« Als Juliane geboren wurde, wollte ich es ihr dann nicht antun, sie in die Krippe zu stecken. Die Kinder hatten es dort sicher gut. Aber wir mussten morgens viertel vor sechs am Bus stehen. Da standen dann oft so viele Leute, dass man erst den nächsten Bus bekam. Daraufhin kam man zu spät zur Arbeit. Abends musste man beim Einkaufen irgendwas ergattern. Und die Kinder waren immer müde.

Diese Last trugen alle Mütter.

Monika Naumann: Ja, das war unser normales Leben. Irgendwann habe ich gesagt: Das geht auch anders. Wir haben uns dann eingeschränkt. Und es ging. Meine Schwiegereltern wohnten damals direkt neben uns. Dadurch war es einfacher.

War es für Sie denn okay, zu Hause zu bleiben? Oder hatten Sie ein schlechtes Gewissen, weil etwas anderes die Norm war?

Monika Naumann: Mein Problem bestand darin, dass ich ziemlich isoliert war und keine sozialen Kontakte mit anderen hatte.

Ich hatte zwar immerzu zu tun, aber mit Leuten meines Alters kam ich höchstens abends mal zusammen. Ein schlechtes Gewissen hatte ich nicht. Ich hatte zu Hause ja genug zu arbeiten. Wir hatten außerdem noch einen Garten, und ich habe viel Obst und Gemüse für den Winter eingekocht.

Um Selbstverwirklichung oder darum, gesellschaftlich etwas darzustellen, ging es Ihnen bei der Arbeit nicht?

Monika Naumann: Nein, daran habe ich gar nicht gedacht. Das hat sich auch geändert. Heute sind die Frauen viel selbstbewusster. Mir war Selbstverwirklichung nicht so wichtig.

Juliane Naumann: Mir wäre es überhaupt nicht in den Sinn gekommen, in der DDR gesellschaftlich irgendetwas werden zu wollen. Und ihr habt euch zwar gesellschaftlich engagiert, aber in der Kirchengemeinde.

Haben Sie sich denn als typische DDR-Frau gesehen?

Monika Naumann: In gewisser Weise schon. Du kannst ja nicht in einem System wie in einer Luftblase leben. Und natürlich bin ich auch heute noch in gewisser Weise eine DDR-Frau. Das merke ich, wenn ich mit Westfrauen zusammenkomme. Ich hatte mit dem System zwar nichts am Hut, aber wenn mich heute Westfrauen fragen, dann verteidige ich plötzlich die DDR. Weil das mein Leben war. Und wir hatten auch ein interessantes und ein schönes Leben. Wir hatten Freunde. Wir sind wandern gegangen. Die Kinder sind da reingewachsen. Wir waren in unserer Nische glücklich und zufrieden. Und die großen sozialen Unterschiede wie heute gab es so nicht.

Und das fanden Sie auch richtig so?

Monika Naumann: Ja. Das fand ich ganz normal. Dadurch gab es auch den Neid nicht zwischen Leuten, denen es nicht schlecht geht, und Leuten, denen es ein bisschen besser geht – den gab's nicht.

Juliane Naumann: Ja, aber da muss man vielleicht differenzieren. Hier geht es jetzt eher um die private Perspektive. Als 1989 und später nach der DDR gefragt wurde, ging es aber immer nur um Politik und das ganze System und wie man dazu stand. Das war eine völlig andere Perspektive.

Juliane, Sie wurden 1976 geboren und haben also noch 14 Jahre lang in der DDR gelebt. Wie sind Ihre Erinnerungen daran – vor allem, was die Situation von Frauen angeht?

Juliane Naumann: Ich habe die Kindheitserinnerungen von Kindern, die in der Kirche waren. Ansonsten habe ich gewöhnliche DDR-Kindheitserinnerungen. Ob man Junge oder Mädchen war – das war völlig wurscht. Ich war Jungpionier. Ich war Thälmannpionier. In die FDJ wollte ich dann nicht mehr. Aber in die Deutsch-Sowjetische Freundschaft wollte ich schon, weil ich Völkerverständigung irgendwie wichtig fand. Das alles hatte mit Mädchen-Sein gar nichts zu tun. Das spielte keine Rolle. Wenn ich heute meine Töchter angucke …

… sie sind sechs und elf …

Juliane Naumann: … dann haben sie damit zu tun, dass sie eigentlich keine pinken Mädchen sein wollen, gerade die Große nicht, sie ist jetzt elf. Sie will nicht Pink, und sie will nicht zum Ballett. Sie will das alles nicht. Aber viele andere Mädchen wollen das. An solche Unterschiede kann ich mich aus meiner Kindheit überhaupt nicht erinnern.

Monika Naumann: Als meine Tochter in die Schule kam, haben die Nachbarn gefragt: »Warum haben Sie Ihrem Kind denn heute ein Kleid angezogen?« Die haben immer noch gedacht, Juliane wäre ein Junge.

Haben Sie Frauen nie in ihrer Rolle wahrgenommen, Juliane?

Juliane Naumann: Natürlich habe ich wahrgenommen, dass sich die Mütter treffen und aktiv sind. Ich habe auch wahrgenommen, dass eine Pfarrerin ganz engagiert war. Aber erst später in den tiefen Westjahren – als es um die Rolle der Frau, um Gender und Ost und West ging – habe ich darüber wirklich nachgedacht. Deshalb finde ich es heute fast rückschrittlich, wenn wir ständig über die Frage diskutieren, ob dieses oder jenes für ein Mädchen angemessen ist oder eine Frau arbeiten gehen sollte. Ich dachte, darüber wären wir eigentlich hinweg.

Rückschritt wohin? Vor die Errungenschaften der DDR?
Juliane Naumann: Vor den Geist, der in frauenpolitischer Hinsicht für die DDR prägend war.

Nehmen Sie diesen Rückschritt wirklich so stark wahr?
Juliane Naumann: Ja. Und ich nehme ihn nicht erst jetzt wahr, sondern seitdem ich mit Menschen aus den alten Bundesländern mehr zu tun und Freundschaften geschlossen habe, also seit Mitte der 1990er-Jahre.

Da haben Sie gemerkt, dass die anders ticken?
Juliane Naumann: Da habe ich gemerkt, dass die das überhaupt als Thema haben. Ich hatte das Thema nicht, sondern habe gedacht: Warum reden wir denn über so was? Das ist doch sonnenklar. Wir haben auch hier einige Freundinnen aus den alten Bundesländern. Für sie ist das noch ein Thema: die Frage der Arbeit, der Erziehung von Mädchen und wie sie sich in der Frauengruppe organisieren. Da kann ich manchmal gar nicht richtig folgen. Das mag aus deren Sozialisation heraus so sein. Deshalb ist es auch in Ordnung. Nur: Für mich ist das durch das selbstverständliche Aufwachsen mit diesem Nicht-Unterschied kein Thema. Das heißt nicht, dass ich jeden Tag denke: Oh, super, ich gehe zehn Stunden arbeiten, und die Kinder sind allein zu Hause und kümmern sich um sich selbst.

Aber ohne Arbeit geht es nicht.

Juliane Naumann: Nein. Als wir aus Manchester hierherkamen, war ich drei Monate oder ein halbes Jahr – ich weiß es nicht mehr so genau – arbeitslos. Unsere kleinere Tochter Magdalena war in England zwar schon im Kindergarten, hier konnte sie aber erst mit zwei Jahren in den Kindergarten gehen. Da musste ich sie quasi zu Hause betreuen. Da bin ich bald wahnsinnig geworden. Das ging überhaupt nicht – und zwar nicht, weil ich mich nicht gerne mit meinen Kindern beschäftigen würde, sondern weil man völlig isoliert ist und dann in der Müttergruppe ausschließlich über die Kinder redet. Das ist nicht mein Fall. Darum steht außer Frage, dass ich arbeiten gehe.

Anders als manche Westfrauen.

Juliane Naumann: Ja, das ist eine andere Entwicklung. Und deshalb setzt die Diskussion an einem anderen Punkt an. Wir sind mit einem anderen Selbstverständnis groß geworden. Für die westdeutschen Frauen ist es noch wichtig, dass sie sich emanzipieren und frei machen.

Aber Sie sagen denen nicht: »Wie doof seid ihr denn!«?

Juliane Naumann: Nein, überhaupt nicht. Das stünde mir erstens nicht zu, und zweitens ist es schon wichtig, dass sie sich freireden. Mir fällt es nur manchmal schwer, den Zugang zu finden. Ich werde ja manchmal auch nach Gleichstellungsfragen in meinem Amt gefragt. Und dann antworte ich: »Da sind wir drüber weg.«

Weil hier im Amt volle Gleichstellung gewährleistet ist?

Juliane Naumann: Es ist zumindest explizit kein Thema mehr. Denn diese Themen werden automatisch mit abgearbeitet. Nur dann ist es gute Stadtentwicklung.

Und im Amt selbst, ist da die Gleichberechtigung verwirklicht?

Juliane Naumann: Wir haben viele Frauen. Und wir haben auch viele Frauen in Führungspositionen. Das ist kein Problem.

Monika, 1990 hat sich für Ostfrauen erst mal viel geändert. Zunächst sind sie reihenweise arbeitslos geworden, Sie ja zeitweilig auch.

Monika Naumann: Auch Männer sind arbeitslos geworden.

Aber nicht so häufig.

Monika Naumann: Ja, das stimmt. Und es war sehr schwierig. Ich zum Beispiel habe in den letzten Jahren vor der Wende bei der Kirche gearbeitet. Und als ich dann zum Arbeitsamt kam, hieß es:»Was, Sie haben eine Kündigung von der Kirche? Die nehmen doch alle.« Gemeint war: Die nehmen alle, die einen Ausreiseantrag gestellt hatten oder nicht mehr mit dem System klarkamen. Die suchten eine Arbeit bei der Kirche. Denn die Kirche brauchte viele Mitarbeiter, etwa auf dem Friedhof. Ich war in einer Bauabteilung. Sie bestand aus mehreren Handwerkern, einem Chef und einem Mädchen für alles. Das war ich. Zusammen haben wir die nötigsten Reparaturen an Kirchen gemacht. Mehr ging ja nicht. Als die Grenze aufging, waren die Handwerker weg. Und auch die Kirche sagte:»Eigene Handwerker brauchen wir jetzt nicht mehr.« Somit war ich übrig. Ich habe Rechnungen geschrieben, die Pfarrer beruhigt, wenn die sich über die Handwerker beschwert hatten, und umgekehrt die Handwerker beruhigt und denen gesagt, dass sie auf dem Friedhof nicht ständig laute Musik hören sollten. Die Kirche legte mir dann die Kündigung auf die Treppe, weil sie mir keiner persönlich in die Hand geben wollte. Außerdem wurde mir gesagt:»Ihr Mann wird's schon richten.«

Ihr Mann war damals Oberbürgermeister von Wittenberg.

Monika Naumann: Ja, und dieses »Ihr Mann wird's schon richten« war noch schlimmer, als die Kündigung auf der Treppe zu kriegen. In meinem Beruf gab's keine Arbeit. Im Chemiewerk

Piesteritz wurden Tausende entlassen. Und dann habe ich eine Umschulung zur Industriekauffrau gemacht. Da saßen lauter Mädels, die mindestens meine Töchter hätten sein können. Und schlussendlich bekam ich in einem Betrieb einen Job, den ich mir selbst besorgt hatte und nicht mein Mann, und zwar bei den Stadtwerken. Da bin ich 17 Jahre lang geblieben. Nicht mit Leidenschaft, aber mit dem Gedanken: Wenn man eine Arbeit hat, dann macht man sie richtig.

Haben Sie diesen persönlichen Umbruch als Verlust an beruflicher und sozialer Sicherheit empfunden, verglichen mit DDR-Verhältnissen? Hatten Sie das Gefühl, Sie stehen als Frau nackter da als vorher, ungeschützter?

Monika Naumann: Ich habe mich nie nur als Einzelperson betrachtet. Aber es stimmt, es war schon schwierig. Denn ich kam wie ein Lehrling, der gerade ausgelernt hat, in einen neuen Betrieb. Das hat mich natürlich gekratzt. Denn ich hatte lange Jahre selbständig gearbeitet.

Und Sie waren immerhin schon Anfang 40 und hatten zwei Kinder großgezogen.

Monika Naumann: Ja, und ich dachte, die sind aus dem Gröbsten raus, da kannst du noch mal richtig loslegen. Ich wollte arbeiten. Und wir dachten: Wir klotzen jetzt richtig ran, und dann wird das hier auch was im Osten.

Wie war das bei anderen Frauen im Bekanntenkreis?

Monika Naumann: Es wurden viele arbeitslos, insbesondere in der Industrie. Im Bekanntenkreis gab es aber zum Beispiel auch Ärztinnen, die nicht arbeitslos wurden. Ich hörte immer dies und das. Mitte der 1990er-Jahre hatte ich eine Kollegin, die sagte: »Jetzt ist alles Mist.« Sie begründete das mit ihren Nachbarn, die früher ebenfalls einen Trabi gefahren hatten, jetzt aber eine eigene Firma hätten und nun einen Mercedes besäßen. Die war plötzlich so neidisch auf ihre Nachbarn, obwohl sie eigentlich gar keinen Grund dazu hatte. Das ist der Neid, von dem ich eben sprach.

Juliane Naumann: Das hab ich auch mitgekriegt, obwohl ich noch Teenager war. Ich fand ja Konsum und all das ganz fürchterlich. Diese Gespräche, wer jetzt ein Haus kauft und schon ein neues Auto hat, fand ich total ätzend. Aber das war jetzt überall Thema. Viel später habe ich mitgekriegt, dass die häusliche Gewalt in dieser Zeit enorm zugenommen hat und überall Frauenschutzhäuser entstanden.

Monika Naumann: Männer fingen oft an zu trinken wegen der Arbeitslosigkeit. Und dann entwickelte sich das so. Das war die Umbruchzeit. Alle Frauen hatten davor eine Rolle. Fast alle hatten eine Arbeit. Und dann hatten sie plötzlich keine mehr. Darunter waren auch viele gut qualifizierte Frauen.

Juliane Naumann: Außerdem erinnere ich mich, dass damals Väter meiner Klassenkameraden im Westen gearbeitet haben. Dass das alles zu Reibungen und Unzufriedenheit führen musste, liegt mehr als auf der Hand.

Gleichzeitig konnten sich Frauen nicht mehr so leicht scheiden lassen, weil es materiell schwieriger war.

Juliane Naumann: Ja. Umgekehrt gab es junge Väter, die sich haben scheiden lassen und sich dabei finanziell teilweise fast ruiniert hätten. Es war vor allem für die jungen Männer schwierig, die damals ein bisschen älter waren als ich, also so Anfang 20, Schule und Ausbildung noch im Osten gemacht hatten oder gerade mitten in der Ausbildung waren. Weil man in der DDR zeitig Kinder kriegte, hatten manche von ihnen auch schon Kinder. Denen boten sich einerseits Chancen, andererseits mussten sie ranklotzen, damit überhaupt was wird. Das war für manche eine blöde Zeit. Sie konnten nie richtig reifen und mussten sich und ihre Familien über Wasser halten. Wir sind da schon Wendegewinner. Das muss man sagen. Für viele andere war es viel schwerer.

Monika Naumann: Na klar.

Als die Mauer fiel, Juliane, waren Sie 13. Eigentlich ein ideales Alter.

Juliane Naumann: Ja, das war super. Ich bin dann auch bald raus.

Monika Naumann: Sie ist schon mit zweieinhalb zum ersten Mal von zu Hause »ausgefleucht«.

Wie ist sie abgehauen?

Monika Naumann: Sie ist allein mit dem Bus weggefahren. Später ist sie dann viel gereist.

Juliane Naumann: Meine Eltern haben das immer unterstützt. 1991 war ich in Norwegen und Schweden, dann in Irland. Das war total cool. Ich war in Australien, Frankreich, Polen und Amerika. Teilweise habe ich da auch gearbeitet. Später habe ich angefangen, Architektur zu studieren, unter anderem in Frankreich und den USA. Zu mir hat nie jemand gesagt: »Solange du deine Füße unter meinen Tisch stellst ...« Ansonsten habe ich in Wismar und Weimar studiert. Für meine Masterarbeit war ich schließlich ein Semester in Manchester. Daraus sind wiederum so gute, auch berufliche Kontakte erwachsen, dass ich – diesmal mit meinem Mann Christian, der Pfarrer ist – wieder nach Manchester gegangen bin. Aus den eigentlich vorgesehenen zwei oder drei Jahren sind dann zehn geworden, und unsere Töchter wurden dort geboren.

Westdeutschland taucht in Ihren Reiseerzählungen gar nicht auf. Ist das Zufall?

Juliane Naumann: Darüber habe ich vor unserem Gespräch auch nachgedacht. Westdeutschland habe ich zwischen der Wende und dem Beginn des Studiums intensiv bereist. Da gab es allerlei Partnerschaften und Brieffreundschaften. Das hat sich dann im Studium verlaufen. Unsere Freunde sind heute irgendwo in Europa verankert.

Das heißt, Westdeutschland war eine Zeit lang interessant zum Entdecken, aber später nicht mehr?

Juliane Naumann: Interessant zum Entdecken ist es heute auch. Wir waren nur lange weg.

Monika, waren Sie mal neidisch, wenn Sie Ihre eigene schwere Nachkriegskindheit mit dem Aufbruch Ihrer Tochter nach 1989 vergleichen?
Monika Naumann: Nö, ich fand's toll, dass sie das tun konnte. Sie ist ja meine Tochter. Wir haben außerdem nicht rückwärts, sondern in der Gegenwart gelebt. Und mein Mann Eckhard und ich hatten selbst noch Träume. Wir haben zu DDR-Zeiten zum Beispiel davon geträumt, unsere Silberhochzeit in Schottland zu verbringen. Als dann die Wende kam, haben wir gesagt: Wir warten nicht bis zur Silberhochzeit. Nichts wie hin.

Wann war die Silberhochzeit?
Monika Naumann: 1995. So lange konnten wir nicht warten.
Juliane Naumann: Als ich in Paris war, haben mich meine Eltern mal besucht. Mein Vater wurde damals 50. Da mein Zimmer nur neun Quadratmeter groß war, habe ich meine Zeichensachen weggeräumt. Und dann haben wir dort wie die Heringe unsere Schlafsäcke ausgerollt.
Monika Naumann (schmunzelnd): Wir haben damals gedacht: Es lohnt sich, in die Kinder zu investieren.

Wie war es in Manchester, Juliane?
Juliane Naumann: Cool. In Manchester habe ich bei so richtigen Kapitalisten gearbeitet, bei Immobilienentwicklern. Mein Professor hatte gesagt: »Geh zum Feind und lerne was!« Und das war gut so. In der Firma fanden sie mich, glaub ich, ziemlich klasse, weil ich auf alles neugierig und vielleicht in ihren Augen etwas exotisch war. Ich konnte wichtige und spannende Dinge tun. Das war so beflügelnd und bewegend. Wir sind schließlich in erster Linie wegen unserer Eltern nach Deutschland zurückgegangen. Sie sollten Kontakt zu ihren Enkelkindern haben können. Und nachdem

ich in Manchester erfolgreich war und Christian zurückstecken musste, war ein wesentliches Kriterium nun auch, dass Christians Arbeit diesmal den Ort bestimmt.

Zum Schluss unseres Gesprächs würde ich gern zur Gegenwart und der Lage von Frauen heute kommen. Wenn man die Situation von Frauen in der DDR mit der von heute vergleicht: Was war besser, was war schlechter?

Monika Naumann: Mir fällt dazu vor allem ein, dass nach der Wende viel mehr junge Frauen als Männer weggegangen sind. Und sie sind meistens nicht zurückgekommen. Die haben ihr Leben woanders aufgebaut. Das ist ja auch normal.

Dafür sind Sie, Juliane, ein typisches Beispiel.

Juliane Naumann: Ja.

Monika Naumann: Wenn du heute durch eine ostdeutsche Kleinstadt gehst, dann siehst du eigentlich nur noch Menschen, die wie ich graue Haare haben. Und das ist schade. Früher zog man nicht so schnell und so weit weg von den Eltern wie heute. Die Alten müssen jetzt irgendwie sehen, was aus ihnen wird. Und da halte ich den Gedanken einer Alters-WG für gar nicht so schlecht.

Juliane Naumann: Bautzen fühlt sich erstaunlich jung an. Es gibt viele Kindergeschäfte. Und wir haben jetzt eine der höchsten Geburtenraten: 2,2 Kinder pro Frau, das ist für deutsche Verhältnisse echt enorm. Aber wenn ich für ein Wochenende wieder in Wittenberg bin, dann denke ich: Ganz schön grau hier! Zugleich wundert es mich, dass junge Mütter mir in Bautzen sagen: »Zwei Jahre Erziehungsurlaub wollen wir schon nehmen. Und danach möchten wir nur Teilzeit arbeiten.« Das finde ich manchmal echt komisch. Und es wundert mich, weil ich denke: Mensch, ihr habt doch auch studiert. Andererseits hinterfrage ich mich dann ab und zu und überlege, ob diese Frauen vielleicht einfach besser auf den Ausgleich zwischen Beruf und Familie achten als ich.

Studien zeigen, dass jüngere Frauen in Ostdeutschland eher auf althergebrachte Rollenmodelle geeicht sind als ältere. Das erleben Sie auch so?

Juliane Naumann: Ja, auf jeden Fall.

Monika Naumann: Vielleicht liegt es einfach daran, dass sie niemanden haben, der ihre Kinder betreut.

Juliane Naumann: Ja, das kann sein. Die Kinderbetreuungsmöglichkeiten sind hier zwar noch besser als in den alten Bundesländern, aber es wird auch hier richtig knapp.

Wie erleben Sie den politischen Einfluss von Frauen?

Juliane Naumann: Den nehme ich als ziemlich stark wahr, weil sich die Frauen ziemlich gut organisieren. Zugleich ärgere ich mich zwar, wenn Frauen immer noch mehr leisten müssen, um das gleiche Gehalt zu kriegen, bewege mich dann aber nicht so, dass ich für Frauenrechte kämpfe. Offen gestanden finde ich es auch nach wie vor etwas irritierend, dass wir für etwas kämpfen müssen, nur weil wir Frauen sind.

Haben sich die Männer seit 1989 eigentlich verändert?

Monika Naumann: Sie sind besser angezogen.

Juliane Naumann: Oh ja, das war auch dringend nötig.

Monika Naumann: Man legt wieder mehr Wert auf sein Äußeres.

Juliane Naumann: Die Frauen haben sich früher hübsch gemacht. Aber eigentlich war's egal, wie man aussah.

Verstehen Sie beide sich als Ostfrauen?

Juliane Naumann: Nee! Ich ganz klar: nein.

Warum nicht?

Juliane Naumann: Weil mich diese ganze Ost-West-Diskussion generell stört. Ich bin vor fünf Jahren als Europäerin nach Deutschland zurückgekommen. Und jetzt reden alle von Osten und Westen, unter anderem wegen der Wahlergebnisse. Das ganze Thema ist wieder da. Ich dachte, das ist echt durch. Dass es nicht so ist, finde ich teilweise erschreckend. Denn ein Land kann ja nicht weltoffen sein, wenn es nicht mal ost-west-offen ist. Ich kenne zum Beispiel eine Frau, die seit 20 Jahren hier lebt. Und die wird immer noch als Frau bezeichnet, die nicht von hier ist, sondern aus dem Westen kommt. Im Gegensatz dazu hat kürzlich eine Kollegin zu mir gesagt: »Ich weiß gar nicht, wo ich dich hinstecken soll. Bist du eigentlich aus dem Westen oder aus dem Osten?« Das fand ich super.

Wie ist das bei Ihnen, Monika, sind Sie eine Ostfrau?
    Monika Naumann: Es kommt schon vor, dass jemand sagt, dass ich eine Ostfrau sei. Aber ich empfinde mich nicht als Ostfrau. Ich empfinde mich jetzt als Wittenbergerin. Das hat ja auch lange gedauert.

Verstehen Sie sich als Gesamtdeutsche?
    Monika Naumann: Dazu fällt mir eine Geschichte ein. Als ich das erste Mal im Westen war, das war noch vor der Wende, fragte mich plötzlich jemand: »Wie gefällt es Ihnen denn in Deutschland?« Er meinte damit ausschließlich Westdeutschland. Da war ich ein bisschen aus der Fassung. Das sitzt ganz schön tief. Aber natürlich bin ich Gesamtdeutsche. Was denn sonst?!

Sie haben aber nicht wie Juliane das Gefühl, dass sich das ganze Thema erledigt hat?
    Monika Naumann: Ich habe mehr Vergangenheit als sie. Das prägt. Es ist eine Generationenfrage. Und wenn ich mit älteren Westfrauen spreche, dann ist das manchmal schwierig. Die erklären mir nämlich mein Leben. Das ist nicht mein Fall.

Und die Männer?

In Finsterwalde ist es nicht anders als in anderen Orten Ost-deutschlands. »Die Frauen sind schneller im Weggehen«, sagt die in diesem Buch porträtierte Rückkehrhelferin Stephanie Auras. »Die Männer haben halt ihre Feuerwehr, den Fußball, das Haus. Die Frauen wollen mal dies und mal das ausprobieren.« Und wenn sie das Gesuchte nicht finden, streben sie fort. Auras sieht das Ergebnis mit eigenen Augen in der Cocktailbar ihrer Eltern: Die Riege der Männer reiht sich am Tresen, die Frauen fehlen.

Nun ist es in der Darstellung der Geschlechter Usus gewor-den, die Stärke der Frauen hervorzuheben, die Stärke der Männer hingegen als nur vermeintliche Stärke in Zweifel zu ziehen. Dies fängt bei den schlechteren Leistungen von Jungs in der Schule an und hört beim problematischen Spagat von Vätern zwischen Er-nährer- und Erzieherrolle nicht auf. Mehr oder minder alles, was öffentlich diskutiert wird, läuft auf eine maskuline Rollen- und Identitätskrise hinaus. Für ostdeutsche Männer gilt dies spätes-tens seit der Bundestagswahl 2017. Da traten sie als diejenigen in Erscheinung, die mit 26 Prozent mehrheitlich die selbst ernannte Alternative für Deutschland wählten. Für eine derartige Proble-matisierung des Wahlverhaltens wurde bei westdeutschen Män-nern bisher kein Anlass gesehen. Tatsächlich ist der Status der ostdeutschen Männer prekär.

Dies ist zuallererst dem Umstand geschuldet, dass nach 1989 mehrheitlich Frauen aus Ostdeutschland abwanderten – was zu einem europaweit beispiellosen Männerüberschuss geführt hat. Die Frauen haben die besseren Abschlüsse und sind weltweit mobiler. Aufs Ganze gesehen scheint die Differenz nicht so wild.

Waren 2014 im Osten 52,4 Prozent der 20- bis 49-Jährigen männlich, so waren es im Westen nur 50,5 Prozent.[85] Die Differenz ist in der ostdeutschen Provinz freilich meist deutlich größer als in den ostdeutschen Städten. Und sie nimmt in den strukturschwachen Regionen Ostdeutschlands und in bestimmten Altersgruppen dramatische Formen an. So leben in der bei Meißen gelegenen Ortschaft Glaubitz mit rund 2000 Einwohnern dreimal so viele Männer zwischen 18 und 35 Jahren wie Frauen.[86] Auch die Töchter der dortigen Gleichstellungsbeauftragten haben den Osten verlassen. Bereits 2007 veröffentlichte das Berlin-Institut für Bevölkerung und Entwicklung eine Studie mit dem Titel: »Not am Mann. Vom Helden der Arbeit zur neuen Unterschicht?« Frauen gehen nicht nur öfter weg, Männer kehren auch häufiger heim. Sechs von zehn Heimkehrern seien männlich, sagt die Soziologin Julia Gabler von der Hochschule Zittau-Görlitz. Man könne dies positiv wenden – in dem Sinne, dass sie daheim häufiger einen Job fänden und zurückkehren könnten. Man könne dies aber auch negativ wenden – in dem Sinne, dass Frauen eher fähig seien, in der neuen Heimat sozial Fuß zu fassen. Wie auch immer: Ostdeutsche Männer erscheinen als diejenigen, die es in diesen flexiblen Zeiten in der Fremde eher nicht packen.

Hinzu kommt, dass ältere Männer nach 1989 ausfielen, wenn es darum ging, den Jüngeren Hinweise für Gegenwart und Zukunft zu geben – so wie sie es gern getan hätten und wohl noch tun würden. Es waren vielmehr die Jüngeren, die den Älteren Ratschläge erteilen konnten, weil sie die neue Zeit schneller begriffen und das Wissen aus DDR-Zeiten nutzlos geworden war. Dieser Umstand hat das Selbstwertgefühl der Senioren erschüttert.

Berufliche Krisen taten ein Übriges. »Karriere im Nachwendedeutschland haben 20 Jahre lang die Westmänner gemacht«, schreibt Martin Machowecz in der *Zeit*. »Schlimmer noch: Nach 1990 hauten die Frauen aus dem Osten ab, dafür kamen die Westmänner rüber und regierten.«[87] Als Politiker wie Kurt Biedenkopf in Sachsen, der berühmte »König Kurt«, oder Bernhard Vogel (beide CDU) in Thüringen, als Gewerkschaftssekretäre oder Firmenchefs. Selbst die ostdeutsche AfD ist in Gestalt von Alexander Gauland (Brandenburg) oder Björn Höcke (Thüringen) nicht selten eine westdeutsche Veranstaltung; der rechte Vordenker Götz Kubitschek, wohnhaft in Sachsen-Anhalt, ist ebenfalls Westdeutscher. Ostmänner sah man unterdessen in den 1990er-Jahren in Kleinstädten mit ihren Dederon-Beuteln Marke DDR etwas verloren auf Marktplätzen oder an Straßenkreuzungen stehen. Sie stiegen vielfach nicht auf, sondern laut einer Studie der Martin-Luther-Universität Halle-Wittenberg ab und wurden im Wortsinne krank daran.[88] Je tiefer der berufliche Abstieg sei, desto eher werde die eigene Gesundheit als schlecht eingeschätzt, heißt es in der Studie. Dass Männer unter einem derartigen Abstieg generell stärker litten, liege an der Rolle des Hauptverdieners, in der sie sich nach wie vor sähen. Der Verlust des Arbeitsplatzes wirke sich bei ihnen nicht nur auf das Haushaltseinkommen, sondern auch auf Identität und Status aus.

Nach Lage der Dinge gibt es nun drei verschiedene Varianten der Ostmänner, auf diese Misere zu reagieren. Die erste und ungewollte Variante: Sie leiden an Leib und Seele und ziehen sich zurück. Diese Variante ist – siehe oben – nicht selten. Die zweite Variante: Sie kämpfen um ihren Platz. So hat die Soziologin Julia Gabler nach vielen Gesprächen mit Frauen den Eindruck gewonnen, dass Männer versuchen, diese im Job an den Rand zu drängen. »Die Männer sind offensichtlich so verunsichert, dass sie in der Degradierung von Frauen den eigenen Status stabilisieren oder sicherstellen müssen.« Zugleich würden männliche Kunden in Unternehmen auch schon mal fragen: »Wo ist denn hier der Chef?«, und das, obwohl dieser Chef in Gestalt einer Chefin direkt vor ihnen stehe. Die dritte Variante, mit dem Verlust der beruflichen, familiären und damit gesellschaftlichen Stellung umzugehen, ist die politische. Dafür steht die Sympathie für die AfD beispielhaft. So formuliert die Journalistin Jana Hensel: »Der Protest von rechts hat ja eine männliche Seele.«[89] Martin Machowecz sekundiert: »Der ostdeutsche Mann steht nun da als Hysteriker, als ängstlicher Zerstörer.«[90]

Es rührt geradezu das Herz, wenn die sächsische Integrationsministerin Petra Köpping (SPD) – im Herbst 2018 erschien ihr Buch *Integriert doch erst mal uns! Eine Streitschrift für den Osten*[91] – aus der E-Mail eines männlichen Bürgers an sie den Satz zitiert: »Wenn Sie für mich auf dem Land eine Frau finden, gehe ich nicht mehr zu Pegida.«[92] Köpping fasst ihre Erfahrungen so zusammen: »Ich weiß nicht, ob Frauen wirklich glücklicher sind. Aber ich merke einfach, dass Männer ihre Unzufriedenheit stärker artikulieren.«[93] Aufs Ganze gesehen bietet sich zumindest das ostdeutsche Land als »männlich dominierte Zurückbleibergesellschaft«[94] dar, wie es der Soziologe Wolfgang Engler formuliert hat. Ostdeutsche Erfolgsmänner wie der auch im Westen sehr populäre einstige Linksfraktionsvorsitzende Gregor Gysi, der ehemalige Volksbühnen-Chef Frank Castorf, der Schauspieler Jan Josef Liefers oder der Fußballer Toni Kroos fallen nicht so sehr auf.

Gibt es von diesen und anderen Ausnahmen abgesehen also gar keinen Lichtblick, nichts, was sich lobend über die ostdeutschen Männer sagen ließe? Doch, sagt Julia Gabler, die Wissenschaftlerin: »Bei den ostdeutschen Männern schlägt positiv zu Buche, dass sie einen langen Atem haben.« Während sich alles um sie herum immerfort wandle, seien die Ostmänner diejenigen, die einfach dablieben und ausharrten. Damit seien sie »Agenten einer raren gesellschaftlichen Erfahrung«. Wer weiß, wozu das noch gut ist.

Der Westen wird »ostiger«
Fazit

Im Jahr 2008 führte die ostdeutsche Journalistin Jana Simon eines der letzten für die Öffentlichkeit bestimmten Gespräche mit ihrer Großmutter, der berühmten Schriftstellerin Christa Wolf.[95] Es entspann sich folgender Dialog:

Jana Simon: »Warum gab es keinen Feminismus in der DDR?«

Christa Wolf: »Neben der Partei durfte es keine andere politische Strömung geben.«

Jana Simon: »Aber wirkliche Gleichberechtigung gab es trotzdem nicht!«

Christa Wolf: »Nein, nein!«

(...)

Jana Simon: »Heute existiert wieder eine Gegenbewegung junger Frauen, die sich von Alice Schwarzers Feminismus emanzipieren wollen. Und im Osten arbeiten noch immer mehr Frauen als im Westen Deutschlands.«

Christa Wolf: »Ja, das zeigt die Statistik. Ich wundere mich darüber, dass sich so eine Tradition fortsetzt.«

Später sprach Jana Simon noch von dem »Backlash: Frauen zurück an den Herd.«

Der Dialog gibt die Thesen dieses Buches gewissermaßen in einer Nussschale wieder und führt zu drei Schlussfolgerungen, die zu ziehen sind.

Die erste Schlussfolgerung lautet: Die DDR war, was die Gleichstellung von Männern und Frauen angeht, weiter als die alte Bundesrepublik – und dieses Weiter-Sein hat sich, wie auch Christa

Wolf anmerkt, über das Jahr 1989 hinaus gehalten. Ja, es hat auf verschwiegenen Pfaden das neue Deutschland geprägt. Der Westen werde »unmerklich ostiger«,[96] schreibt Sabine Rennefanz in ihrem Buch *Eisenkinder;* es gebe heute einen Rechtsanspruch auf einen Kita-Platz und eine Frauenquote. Sie hat recht. »Wirkliche Gleichberechtigung gab es trotzdem nicht«, schränkt Jana Simon ein. Auch das stimmt. Entscheidend ist: Obwohl im Osten im Gegensatz zum Westen kein organisierter Feminismus existierte, ist die Gleichstellung von Männern und Frauen der einzige Bereich, in dem der Osten den Westen im Zuge der Vereinigung aus guten Gründen als »rückschrittlich« wahrnahm und immer noch wahrnimmt. So sagt die Grafikdesignerin Bea Berthold im thüringischen Schweina: »Ich dachte, unsere Verhältnisse werden sich auf alle Fälle über den Westen ergießen. Ich fand uns selbstverständlich viel fortschrittlicher.« Dieses Sich-Ergießen ist zumindest teilweise passiert.

Andererseits sind die Ostfrauen entspannter geworden. War es für sie bis zum Mauerfall selbstverständlich und deshalb irgendwie zwingend, bald nach der Geburt eines Kinder wieder zu arbeiten (verbunden mit einem sanften staatlichen Druck), setzt sich langsam die Erkenntnis durch, dass man durchaus auch emanzipiert sein kann, wenn man es nicht tut. So sagt die Journalistin Anja Maier mit Blick auf ihre Tochter: »Ich habe Hanna mit acht Monaten in die Krippe gegeben und bin nur gerannt. Das tut mir heute manchmal ein bisschen leid – auch für mich.« Sie fügt hinzu: »Es geht nicht um gesellschaftliche Erwartungen. Es geht darum, was dein Herz dir sagt.« Auch können die Ostfrauen, die den Westfeminismus anfangs vielfach für spinnert hielten, ihm heute gute Seiten abgewinnen, etwa wenn es um die Verwendung weiblicher Sprachformen geht. Es ist eben doch sinnvoll, dass eine Ingenieurin sagt: »Ich bin Ingenieurin.« Und nicht: »Ich bin Ingenieur.« Denn das ist sie ja nicht.

Dies führt zu der zweiten Schlussfolgerung. Während in den oftmals hysterischen 1990er- und auch noch in den Nullerjahren jede positive Bewertung eines Teilaspekts der DDR sofort als Rechtfertigung des Gesamtsystems gewertet und entsprechend gebrandmarkt wurde, kann heute unbefangener und damit realistischer über die DDR und ihren Einfluss auf die Gegenwart gesprochen werden. Dass die Partei- und Staatsführung die Berufstätigkeit von Frauen samt staatlicher Kinderbetreuung forcierte, ist eine Tatsache mit Langzeitwirkung. Darauf positiv hinzuweisen, ändert am autoritären Charakter der DDR nichts und legitimiert diesen keineswegs. Dennoch ist es wahr.

Die dritte Schlussfolgerung lautet: Gemessen an den Emanzipationsvorstellungen älterer Frauen in Ost und West mehren sich Hinweise auf eine gewisse Rückschrittlichkeit junger Frauen im Osten und darüber hinaus. Das ergibt sich nicht allein aus der im Einleitungskapitel zitierten Untersuchung des Familienministeriums anlässlich des 25-jährigen Jahrestages der Deutschen Einheit. Es findet seinen Widerhall in den Erzählungen der Frauen in diesem Buch. Geschlechterrollen werden von Teens und Twens neu ausgehandelt. Und dass Mütter berufstätig sind, versteht sich in Ostdeutschland längst nicht mehr von selbst. Diese Entwicklung wiederum hat ihre Ursachen offensichtlich nicht in der DDR, sondern ist Folge der ökonomischen, gesellschaftlichen und politischen Entwicklungen der vergangenen 30 Jahre, die sich nicht mehr ohne Weiteres über einen Ost-West-Leisten schlagen lassen. Allerdings will die Soziologin Julia Gabler nicht zwangsläufig einen Rückschritt darin erkennen, dass junge Frauen zwischen Erwerbsarbeit und Kindererziehung zumindest zeitweilig im Zweifel die Kindererziehung wählen. »Die Entscheidung für die Kindererziehung ist Ausdruck der Wahrnehmung von Freiräumen«, sagt sie. »Emanzipation drückt sich nicht allein in Erwerbsarbeit aus.«

Am Ende soll ein Umstand nicht verschwiegen werden. Während viele Frauen bereit waren, mit uns über ihre Erfahrungen zu sprechen und dabei ein großes Selbstbewusstsein an den Tag legten, waren es viele auch nicht. Wir haben einige Absagen bekommen – von Ostfrauen, die sich anscheinend nicht als Frau, nicht als Ostdeutsche und schon gar nicht als ostdeutsche Frau positionieren wollten. Das mag bisweilen mehr für sich sprechen als das in den Interviews Gesagte. Von manchen wird der Status Ostfrau offenbar als Makel betrachtet, den man gesellschaftlich lieber nicht herzeigt – oder, wie es Anne Hähnig in der *Zeit* bei anderer Gelegenheit ausdrückte: »Wer ostdeutsch ist und Erfolg hat, redet nicht über die Vergangenheit.«[97] Das ist traurig. Und unnötig ist es auch.

Anhang

Anmerkungen

1 Markus Decker: Bundestagswahl: Alle Spitzenkandidaten kommen aus dem Osten, in: Berliner Zeitung vom 7. März 2017. Alle weiteren Zitate in diesem Buch, die nicht gesondert ausgewiesen sind, stammen aus Gesprächen mit den Autoren.

2 Thomas Oberender: Die Mauer ist nicht gefallen, in: Die Zeit vom 28. September 2017.

3 25 Jahre Deutsche Einheit. Gleichstellung und Geschlechtergerechtigkeit in Ostdeutschland und Westdeutschland, repräsentative Studie, herausgegeben vom Bundesministerium für Familie, Senioren, Frauen und Jugend, Berlin 2015, https://www.bmfsfj.de/blob/93168/8018cef974d4ecaa075ab3f46051a479/25-jahre-deutsche-einheit-gleichstellung-und-geschlechtergerechtigkeit-in-ostdeutschland-und-westdeutschland-data.pdf (zuletzt abgerufen am 16.11.2018).

4 Ebenda, S. 16.

5 Ebenda.

6 Ebenda.

7 Frauenpolitik ist hochgefährlich. Interview mit Heide Pfarr, in: Der Spiegel vom 26. September 2017.

8 Monika Maron: Genau die Kanzlerin, die die Deutschen woll(t)en, in: Die Welt vom 5. Oktober 2015.

9 Martin Machowecz: Oh, Ostmann!, in: Die Zeit vom 29. September 2017.

10 Anja Reich: Weiblich, ostdeutsch, in: Berliner Zeitung vom 27. September 2017.

11 Anna Kaminsky: Frauen in der DDR, 2. Auflage, Berlin 2017, S. 11 f.

12 Reich: Weiblich, ostdeutsch (wie Anm. 10).

13 Vgl. Kaminsky: Frauen in der DDR (wie Anm. 11), S. 119.

14 Ebenda, S. 138.

15 Ebenda, S. 242.

16 Anne Hampele: Der Unabhängige Frauenverband. Neue Frauenbewegung im letzten Jahr der DDR, in: Helmut Müller-Enbergs, Marianne Schulz, Jan Wielgohs (Hg.): Von der Illegalität ins Parlament. Werdegang und Konzepte der neuen Bürgerbewegungen, Berlin 1992, S. 221–282, hier S. 221.

17 Zitiert nach: ebenda, S. 231.

18 Ebenda, S. 232.

19 25 Jahre Deutsche Einheit (wie Anm. 3), S. 107.

20 Ebenda.

21 Wido Geis, Anja Katrin Orth: Weniger Frauen gehen, Männerüberschuss bleibt bestehen, in: Kurzberichte des Instituts der deutschen Wirtschaft Köln Nr. 3 vom 6. Januar 2017, https://www.iwkoeln.de/studien/iw-kurzberichte/beitrag/wido-geis-anja-katrin-orth-weniger-frauen-gehen-maennerueber-schuss-bleibt-bestehen-302444.html (zuletzt abgerufen am 16.11.2018).

22 Bernd Martens: Zug nach Westen – Anhaltende Abwanderung, in: Materialien der Bundeszentrale für politische Bildung, 30. März 2010, http://www.bpb.de/geschichte/deutsche-einheit/lange-wege-der-deutschen-einheit/47253/zug-nach-westen?p=all (zuletzt abgerufen am 16.11.2018).

23 Zitiert nach: Kaminsky: Frauen in der DDR (wie Anm. 11), S. 257.

24 Vgl. ebenda, S. 254.

25 Vgl. Frauen im Job: Der Westen hinkt dem Osten hinterher (Kürzel: nck/dpa), in: Spiegel online, 14. Januar 2015, http://www.spiegel.de/wirtschaft/soziales/frauen-mit-job-ost-west-unterschied-nimmt-zu-a-1012859.html (zuletzt abgerufen am 16.11.2018).

26 Führungskräfte-Monitor 2017 des Deutschen Instituts für Wirtschaftsforschung, zitiert nach: Rita Schuhmacher:

Frauenanteil in Führungspositionen nimmt zu – Ostdeutschland liegt vorn, in: zwd Politikmagazin, 19. Juli 2017, http://www.zwd.info/frauenanteil-in-fuehrungspositionen-nimmt-zu-%E2%80%93-ostdeutschland-liegt-vorn.html (zuletzt abgerufen am 16.11.2018).

27 Corinna Kleinert: Ostdeutsche Frauen häufiger in Führungspositionen, in: IAB-Kurzbericht 3/2011, http://doku.iab.de/kurzber/2011/kb0311.pdf (zuletzt abgerufen am 16.11.2018).

28 Vgl. 25 Jahre deutsche Einheit (wie Anm. 3), S. 10.

29 Vgl. Hans von der Hagen: Im Osten verdienen Frauen mehr als Männer, in: Süddeutsche Zeitung vom 13. Februar 2018, basierend auf Zahlen des Instituts für Arbeitsmarkt- und Berufsforschung.

30 25 Jahre deutsche Einheit (wie Anm. 3), S. 12.

31 Jahresbericht zum Stand der deutschen Einheit 2017, herausgegeben von der Beauftragten der Bundesregierung für die neuen Länder, S. 51.

32 Ebenda, S. 53.

33 Kristiana Ludwig: Dickes Plus beim Elterngeld Plus, in: Süddeutsche Zeitung vom 11. Januar 2018.

34 25 Jahre Deutsche Einheit (wie Anm. 3), S. 73.

35 Ebenda, S. 87.

36 Ebenda, S. 99/100.

37 Andrea Dernbach: Die vergessenen Ost-Frauen, in: Der Tagesspiegel vom 1. Dezember 2014.

38 Decker: Bundestagswahl (wie Anm. 1)

39 Jacqueline Boysen: Angela Merkel. Eine deutsch-deutsche Biographie, München 2001.

40 Evelyn Roll: Die Kanzlerin. Angela Merkels Weg zur Macht, Berlin 2009.

41 Zitiert nach: ebenda, S. 121.

42 Frauenpolitik ist hochgefährlich (wie Anm. 7).

43 Zitiert nach: Boysen: Angela Merkel (wie Anm. 39), S. 145.

44 Ebenda, S. 154f.

45 Alexander Osang: Eine Frau in Bernstein, in: Der Spiegel vom 29. Juli 2017.

46 Frauenpolitik ist hochgefährlich (wie Anm. 7).

47 Ebenda.

48 Machowecz: Oh, Ostmann! (wie Anm. 9).

49 Vgl. Stephan-Andreas Casdorff: Kampfesmut für die Frauen? Von Merkel nicht bekannt, in: Der Tagesspiegel vom 6. Mai 2018.

50 Jochen Gaugele, Kerstin Münstermann, Jörg Quoos: Merz: »Bin fest davon überzeugt, dass ich CDU-Chef werde«, in: WAZ vom 28. November 2018.

51 Katrin Rohnstock (Hg.): Stiefschwestern. Was Ost-Frauen und West-Frauen voneinander denken, Frankfurt am Main 1994.

52 Ungleiche Schwestern? Frauen in Ost- und Westdeutschland, herausgegeben von der Stiftung Haus der Geschichte der Bundesrepublik Deutschland, Nicolaische Verlagsbuchhandlung, Berlin 1998.

53 Ulrike Helwerth, Gislinde Schwatz: Von Muttis und Emanzen. Feminismus in Ost- und Westdeutschland, Frankfurt am Main 1995.

54 Anna Kaminsky: Wir DDR-Frauen, in: Emma, März/April 2018.

55 Zitiert nach: Kaminsky: Frauen in der DDR (wie Anm. 11), S. 22.

56 Jana Hensel: Angela, Alice und ihre Schwestern, in: Die Zeit vom 22. Februar 2018.

57 Markus Decker: Was ich dir immer schon mal sagen wollte. Ost-West-Gespräche, Berlin 2015, S. 135.

58 Ungleiche Schwestern? (wie Anm. 52), S. 71.

59 Ebenda, S. 70.

60 Ebenda, S. 76.

61 Zitiert nach: Decker: Was ich dir immer schon mal sagen wollte (wie Anm. 57), S. 35.

62 Kaminsky: Wir DDR-Frauen (wie Anm. 54).

63 Ungleiche Schwestern? (wie Anm. 52), S. 37.

64 Ebenda, S. 39.

65 Michael Hacker, Stephanie Maiwald, Johannes Staemmler: Dritte Generation Ost: Wer wir sind, was wir wollen, 2. Auflage, Berlin 2012.

66 Peter Rossbach: Schweina: Jugendkunstschule zieht ein, in: Thüringer Allgemeine vom 4. Juli 2018.

67 Er heißt in Wahrheit anders.

68 Katrin Göring-Eckardt: Ich entscheide mich für Mut. Wie wir Veränderung in unserem Land gestalten, Hamburg 2017, S. 11.

69 Ebenda, S. 16.

70 Ebenda, S. 22.

71 Süddeutsche Zeitung Magazin Heft 27/2016 vom 8. Juli 2016.

72 Anne Hähmig, Martin Machowecz: »Ich verschwinde gerne«. Interview mit Sandra Hüller, in: Die Zeit vom 1. Juni 2017.

73 Andreas Busche: Der Witz liegt in der Verzweiflung. Schauspielerin Sandra Hüller im Gespräch, in: tagesspiegel.de, https://www.tagesspiegel.de/kultur/schauspielerin-sandra-hueller-im-gespraech-der-witz-liegt-in-der-verzweiflung/20994458.html (zuletzt abgerufen am 19.11.2018).

74 Als ein Beispiel sei genannt: Anja Maier: Lassen Sie mich durch, ich bin Mutter. Von Edeleltern und ihren Bestimmerkindern, 6. Auflage, Köln 2011.

75 Sabine Rennefanz: Eisenkinder. Die stille Wut der Wendegeneration, München 2013, zitiert aus der Taschenbuchausgabe von 2014, S. 10.

76 Zitiert nach: http://www.ddr89.de/ufv/UFV19.html (zuletzt abgerufen am 19.11.2018).

77 Ebenda.

78 Ebenda.

79 Walfriede Schmitt: Hexen, Hexen an die Besen, sonst ist unser Land gewesen, in: Burga Kalinowski (Hg.): War das die Wende, die wir wollten?, Berlin 2016, S. 220.

80 Ebenda.

81 Zitiert nach: Martin Machowecz: Im Norden ganz oben, in: Die Zeit vom 21. September 2017.

82 Anne Hähnig: Am Anfang fand ich's krass, in: Die Zeit vom 9. August 2018.

83 René Hofmann: Katarina Witt – eine Plaudertasche für Olympia, in: Süddeutsche Zeitung vom 7. September 2010.

84 Christiane Hoffmann, René Pfister: Ich möchte nicht deine Erbin sein, in: Der Spiegel vom 16. Januar 2016.

85 Geis/Orth: Weniger Frauen gehen (wie Anm. 21).

86 Vgl. Julia Niemann: Heimat, die ich meine, in: Süddeutsche Zeitung vom 15./16. Juli 2017.

87 Machowecz: Oh, Ostmann! (wie Anm. 9).

88 Vgl. Beruflicher Abstieg schadet der Gesundheit, in: https:// www.wirtschaftspsychologie-aktuell.de/lernen/lernen-20171116-lernen-von-sebastian-guenther-beruflicher-abstieg-schadet-der-gesundheit.html (zuletzt abgerufen am 19.11.2018).

89 Der Osten lässt sich nicht mehr mit der DDR erklären. Jana Hensel und Wolfgang Engler im Gespräch mit Sabine Rennefanz, in: Berliner Zeitung vom 8./9. September 2018.

90 Machowecz: Oh, Ostmann! (wie Anm. 9).

91 Petra Köpping: Integriert doch erst mal uns! Eine Streitschrift für den Osten, Berlin 2018.

92 Zitiert nach: Anne Hähnig: Integriert doch erst mal uns!, in: Die Zeit vom 20. April 2017.

93 Ebenda.

94 Zitiert nach: Peter Richter: Wahlverwandtschaften, in: Süddeutsche Zeitung vom 30. September/1. Oktober 2017.

95 Jana Simon: Sei dennoch unverzagt. Gespräche mit meinen Großeltern Christa und Gerhard Wolf, Berlin 2013, S. 230f.

96 Rennefanz: Eisenkinder (wie Anm. 75), S. 259.

97 Hähnig: Am Anfang fand ich's krass (wie Anm. 82).

Literaturverzeichnis

25 Jahre Deutsche Einheit, Gleichstellung und Geschlechtergerechtigkeit in Ostdeutschland und Westdeutschland, repräsentative Studie, herausgegeben vom Bundesministerium für Familie, Senioren, Frauen und Jugend, Berlin 2015, https://www.bmfsfj.de/blob/93168/8018cef974d4ecaa075ab3f46051a479/25-jahre-deutsche-einheit-gleichstellung-und-geschlechtergerechtigkeit-in-ostdeutschland-und-westdeutschland-data.pdf

Stephanie Auras-Lehmann: Heeme. Eine Rückkehrergeschichte, Finsterwalde 2018

Jacqueline Boysen: Angela Merkel. Eine deutsch-deutsche Biographie, München 2001

Gunilla Budde: Die emanzipierte Gesellschaft, in: Thomas Großbölting (Hg.): Friedensstaat, Leseland, Sportnation? DDR-Legenden auf dem Prüfstand, Berlin 2009, S. 92–112

Anke Domscheit-Berg: Ein bisschen gleich ist nicht genug! Warum wir von Geschlechtergerechtigkeit noch weit entfernt sind, München 2015

Christine Eifler: Frauen als Mütter. Ein Ost-West-Vergleich, in: Heinrich-Böll-Stiftung/Lothar Probst (Hg.): Differenz in der Einheit. Über die kulturellen Unterschiede der Deutschen in Ost und West, Berlin 1999, S. 144–151

Katrin Göring-Eckardt: Ich entscheide mich für Mut. Wie wir Veränderung in unserem Land gestalten, Hamburg 2017

Meredith Haaf, Susanne Klingner, Barbara Streidl: Wir Alphamädchen. Warum Feminismus das Leben schöner macht, Hamburg 2008

Ulrike Helwerth, Gislinde Schwatz: Von Muttis und Emanzen. Feminismus in Ost- und Westdeutschland, Frankfurt am Main 1995

Jana Hensel: Zonenkinder, Reinbek bei Hamburg 2002

Burga Kalinowski (Hg.): War das die Wende, die wir wollten? Gespräche mit Zeitgenossen, Berlin 2016

Anna Kaminsky: Frauen in der DDR, 2. Auflage, Berlin 2017

Anja Maier, Hanna Maier: Als Oma bist du ja ganz nett. Wie meine Mutter ein Enkelkind bekam, München 2014

Sabine Rennefanz: Eisenkinder. Die stille Wut der Wendegeneration, München 2013

Sabine Rennefanz: Die Mutter meiner Mutter, München 2015

Gerburg Richter: Enttäuschte Erwartungen? Liebesbeziehungen zwischen Ost und West, in: Heinrich-Böll-Stiftung/Lothar Probst (Hg.): Differenz in der Einheit. Über die kulturellen Unterschiede der Deutschen in Ost und West, Berlin 1999, S. 152–162

Katrin Rohnstock (Hg.): Stiefschwestern. Was Ost-Frauen und West-Frauen voneinander denken, Frankfurt am Main 1994

Evelyn Roll: Die Kanzlerin. Angela Merkels Weg zur Macht, Berlin 2009

Simone Schmollack: Deutsch-deutsche Beziehungen. Geschichten von der Liebe zwischen Ost und West, Berlin 2015

Jana Simon: Sei dennoch unverzagt. Gespräche mit meinen Großeltern Christa und Gerhard Wolf, Berlin 2013

Ungleiche Schwestern? Frauen in Ost- und Westdeutschland, herausgegeben von der Stiftung Haus der Geschichte der Bundesrepublik Deutschland, Berlin 1998

Maxie Wander: Guten Morgen, du Schöne, Berlin (DDR) 1977, Frankfurt am Main 1978

Katarina Witt: Meine Jahre zwischen Pflicht und Kür, München 1994

Katarina Witt: So viel Leben, Hamburg 2015

Anne Wizorek: Weil ein #Aufschrei nicht reicht. Für einen Feminismus von heute, Frankfurt am Main 2014

Textnachweise

Die Texte über Sandra Hüller, Viola Klein, Cornelia Leher, Manuela Schwesig, Luise Steinwachs und Katarina Witt hat Tanja Brandes geschrieben, die anderen Texte Markus Decker.

Fotonachweise

Seite 44: Gundula Grommé und Barbara Hackenschmidt
  (Foto: Markus Decker)
Seite 58: Heike Amos (Foto: privat)
Seite 66: Stephanie Auras (Foto: Markus Decker)
Seite 74: Bea Berthold und Aline Burghardt
  (Foto: Eike Biedermann)
Seite 82: Katrin Göring-Eckardt (Foto: Dominik Butzmann)
Seite 92: Sandra Hüller (Foto: Christian Hüller)
Seite 102: Katja Kipping (Foto: Die Linke)
Seite 110: Viola Klein (Foto: Kathleen Pfennig)
Seite 122: Cornelia Leher (Foto: Chris Gonz)
Seite 132: Simone Schmollack, Anja Maier und Sabine Rennefanz
  (Foto: Thomas Trutschel)
Seite 144: Hildigund Neubert (Foto: Markus Decker)
Seite 152: Walfriede Schmitt (Foto: Markus Decker)
Seite 162: Manuela Schwesig (Foto: Susi Knoll)
Seite 174: Luise Steinwachs (Foto: Jan Kulke)
Seite 184: Hiltrud Werner (Foto: VW)
Seite 192: Katarina Witt (Foto: Robert Schultze)
Seite 204: Anne Wizorek (Foto: Anne Koch)
Seite 214: Monika Naumann und Juliane Naumann
  (Foto: Eckhard Naumann)